August Pichler

1898 - 1963

Die Drucklegung dieses Buches förderten:
Questo libro è stato pubblicato con il contributo di:

 Südtiroler Landesregierung
Abteilung für deutsche und ladinische Schule und Kultur

 Provincia Autonoma di Bolzano-Alto Adige
Ripartizione 15, Scuola e Cultura Italiana

 Region Trentino-Südtirol
Regione Trentino-Alto Adige

 Gemeinde Branzoll
Comune di Bronzolo

 Bezirksgemeinschaft Überetsch-Südtiroler Unterland
Comunità Comprensoriale Oltradige-Bassa Atesina

IMPRESSUM

Herausgeber - Editori:	Circolo Culturale Pablo Neruda Kulturverein, Bronzolo-Branzoll
	Michael-Gaismair-Gesellschaft-Bozen
Copyright:	Edition Rætia, Bozen-Bolzano, 1998
Redaktion - Redazione:	Günther Pallaver, Branzoll-Bronzolo
Übersetzung - Traduzione:	Italo Mauro
Druck - Stampa:	FF - Die Südtiroler Illustrierte GmbH, Bozen
Layout:	Helmuth Mayr
Umschlag - Copertina:	Markus Kompatscher
ISBN:	88-7283-032-X

Ich teile das Los meiner Erde
Condividerò la sorte della mia terra

August Pichler
1898 - 1963

Günther Pallaver - Leopold Steurer

Inhaltsverzeichnis

Vorwort 8

Günther Pallaver

August Pichler (1898 - 1963): Ein politisches Porträt

    Kindheit und Jugend in Branzoll 12

    Lehrer, Gemeindesekretär, Rechtsanwalt 24

    NS-Gegner und Flucht in die Schweiz 38

    Für die Demokratie und das Zusammenleben
    der Sprachgruppen 58

    Pichler und die Democrazia Cristiana 62

    Mitglied der Consulta Nazionale 76

    Mitglied der Epurazione-Kommission und
    Vizebürgermeister von Bozen 92

    Die Revision des Optionsabkommens 100

    Letztes Engagement und Abschied von der Politik 112

    Gegen den Strom 122

Leopold Steurer

Südtirol 1945-1948: Vom Kriegsende zum
    Ersten Autonomiestatut

    Politischer Kompromiß 134

    Die Diskussion um die Autonomie 162

    Die Autonomieprojekte im Vergleich 186

    Die Einheitsregion Trentino - Südtirol 204

Indice

Prefazione 9

Günther Pallaver
August Pichler (1898 - 1963): un ritratto politico

    Infanzia e giovinezza a Bronzolo 13

    Insegnante, segretario comunale, avvocato 23

    Opposizione al nazismo e fuga in Svizzera 39

    Per la democrazia e la convivenza fra
    i gruppi linguistici 59

    Pichler e la Democrazia Cristiana 63

    Membro della Consulta Nazionale 77

    Membro della Commissione per l'epurazione
    e vicesindaco di Bolzano 91

    La revisione dell'accordo sulle opzioni 101

    L'ultimo impegno e il congedo dalla politica 115

    Contro corrente 123

Leopold Steurer
Alto Adige 1945-1948: dalla fine della guerra
    al primo statuto di autonomia

    Compromesso politico 135

    Il dibattito sull'autonomia 163

    I progetti di autonomia a raffronto 185

    La regione unitaria Trentino-Alto Adige 205

Vorwort

Dieses Buch ist August Pichler gewidmet, einem Rechtsanwalt aus Branzoll, der in den Jahren 1945-46 als einziger Südtiroler Mitglied der Consulta Nazionale in Rom war.

Pichler war ein Gegner des Nationalsozialismus, gehörte dem engeren Kreis der Dableiber an und mußte 1943 in die Schweiz flüchten, um den NS-Schergen zu entgehen.

Pichler war ein Mann der Begegnung. Bereits 1945 setzte er sich in der Consulta für die Rechte der deutsch- und ladinischsprachigen Minderheit und für eine substantielle Autonomie ein, aber auch für den Ausgleich und für eine konkrete von gegenseitiger Achtung geprägte Zusammenarbeit unter den Sprachgruppen.

Obwohl Pichler in den Jahren 1945 bis 1948 eine wichtige Rolle in der Südtirolpolitik spielte, wurde er sehr bald aus dem historische Gedächtnis verdrängt. Denn Pichler schwamm immer gegen den Strom. Er, der deutschsprachige Südtiroler, betrieb Politik außerhalb der Reihen der Südtiroler Volkspartei. Er war nicht bereit, seine Weltanschauung dem Primat der Sprachgruppenzugehörigkeit unterzuordnen.

Er setzte sich für eine regionale Autonomie und die Zusammenarbeit mit dem Trentino ein. Und er war überzeugt, daß die Zukunft seines Landes nur in einer loyalen Zusammenarbeit unter den Sprachgruppen liegen könne.

Pichler lehnte jegliche Art von Nationalismus ab, den deutschen nicht weniger als den italienischen. Er nahm bereits 1945 vorweg, was sich heute allmählich durchsetzt: Die Autonomie Südtirols gehört allen im Lande lebenden Sprachgruppen und hat nur eine Zukunft, wenn sie auch von allen im Lande lebenden Sprachgruppen mitgetragen und mitgestaltet wird.

Neben der Biographie Pichlers werden in einem zweiten Beitrag die politischen Rahmenbedingungen beschrieben, unter denen Pichler damals Politik betrieb. Erstmals werden darin auch die einzelnen

PREFAZIONE

Questo libro è dedicato all'avvocato di Bronzolo August Pichler, che, unico sudtirolese, fu membro nel 1945-46 della Consulta nazionale a Roma.

Pichler era stato un avversario del nazionalsocialismo, aveva fatto parte della ristretta cerchia dei cosiddetti "Dableiber" e perciò nel 1943, per sottrarsi agli sgherri del nazismo, dovette fuggire in Svizzera.

Pichler fu un uomo dell'incontro. Come membro della Consulta nazionale a Roma s'impegnò fin dal 1945 nella difesa dei diritti delle minoranze tedesca e ladina dell'Alto Adige e per una sostanziale autonomia, ma al tempo stesso per una composizione dei conflitti e una concreta, reciproca collaborazione fra i gruppi linguistici.

Benché dal 1945 al 1948 abbia avuto un ruolo importante nella politica sudtirolese, fu presto emarginato dalla memoria storica. Si muoveva contro corrente: come sudtirolese di lingua tedesca osò fare politica fuori dalle file della Südtiroler Volkspartei, non disposto a subordinare le sue convinzioni al primato dell'appartenenza etnica.

S'impegnò per la creazione dell'autonomia regionale e per la collaborazione con il Trentino, fermamente convinto che il futuro della sua terra fosse possibile solo con la leale collaborazione fra i gruppi linguistici della regione.

Pichler respingeva ogni forma di nazionalismo, quello tedesco non meno di quello italiano. Per lui era vero già nel 1945 ciò che si va lentamente affermando appena oggi: l'autonomia appartiene a tutta la popolazione del Sudtirolo ed ha un futuro soltanto se è responsabilmente difesa e promossa da tutti i gruppi etnici che vi convivono.

Accanto alla biografia di Pichler il libro presenta un saggio che illustra le condizioni storiche nelle quali Pichler si trovò ad opera-

Autonomieprojekte für Südtirol und die Region Trentino-Südtirol verglichen und in Beziehung zu den Autonomiestatuten von Sizilien und Aosta gebracht.

August Pichler war politisch gesehen ein unbequemer Mensch, weil er politische Wege aufzeigte, die mit der unseligen Vergangenheit radikal brachen. Um keine Unruhe des Denkens aufkommen zu lassen, wurde über ihn sehr bald der Schleier des Vergessens gelegt.

Hundert Jahre nach seiner Geburt ist es allerdings an der Zeit, dem Branzoller Rechtsanwalt seinen gebührenden Platz in der Geschichte Südtirols zuzuweisen.

Branzoll, im Sommer 1998
Günther Pallaver
Leopold Steurer

re, con un confronto fra i vari progetti di statuto di autonomia per il Sudtirolo e per la regione Trentino-AltoAdige in rapporto anche con gli statuti speciali delle regioni Valle d'Aosta e Sicilia.

Dal punto di vista politico August Pichler fu un uomo scomodo in quanto proponeva soluzioni che rompevano radicalmente con l'infelice politica del passato. Per impedire che il suo ricordo facesse sorgere dei dubbi sulla politica che nel frattempo si andava attuando, ci si affrettò a stendere su di lui il velo dell'oblio.

A cento anni dalla sua nascita è tempo di restituire all'avvocato di Bronzolo il giusto posto che gli spetta nella storia della sua terra.

Bronzolo, estate 1998   Günther Pallaver
                                                           Leopold Steurer

GÜNTHER PALLAVER

August Pichler
Ein politisches Porträt

Kindheit und Jugend in Branzoll

Die Familie von August Pichler stammt vom St.-Anna-Hof in Buchholz oberhalb von Salurn. Sein Vater August (1868-1939) hatte sich als weichender Erbe für den Beruf des Lehrers entschieden und war dadurch nach Branzoll gekommen, wo er die Leitung der Schule übernahm. August Pichler senior hat sich in die Dorfgemeinschaft gut eingelebt, war Mitglied der Feuerwehr und spielte die Orgel in der Kirche. Der Großvater von August Pichler junior namens Anton Sutter war ein aus Bregenz in Vorarlberg stammender Eisenbahner gewesen, ein Verwandter des "Kaisers von Kalifornien", jenes Johann August Sutter, auf dessen Besitzungen in Kalifornien 1848 der Goldrausch begann und über dessen tragisches Schicksal der österreichische Schriftsteller Stefan Zweig in seinen Erzählungen "Sternstunden der Menschheit" geschrieben hat. Luis Trenker verewigte ihn im Film "Der Kaiser von Kalifornien".

Die Familie Pichler lebte im Schulhaus von Branzoll. Der Ehe mit Maria Sutter (1872-1939) entstammten vier Kinder. August, der Erstgeborene, wurde am 29. Oktober 1898 geboren. Es folgten die Geschwister Maria (1900-1992), Alfred (1904-1979) und Josef (1910-1994).

Branzoll war zur damaligen Zeit eine der wenigen Ortschaften Südtirols, in denen vorwiegend italienisch gesprochen wurde. Bei der Volkszählung von 1890 gaben 769 Personen an, die italienische Umgangssprache zu verwenden, 208 die deutsche. (1900: 819 und 311) Die italienischsprachigen Branzoller stammten im wesentlichen aus dem Trentino, die wegen des in der österreichischen Monarchie

Günther Pallaver

August Pichler
Un ritratto politico

Infanzia e giovinezza a Bronzolo

La famiglia di August Pichler proveniva dal maso S.Anna di Pochi sopra Salorno. Suo padre August (1868-1939), non essendo l'erede diretto del maso, era diventato insegnante elementare e come tale era giunto a Bronzolo per assumervi la direzione della scuola locale. August Pichler senior s'era ben inserito nella vita del villaggio d'adozione, dov'era membro del corpo dei pompieri e in chiesa suonava l'organo. Il nonno di August Pichler junior, di nome Anton Sutter, era un ferroviere proveniente da Bregenz nel Voralrberg, parente dell'"imperatore della California", quel Johann August Sutter nei cui possedimenti in California era cominciata nel 1848 la "corsa all'oro" e del cui tragico destino si occupò lo scrittore austriaco Stefan Zweig nei suoi racconti "Sternstunden der Menschheit". La sua vicenda venne anche immortalata dal regista Luis Trenker nel film "Der Kaiser von Kalifornien."

La famiglia Pichler aveva il suo alloggio nell'edificio scolastico di Bronzolo. Dal matrimonio con Maria Sutter (1872-1939) nacquero quattro figli. August, il primogenito, nacque il 29 ottobre 1898, seguirono poi Maria (1900-1992), Alfred (1904-1979) e Josef (1910-1994). All'epoca Bronzolo era una delle poche località del Sudtirolo in cui si parlasse prevalentemente l'italiano. Dal censimento del 1890 risulta che l'italiano fosse la lingua d'uso comune per 790 persone e solo per 208 il tedesco (nel 1900 saranno rispettivamente 819 e 311). Gli abitanti di lingua italiana di Bronzolo provenivano soprattutto dal Trentino, costretti all'emigrazione dalle peggiori condizioni di vita esistenti nelle regioni meridionali dell'impero asburgico.

Die Mutter Maria Sutter (1872 - 1939).
La madre Maria Sutter (1872 - 1939).

Der Vater August Pichler (1868 - 1939).
Il padre August Pichler (1868 - 1939).

bestehenden wirtschaftlichen Nord-Süd-Gefälles zur Auswanderung gezwungen waren.

Die neuen Einwohner arbeiteten vor allem in der Landwirtschaft als Halbpächter und Taglöhner, andere in den 1880 eröffneten Porphyrsteinbrüchen. Schon zuvor waren Arbeiter aus dem Trentino bei der Etschregulierung in den Jahren 1879-96 zum Einsatz gekommen, während die Etschflößerei schon seit dem 16. Jahrhundert Arbeitskräfte aus dem damals südlichen Landesteil Tirols angezogen hatte. Dieser für Branzoll als Hafen von Bozen (Schiffs- und Holzlände) wichtige Wirtschaftszweig wurde allerdings zu Beginn des 20. Jahrhunderts eingestellt, nachdem die Eisenbahn den Transport zu Wasser allmählich ersetzt hatte. Außerdem hatten die Großgrundbesitzer für den zeitweiligen Anbau von Reisfeldern und die Seidenraupenzucht Trentiner ins Land geholt.

Diese Migration aus dem Süden in das seit jeher mehrsprachige Unterland hatte ab der zweiten Hälfte des 19. Jahrhunderts zu na-

Lavoravano soprattutto nell'agricoltura come mezzadri o braccianti, altri, negli anni dopo il 1880, aprirono delle cave di porfido. Operai provenienti dal Trentino erano stati impiegati anche in precedenza, negli anni 1879-96, per i lavori di regolazione del fiume Adige, mentre già dal secolo XVI il trasporto via acqua con zattere aveva richiamato molta forza lavoro da quelle che allora erano le regioni meridionali del Tirolo. Quella che era stata un'importante attività economica per Bronzolo, quale porto di Bolzano (imbarcazioni e legname), venne poi abbandonata all'inizio del XX secolo mano a mano che il trasporto ferroviario sostituiva vantaggiosamente quello via acqua. I grossi proprietari terrieri inoltre avevano fatto affluire operai trentini anche per i lavori stagionali delle risaie e per l'allevamento del baco da seta.

L'immigrazione dal sud nella Bassa Atesina, da sempre paese plurilingue, risentì a partire dalla seconda metà del XIX secolo dei conflitti nazionali, che si manifestavano soprattutto in campo sco-

August Pichler trascorse infanzia e giovinezza a Bronzolo. L'ambiente plurilingue ebbe su di lui un forte influsso. La foto è del 1902.

August Pichler verbrachte seine Jugend in Branzoll. Das mehrsprachige Milieu sollte ihn nachhaltig prägen. Im Bild eine Aufnahme aus dem Jahr 1902.

Volksschuldirektor August Pichler senior inmitten seiner Schüler von Branzoll (um 1908).
Il direttore didattico August Pichler senior in mezzo ai suoi scolari di Bronzolo (ca. 1908).

tionalen Auseinandersetzungen geführt, die sich besonders im Schulbereich niederschlugen. Zur Förderung der eigenen Sprachgruppe und zur Zurückdrängung der anderen wurden rund um die Jahrhundertwende nationalistisch ausgerichtete Organisationen ins Leben gerufen, wie der "Tiroler Volksbund" oder der "Deutsche Schulverein" und auf italienischer Seite die "Dante Alighieri" oder die "Lega Nazionale". Es begann ein Kampf von einer Schule gegen die andere, von Sprache gegen Sprache, von Nation gegen Nation, um die Einsprachigkeit in Schule und Familie zu erzielen.

Die Schulvereine wirkten auch im Südtiroler Unterland. So organisierte die Lega Nazionale in Branzoll Abendkurse in italienischer Sprache, während der Deutsche Schulverein den Bau der deutschsprachigen Schule unterstützte. Im Gegensatz zu anderen Ortschaften im Unterland, insbesondere in Pfatten, wo die von der Lega Nazionale errichtete Privatschule wahrscheinlich durch Brandstiftung

lastico. Al fine di promuovere il proprio gruppo etnico e di contenere quello avversario nacquero sul finire del secolo varie associazioni di chiara impronta nazionalista, quali il "Tiroler Volksbund" e il "Deutscher Schulverein" da parte tedesca o come la "Dante Alighieri" e la "Lega Nazionale" per gli italiani, attive anche nella Bassa Atesina. Iniziò una lotta di una scuola contro l'altra, di una lingua contro l'altra, di una nazione contro l'altra per ottenere il monolinguismo a scuola e nella società.

La "Lega Nazionale", ad esempio, organizzava dei corsi serali in lingua italiana, mentre il "Deutscher Schulverein" appoggiava la costruzione della scuola in lingua tedesca. Tuttavia, diversamente da quanto accadeva in altre località della Bassa Atesina, soprattutto a Vadena dove la scuola privata organizzata dalla "Lega Nazionale" fu distrutta da un incendio, probabilmente di origine dolosa, il conflitto scolastico che imperversava nella restante Bassa Atesina

August Pichler arruolato negli Standschützen durante l'inverno 1915/16 (sopra). Era partito volontario per il fronte del Sud.
August Pichler als Standschütze während des Winters 1915/16 (oben). Pichler rückte freiwillig an die Südfront ein.

August Pichlers Stammdatenblatt an der Universität Innsbruck, an der er bis 1921 studierte.

Foglio matricolare di August Pichler all'Università di Innsbruck, presso la quale studiò fino al 1921.

e nel Trentino non sembra aver turbato più di tanto la convivenza fra i gruppi linguistici di Bronzolo. Possiamo certamente supporre che questioni del genere fossero oggetto di quotidiana discussione anche in casa Pichler, se non per altro perché il capofamiglia, direttore della scuola di Bronzolo, vi era direttamente coinvolto.

August Pichler crebbe dunque in questo ambiente culturale, frequentò la scuola elementare a Bronzolo e nell'anno scolastico 1909/10 entrò a Bolzano nel rinomato ginnasio tenuto dai Francescani. Il periodo scolastico trascorso a Bolzano fu per lui piuttosto gravoso, soprattutto, com'egli ricorderà, a causa delle ristrettezze finanziarie della famiglia che lo costringevano a dipendere dall'ospitalità altrui per il vitto.

Prima che August Pichler potesse dare gli esami di maturità nell'anno scolastico 1918-19, gli toccò l'esperienza della guerra. Quando il 23 maggio 1915 l'Italia dichiarò guerra all'Austria-Ungheria e il fronte meridionale si trovò sguarnito di truppe regolari, impegnate sul fronte orientale, il sedicenne August Pichler e suo padre andarono come volontari al fronte nella Val di Fiemme, dove dovettero affrontare l'inverno estremamente duro e nevoso del 1916-17. Come il giovane Pichler racconterà in seguito, egli fu travolto per ben due volte delle valanghe, ma poté salvarsi da solo. Alla vita del fronte egli dovette anche uno dei suoi vizi in quanto per tacitare la fame prese a fumare.

La fine della guerra segnò per August Pichler senior un mutamento professionale perché fu trasferito da Bronzolo al servizio scolastico di San Giuseppe al Lago, dove egli si accasò con tutta la famiglia. Un mutamento vi fu anche per August Pichler junior, che una volta conseguita la maturità, decise di iscriversi alla facoltà di giurisprudenza dell'università di Innsbruck per il semestre invernale 1919-20. Vi rimase due anni e cioè fino all'estate del 1921, facendo parte dell'associazione cattolica studentesca (Cartell-Verband), ma poi cambiò università passando a Modena. Determinanti per questa scelta furono le sempre maggiori difficoltà che all'estero incontravano gli studenti del Sudtirolo annesso all'Italia, ma soprattutto le ristrettezze finanziarie che colpivano la sua famiglia.

Gli anni successivi alla prima guerra mondiale portarono radica-

ein Raub der Flammen wurde, scheint der im Unterland und im Trentino tobende Schulstreit das Zusammenleben der Sprachgruppen in Branzoll nicht belastet zu haben. Allerdings darf angenommen werden, daß diese Fragen im Hause Pichler zum Alltagsgespräch gehörten, war doch Pichlers Vater als Schulleiter von Branzoll von diesen Auseinandersetzungen berufsbedingt direkt berührt.

In diesem kulturellen Milieu ist August Pichler aufgewachsen, besuchte die Volksschule in Branzoll und wechselte dann im Schuljahr 1909/10 nach Bozen ins renommierte Franziskanergymnasium. Der Alltag seiner Bozner Schulzeit war für ihn eher belastend. Besonders negativ schlugen sich in Pichlers Erinnerung die Kosttage nieder, auf die er wegen der finanziellen Beengtheit der Familie angewiesen war.

Bevor August Pichler im Schuljahr 1918/19 die Maturaprüfung ablegte, hatte er den Krieg erlebt. Als Italien am 23. Mai 1915 Österreich-Ungarn den Krieg erklärte und an der Südfront keine regulären Truppen standen, weil diese im Osten eingesetzt waren, zog August Pichler 16jährig als Standschütze freiwillig mit seinem Vater an die Front und erlebte den äußerst harten und schneereichen Winter des Jahres 1916-17 im Fleimstal. Wie Pichler später erzählte, war er zweimal unter eine Lawine gekommen, hatte sich aber beide Male selbst retten können. Dem Einsatz an der Front verdankte er auch eines seiner Laster, denn um den Hunger zu stillen hatte er zu rauchen begonnen.

Nach dem Krieg war es für August Pichler senior zu einer beruflichen Veränderung gekommen, wurde er doch von Branzoll zum Schuldienst nach St. Josef am See versetzt, wohin er mit seiner ganzen Familie zog.

Eine Änderung gab es auch für August Pichler junior. Nach bestandener Matura entschloß er sich im Wintersemester 1919/20 zum Studium der Rechtswissenschaften in Innsbruck. Zwei Jahre blieb er dort, bis zum Sommer 1921, trat in den katholischen Cartell-Verband ein, verlegte aber später seinen Studienort nach Modena. Ausschlaggebend dafür waren die zunehmenden Schwierigkeiten, denen Studierende aus Südtirol im Ausland begegneten, vor allem aber die finanziellen Engpässe, denen die Familie ausgesetzt war.

Die Zeit nach dem Ersten Weltkrieg war eine Zeit der radikalen

li trasformazioni per tutti. L'annessione del Tirolo del Sud all'Italia rappresentò un vero trauma per gli abitanti della regione. Un trauma che non derivava tanto dall'incontro con gli italiani, con i quali già esistevano buoni rapporti di conoscenza - per cui specialmente nella Bassa Atesina gli abitanti dei due gruppi etnici vivevano pacificamente porta a porta - ma dall'introduzione del sistema statale italiano e in particolare, a partire dal 1922, di quello fascista, caratterizzato da una sempre maggiore radicalizzazione del centralismo amministrativo e dall'autoritarismo politico e ben presto con l'emanazione di norme volte esplicitamente all'italianizzazione del territorio che investivano tutta la vita pubblica, dall'amministrazione alla giustizia, dalla scuola all'economia.

August Pichler, grande amante della natura, in una foto degli anni venti.
August Pichler war sehr naturverbunden. Hier eine Aufnahme aus den 20er Jahren.

Nella famiglia Pichler non aveva mai trovato spazio alcun purismo etnico, tanto più vivendo in un paese a popolazione plurilingue che rispecchiava con la sua tolleranza la mentalità dominante. Una familiarità di lunga data con gli italiani che tuttavia non sottrasse anche August Pichler dal fare i conti con il nuovo potere statale, la cui logica gli era del tutto estranea.

Per la prima volta nel giugno del 1920 era stata autorizzata la tradizionale festa dei fuochi in onore del Sacro Cuore, sospesa durante gli anni della guerra e proibita dal comando militare anche nel 1919. Questa volta i fuochi del Sacro Cuore fornivano ai sudtirolesi l'occasione per una protesta contro l'occupazione italiana della regione, ragion per cui le forze dell'ordine, che ne avevano avuto

Umbrüche. Die Annexion Südtirols an Italien hatte für die Südtiroler zu einem Trauma geführt. Aber dieses Trauma war nicht die Begegnung mit den Italienern gewesen, die man ja kannte, mit denen man besonders im Unterland Tür an Tür lebte, sondern mit dem italienischen Staat als Ordnungssystem, ab 1922 als faschistisches Ordnungssystem, das durch Zentralismus und Autoritarismus gekennzeichnet war und schon bald mit der ethnischen Flurbereinigung im gesamten öffentlichen Leben begann, von der Verwaltung und der Justiz über die Schule bis hin zur Wirtschaft.

Im Hause Pichler wurde kein ethnischer Purismus betrieben, zumal die Mehrsprachigkeit des Dorfes die gelebte Kultur des Alltags widerspiegelte. Trotz dieses familiären Umgangs mit den Italienern machte auch August Pichler Bekanntschaft mit der neuen Ordnungsmacht, deren Logik ihm bis dahin fremd gewesen war.

Erstmals im Juni 1920 war es wieder erlaubt, die traditionellen Herz-Jesu-Feuer zu entzünden. Während des Weltkrieges war der Brauch nicht ausgeübt worden, das Militärkommando hatte diesen im Jahre 1919 nicht erlaubt. Die Herz-Jesu-Feuer sollten diesmal auch als Protest gegen die italienische Besatzung entfacht werden, so daß die Ordnungskräfte, die davon erfahren hatten, in erhöhte Alarmbereitschaft gesetzt wurden. Die dennoch völlig überzogene Haltung von Carabinieri und Militärs, die auf Grund mangelnden Einfühlungsvermögens die Reaktion der Südtiroler schier provozierten, führten zu einer Eskalation der Situation. In zahlreichen Ortschaften intervenierten die Ordnungskräfte durch restriktive Maßnahmen, Verbote und Schikanen, in anderen wurden willkürliche Verhaftungen vorgenommen.

Von diesen politischen Spannungen blieb auch Branzoll nicht verschont. Bereits am Nachmittag jenes Sonntags schoß ein italienischer Offizier ohne ersichtlichen Grund in den Gastgarten des Gasthofes zum Bahnhof, worauf die Menge über ihn herfiel und ihn verprügelte. Laut einem Bericht von Eduard Reut-Nicolussi, dem Abgeordneten des Deutschen Verbandes zum römischen Parlament, wurden daraufhin 60 Personen verhaftet und zuerst nach Neumarkt, dann weiter nach Trient verfrachtet.

Wie in anderen Ortschaften war es in Branzoll am Herz-Jesu-

sentore, si erano messe in grande allarme. Purtroppo l'atteggiamento esasperato dei carabinieri e dei militari, che privi di alcuna sensibilità per i sentimenti della popolazione sudtirolese si abbandonarono ad azioni provocatorie, portò ad un progressivo aggravarsi della situazione. In parecchie località le forze dell'ordine intervennero con misure restrittive, divieti e altre angherie, in altre si ebbero anche arresti arbitrari.

Anche Bronzolo non rimase estraneo a queste tensioni politiche. Già nel pomeriggio della domenica dei fuochi un ufficiale italiano aveva, senza apparente motivo, sparato dei colpi nel giardino dell'albergo alla Stazione e la folla lo aveva assalito e percosso. Secondo un resoconto di Eduard Reut-Nicolussi, deputato del Deutscher Verband al parlamento di Roma, il fatto aveva portato all'arresto di 60 persone, tradotte dapprima a Egna, poi a Trento.

Anche a Bronzolo, come in altre località, era uso che all'accendersi dei fuochi si accompagnasse lo scoppio di mortaretti. I giovani che vi avevano provveduto, fra gli altri Albin Tomedi, Jakob Valduga, Simon Vanzo, Hartmann Lentsch senior e August Pichler, furono poi arrestati, portati a Egna e da qui, incatenati assieme agli arrestati di Termeno, furono poi trasferiti al carcere a Trento, dove rimasero per un'intera settimana.

Maestro elementare, segretario comunale, avvocato

A quel tempo August Pichler studiava ancora a Innsbruck; a causa delle sempre maggiori difficoltà che dopo l'annessione della regione all'Italia gli studenti sudtirolesi incontravano nei loro studi all'estero, ma soprattutto anche a causa di problemi economici, una volta concluso il semestre estivo del 1921, decise di cambiare università scegliendo Modena.

Nel frattempo egli aveva cercato lavoro concorrendo per l'assegnazione di un posto d'insegnante. Vinto nel maggio del 1923 il concorso, un decreto del provveditore agli studi di Trento del 24 dicembre 1923 lo chiamava all'insegnamento nella scuola elementare di Racines di Fuori nella Valle dell'Isarco, dove egli di fatto iniziò a insegnare già il 1° ottobre. Nel decreto di nomina per al-

Sonntag ebenfalls üblich, daß neben dem Entfachen des Feuers auch Böller abgeschossen wurden. Die daran beteiligten Burschen und Männer, unter anderen Albin Tomedi, Jakob Valduga, Simon Vanzo, Hartmann Lentsch senior und August Pichler, wurden daraufhin verhaftet und ins Gefängnis nach Trient gebracht, wo sie eine Woche lang blieben. In Neumarkt waren die Branzoller zusammen mit den Traminern in Ketten gelegt und dann abgeführt worden.

Lehrer, Gemeindesekretär, Rechtsanwalt

Zu jener Zeit studierte Pichler noch in Innsbruck. Doch wegen der immer größeren Schwierigkeiten, die Südtiroler nach der Annexion des Landes an Italien bei ihren Auslandsstudien erfuhren, vor allem aber wegen finanzieller Probleme, brach August Pichler sein Jusstudium nach Abschluß des Sommersemesters 1921 in Innsbruck ab und verlegte seinen Studienort nach Modena.

In der Zwischenzeit war Pichler auf Arbeitssuche und hatte sich um eine Lehrerstelle beworben. Den Wettbewerb vom Mai 1923 hatte er erfolgreich bestanden, so daß ihn ein Dekret des Schulamtsleiters von Trient vom 24. Dezember 1923 erreichte, mit dem er zum Unterricht an der Volksschule Außerratschings im Eisacktal berufen wurde. Den Unterricht selbst hatte er bereits mit 1. Oktober angetreten. Im Dekret wurde allerdings darauf hingewiesen, daß er jederzeit versetzt oder aus dem Schuldienst entlassen werden könne, sofern er bei Einführung der italienischen Unterrichtssprache nicht die entsprechende Lehramtsprüfung vorweise. Zum Zeitpunkt seiner Nominierung war die Unterrichtssprache in der Schule von Außerratschings noch Deutsch. Pichler wurde aber, da für geeignet befunden, provisorisch auch mit dem Unterricht der italienischen Sprache betraut.

1924 heiratete August Pichler Hermine Zambelli (1897-1969) aus Branzoll, Tochter des Gasthofbesitzers "Zum Aldeinerweg", im Volksmund "Gasthof Zambelli", der sich neben der Schule befindet. Nachdem er im ersten Jahr in Ratschings beim Marxerbauern gewohnt hatte, dessen Hof unterhalb der Schule stand, zog er nach seiner Heirat in die Dienstwohnung der Schule. Die Schule selbst stand auf einem sehr zugigen Hügel, was zur Folge hatte, daß die Woh-

tro si faceva presente che in qualsiasi momento egli avrebbe potuto essere trasferito o licenziato qualora, al momento dell'introduzione della lingua italiana come lingua di insegnamento, egli non fosse stato dotato della necessaria abilitazione. All'epoca del suo incarico infatti la lingua d'insegnamento nella scuola di Racines era ancora il tedesco. In seguito egli fu ritenuto idoneo e gli fu assegnato in via provvisoria anche l'insegnamento dell'italiano.

Nel 1924 Pichler sposava Hermine Zambelli (1897-1969) di Bronzolo, figlia del proprietario dell'albergo "Zum Aldeinerweg", comunemente detto osteria Zambelli, che si trovava vicino alla scuola. Nel primo anno della sua permanenza a Racines egli aveva abitato presso il contadino Marxer, il cui maso si trovava poco lontano dalla scuola; ma dopo il suo matrimonio si trasferì nell'appartamento di servizio della scuola. La scuola sorgeva su una collina molto esposta ai venti con la conseguenza che d'inverno l'appartamento era molto freddo. Anche per questo motivo la famiglia cercava spesso rifugio presso il maso dei Marxer nella speranza di riscaldarsi un poco. Al riscaldamento della scuola doveva provvedere lo stesso Pichler, cosa che egli faceva invitando gli scolari a portare della legna da ardere, che tuttavia nei lunghi mesi d'inverno non era mai abbastanza.

Nel 1924 August Pichler sposa Hermine Zambelli (1897-1969), anch'essa di Bronzolo.

1924 heiratet August Pichler die aus Branzoll stammende Hermine Zambelli (1897 - 1969).

A Racines vide la luce anche il primo dei suoi otto figli, August (1925-1989), al quale dovevano seguire poi Günther (1928), Norbert (1930-1994), Paul (1931) Luis (1935) e Peter (1939). Maria

nung im Winter sehr kalt war. Auch deshalb suchte die Familie immer wieder Zuflucht beim Marxerbauern, um sich etwas aufzuwärmen. Für die Heizung der Schule mußte August Pichler selbst aufkommen, weshalb die Schüler und Schülerinnen aufgefordert wurden, Brennholz in die Schule zu bringen, das allerdings für die langen Winter nie reichte.

In Ratschings kam auch das erste von acht Kindern, August (1925-1989), zur Welt. Es folgten Günther (1928), Norbert (1930-1994), Paul (1931), Luis (1935) und Peter (1939). Maria (1926) und Leonhard (1927) starben bereits im ersten Lebensjahr.

Um den kargen Lohn als Lehrer aufzubessern, bewarb sich Pichler um die Stelle eines Gemeindesekretärs, die er am 24. Jänner 1924 unter Bürgermeister Felix Siller antrat. Als Jahreslohn erhielt Pichler dafür 3.500 Lire. Nach Abschluß der dreijährigen Probefrist im September 1926 wurde Pichler als Lehrer pragmatisiert und erhielt ab diesem Zeitpunkt einen Jahreslohn von 5.900 Lire samt einer Zulage von 1.400 Lire, kam also auf insgesamt 7.300 Lire. Zum Vergleich: In den 30er Jahren betrug der Durchschnittslohn eines Angestellten in Italien zwischen 600 und 1.300 Lire im Monat. Unter dem von Amts wegen eingesetzten Podestà Ferrero wurden im Oktober 1925 die Sekretariatsdienste der beiden Gemeinden Ratschings und Mareit zusammengelegt, Pichler wurde wiederum provisorisch mit diesem Amt betraut.

Neben dieser Doppelbelastung als Lehrer und Gemeindesekretär bereitete sich Pichler in seiner spärlichen Freizeit in zäher Ausdauer auf die Prüfungen in Modena vor. 1927 war es soweit. Am 29. März promovierte er zum Doctor juris.

Mit der Promotion begann für Pichler ein neuer Lebensabschnitt, zumal er beschloß, seine Karriere als Lehrer mit jener eines Rechtsanwalts einzutauschen und deshalb auch nicht die in der Zwischenzeit für den Unterricht in italienischer Sprache notwendig gewordene Lehramtsprüfung für Italienisch nachholte, die das faschistische Regime zwecks Italienisierung der deutschsprachigen Schule rigoros verlangte.

Im Dienstzeugnis der Schuldirektion Sterzing wurde August Pichler ein tadelloses Verhalten bescheinigt, laut Bericht des Gemeinde-

```
Copia del Consiglio Comunale di Racines in data 27 Gennaio 1924
========================================================================

OGGETTO: Nomina di Segretario Comunale.

        Fu deciso ad unanimità di nominare quale segretario Comunale del
Comune di Racines il Signor PICHLER Augusto. Riceve uno stipendio di
L. 3500 annue.

                                            IL SINDACO
                                       F.to SILLER Felice

Il Consigliere Anziano
F.to LANTALER Giuseppe
```

La delibera con la quale il sindaco di Racines Max Siller nomina August Pichler segretario comunale (1924).

Der Beschluß, mit dem Bürgermeister Felix Siller August Pichler zum Gemeindesekretär ernennt (1924).

(1926) e Leonhard (1927) morirono già nel loro primo anno di vita.

Per integrare il modesto stipendio di maestro August Pichler aveva concorso anche per il posto di segretario comunale, che in effetti ottenne il 24 gennaio 1924 sotto il sindaco Felix Siller. Il suo stipendio annuo era di 3.500 lire. Concluso il triennio di prova, nel settembre del 1926 Pichler fu nominato insegnante di ruolo e da qual momento il suo stipendio fu elevato a 5.900 lire che unitamente a un'indennità di 1.400 lire facevano complessivamente 7.300 lire all'anno. Per un confronto si tenga presente che negli anni 30 la paga media di un impiegato in Italia si aggirava fra le 600 e le 1.200 lire al mese. Con l'insediamento d'ufficio del "podestà" Ferrero nell'ottobre del 1925, furono unificate le due segreterie comunali di Racines e Mareta e Pichler ne divenne il titolare provvisorio.

Contemporaneamente a questi due non lievi incarichi di insegnante e di segretario comunale, August Pichler portava avanti,

vorstehers Siller war Pichler allseits beliebt gewesen und hatte sich die Wertschätzung der Mitbürger und Mitbürgerinnen erworben, denen an ihm besonders seine Naturverbundenheit aufgefallen war.

Pichler zog noch im Herbst 1927 wieder nach Branzoll, wo er mit seiner Frau und dem zweijährigen Gusti im Zambellihaus Quartier bezog und wo er bis zum Jahre 1930 blieb, um dann nach Gries ins Neslerhaus in die Col-di-Lana-Straße zu ziehen. 1935 zog die Familie Pichler mit der in der Zwischenzeit auf fünf angewachsenen Kinderschar in die Guntschnastraße 15 (heute 35) in die Villa Theresia. Ein letztes Mal zog er zu Beginn der 60er Jahre um, um eine Eigentumswohnung in der Grieser Schmiedgasse zu beziehen.

Bevor Pichler seine Karriere als Jurist begann, war er noch kurz bei der Buchhandlung Ferrari-Auer angestellt. Am 1. November 1927 begann er als Praktikant beim Bozner Rechtsanwalt Heinrich Pitra, wechselte am 1. September 1928 zu Rechtsanwalt Mario Ravanelli und kehrte am 1. Februar 1929 wieder zu Pitra zurück. Ab 15. Juli 1929 finden wir Pichler bei Rechtsanwalt Paul Kofler unter den Bozner Lauben. In jenem Jahr wird sein Antrag, als Rechtsbeistand bei den Bezirksgerichten ins Berufsverzeichnis eingeschrieben zu werden, angenommen.

Nach dreijährigem Praktikum bestand Pichler 1930 die erstmals in Venedig durchgeführte Rechtsanwaltsprüfung, die sogenannte Prokuratorenprüfung. Weil aber nur eine Stelle vakant gewesen war, wurde er zurückgestellt. Pichler scheint Schwierigkeiten gehabt zu haben, ins Berufsverzeichnis der Prokuratoren eingeschrieben zu werden. Er startete im März 1933 einen weiteren Versuch, bestand die Prokuratorenprüfung beim Oberlandesgericht von Venedig und stellte im August desselben Jahres einen Antrag an die zuständige Kammer der Prokuratoren, in das Berufsverzeichnis aufgenommen zu werden. Dabei vergaß er nicht darauf hinzuweisen, daß er bereits "seit neun Jahren verheiratet" sei und "eine sechsköpfige Familie (vier Kinder) erhalten" müsse. Die Kommission nahm den Antrag an, Pichler legte am 14. November 1933 den Amtseid ab und wurde tags darauf in das Berufsverzeichnis eingetragen. Darauf trat Pichler als Partner in die Rechtsanwaltskanzlei von Emil Silbernagl ein, die sich in der Silbergasse 23 befand.

Cresima a Mareta degli scolari e scolare di Racines di Fuori nella primavera del 1924. Da sinistra a destra: il maestro August Pichler, il decano Unterleitner di Stelvio, il Vescovo Johannes Raffl, Konrad Bergmeister, il parroco di Mareta, il cooperatore Josef Brugger ed il maestro elementare Anton Handa.

Firmung der Schülerinnen und Schüler von Außerratschings im Frühjahr 1924 in Mareit. Von links nach rechts: Lehrer August Pichler, Dekan Unterleitner von Stilfs, Fürstbischof Johannes Raffl, Konrad Bergmeister, Pfarrer von Mareit, Kooperator Josef Brugger und Lehrer Anton Handa.

con costante tenacia nel poco tempo libero che gli restava, gli studi universitari che poté concludere il 29 marzo del 1927 con la laurea in giurisprudenza. Con il dottorato cominciò per Pichler una nuova fase della sua vita, avendo egli deciso di abbandonare l'insegnamento per la professione di avvocato, sottraendosi così anche al dovere di prendere l'abilitazione ufficiale per l'insegnamento dell'italiano diventata ormai lingua obbligatoria per tutti gli insegnanti, un provvedimento voluto e rigorosamente applicato dal regime fascista per l'italianizzazione della scuola tedesca in Alto Adige.

Nel certificato di servizio rilasciato dalla direzione scolastica di Vipiteno si riconosceva ad August Pichler di aver tenuto come insegnante un comportamento esemplare; nella relazione del suo superiore Siller dell'amministrazione comunale si affermava che Pich-

August Pichlers Promotionsurkunde. Er promovierte 1927 an der Universität Modena.
Diploma di laurea. August Pichler conseguì la laurea in giurisprudenza nel 1927 presso l'Università di Modena.

Als Jurist nahm sich Pichler besonders der Probleme der Bauern an. Die wirtschaftliche Belastung für die Bevölkerung Südtirols hatte 1926 einen ersten Höhepunkt erreicht, als nämlich das zentralistische und ineffiziente Verwaltungssystem eingeführt wurde. Die Einsetzung der Amtsbürgermeister (podestà) führte zu einer gigantischen Aufblähung des Beamtenapparats, zur Ausweitung der Korruption, eines erhöhten Steuerdrucks und zur Verschleuderung von Gemeindeeigentum.

Der Bauernbund wurde aufgelöst und in ein faschistisches Syndikat umgewandelt, auch wenn dieses dann nur auf dem Papier existierte. 1927 folgte die Ausschaltung der Landwirtschaftlichen Zentralkassa, 1929 wurde das Tiroler Höfegesetz außer Kraft gesetzt, auch wenn die Regelung über den "geschlossenen Hof" von der Bevölkerung informell eingehalten wurde. Zur Entnationalisierung des Bodens wurde schließlich 1931 das "Ente per le Tre Venezie" geschaffen.

Für die große Wirtschaftskrise in den Jahren 1929 bis 1935 waren

R. DIREZIONE DIDATTICA DI VIPITENO.

Su richiesta dell'interessato, posso dichia=
rare che, per quanto mi risulta dagli atti giacenti
presso questo Ufficio e, relativamente ai suoi sei
ultimi mesi di servizio scolastico, anche per mia
coroscenza diretta, la condotta del signor Pichler
Augusto durante i suoi quattro anni d'insegnamento
a Racines di fuori è stata irreprensibile.

Il signor Pichler Augusto venne esonerato
dall'ufficio di insegnante elementare durante l'e=
state 1927 non possedendo egli il diploma di abi=
litazione all'insegnamento in lingua italiana e non
essendosi sottoposto agli esami per ottenerlo.

Vipiteno, 25 settembre 1929/VII.

Il Direttore Didattico

Visto: Dichiaro esatto quanto sopra
in base alle quale qualifiche di servizio
riportate dal Maestro Pichler Augusto
Bressanone, 5/10 29 VII

L'ISPETTORE SCOLASTICO
Costantino

Nel certificato di servizio della Direzione scolastica di Vipiteno (1927) si riconosce ad August Pichler un comportamento esemplare.

Im Dienstzeugnis der Schuldirektion Sterzing (1927) wird August Pichler ein tadelloses Verhalten bescheinigt.

Alla

Commissione Reale Straordinaria

pel consiglio dell'Ordine degli avvocati

in

B o l z a n o

a mani del Presidente

sig.avv.Dott.Riboli

    Il sottofirmato avvocato Dott.Pitra Enrico dichiara che Dott.Pichler Augusto di Augusto e della Sutter Maria nato a Bronzolo il 29 ottobre 1898 laureato a Modena il 29 marzo 1927 è entrato nel suo studio come praticante di avvocatura in data 1 novembre 1927 e fa istanza che il Dott. Pichler Augusto venga iscritto sull'albo dei praticanti di avvocatura di questa onorevole Commissione Reale con anzianità 1 novembre 1927.

    Bolzano, 1 novembre 1927.

Presa visione del diploma originale:
Si iscriva nell'albo dei praticanti.
Bolzano, li 3/11-1927, VI.
Riboli.

Antrag August Pichlers auf Eintragung in das Berufsverzeichnis der Rechtsanwaltspraktikanten (1927).

Domanda di iscrizione all'Albo professionale dei procuratori, presentata da August Pichler nel 1927.

ler godeva di generale considerazione, essendosi guadagnata la stima della popolazione tutta, che ne apprezzava soprattutto il vivo legame con il mondo della natura.

Pichler poteva così tornare, già nell'autunno del 1927, a Bronzolo, alloggiando con sua moglie e il figlio Gusti, allora di due anni, nella casa Zambelli, dove rimase fino al 1930 per trasferirsi poi nella casa Nesler a Gries in via Col di Lana. Nel 1935 la famiglia Pichler, che nel frattempo contava già una schiera di cinque figli, prese alloggio nella Villa Teresa al n.5 (oggi 35) di via Guncina. All'inizio degli anni 60 si trasferì infine in un'abitazione di sua proprietà nel vicolo Fucine di Gries.

Prima di iniziare la sua carriera giuridica Pichler lavorò brevemente come impiegato nella libreria Ferrari-Auer. Il 1° novembre 1927 cominciò come praticante dapprima presso l'avvocato di Bolzano Heinrich Pitra, poi dal 1° settembre del 1928 con l'avvocato Mario Ravanelli per tornare il 1° febbraio 1929 nuovamente con Pitra e dal 15 luglio 1929 presso l'avvocato Paul Kofler in via Portici sempre a Bolzano. Nello stesso anno viene accolta la sua domanda di iscrizione all'albo professionale come patrocinatore legale.

Nel 1930, dopo un triennio di praticantato, Pichler supera a Venezia l'esame di procuratore per l'esercizio della professione, ma poiché era vacante soltanto un posto, la sua domanda di iscrizione all'albo professionale viene rinviata e sembra che abbia poi incontrato delle difficoltà ad ottenere l'iscrizione, se soltanto dopo un secondo tentativo nel marzo del 1933, superato nuovamente l'esame presso la corte di appello di Venezia, poté nell'agosto dello stesso anno presentare, presso la camera competente, la domanda di iscrizione all'albo dei procuratori legali. In essa egli non manca di richiamare l'attenzione sul fatto di "essere sposato già da nove anni" e di "avere da mantenere una famiglia di sei persone (quattro figli)". La commissione accolse la domanda e prestato giuramento il 14 novembre 1933, il giorno dopo Pichler veniva iscritto nell'albo. Poteva così entrare come socio nello studio legale dell'avvocato Emil Silbernagl in via Argentieri 23 a Bolzano.

Come giurista Pichler si occupò principalmente dei problemi del mondo contadino. Serie difficoltà economiche per la popolazione

Vor der Bozner Marienklinik im Optionsjahr 1939.
Davanti alla Clinica S. Maria a Bolzano nel 1939, l' anno delle opzioni.

allerdings weniger interne Faktoren als vielmehr die nationale und internationale Wirtschaftsdepression ausschlaggebend gewesen. Traditionelle Absatzmärkte gingen verloren, die Preise für landwirtschaftliche Produkte fielen in den Keller, die allgemeine Finanzkrise machte sich immer stärker bemerkbar, so daß in Südtirol zahlreiche Höfe versteigert wurden. Die Krise der Landwirtschaft traf im Jahre 1933 an die 25.000 Familien.

Pichler setzte sich besonders für die in wirtschaftliche Not geratenen Bauern ein, bearbeitete ihre zivilrechtlichen Fälle und verlangte für seine Arbeit oft nur die Kanzleispesen, wenn er sah, daß der

dell'Alto Adige erano cominciate già nel 1926, quando fu esteso alla regione e cominciò a imporsi in pieno l'inefficiente sistema centralistico dell'amministrazione statale italiana. L'introduzione, al posto del sindaco eletto dalla popolazione, del "podestà" di nomina centrale portò con sé fra l'altro un abnorme aumento dell'apparato amministrativo, il diffondersi della corruzione in relazione all'accresciuto carico fiscale e la dissipazione del demanio comunale.

Fu sciolto il Bauernbund, la Lega contadina, e sostituito con un sindacato fascista che praticamente esistette solo sulla carta. Nel 1927 si ebbe l'abolizione della cassa centrale dell'agricoltura e nel 1929 fu abrogata la legge tirolese sui masi, anche se poi in pratica la popolazione continuò a rispettare le norme tradizionali del "maso chiuso". Nel 1931 infine, a completamento dell'opera di snazionalizzazione del territorio, fu creato l'Ente per le Tre Venezie.

Tuttavia in relazione alla grande crisi economica degli anni fra il 1929 e il 1935, più che i fattori interni furono determinanti quelli nazionali e internazionali che portarono alla grande depressione. Per l'agricoltura altoatesina andarono perduti i tradizionali mercati di vendita, i prezzi dei prodotti agricoli precipitarono, la generale crisi finanziaria si faceva sentire sempre più duramente e molti contadini furono costretti a vendere le loro proprietà: nel solo 1933 la crisi dell'agricoltura colpisce all'incirca 25.000 famiglie.

Pichler s'impegnò soprattutto nella difesa dei contadini caduti in difficoltà economiche, trattando le loro cause di diritto civile e chiedendo non di rado per il suo lavoro soltanto la corresponsione delle spese di cancelleria, quando vedeva che il cliente non era in grado di pagare. Sintomatico del suo comportamento è un aneddoto degli anni '30 che lo riguarda: gli si era presentato un contadino che chiaramente non disponeva di molti soldi, sicché alla fine Pichler gli chiese per la stesura di un atto soltanto una piccolezza. Il giorno dopo Pichler, allora ancora procuratore, trovò il contadino dal suo capo, al quale chiedeva di rifare l'atto perché il giovane avvocato gli aveva chiesto così poco che certamente il suo lavoro "non doveva essere fatto bene".

La pressione del partito fascista, e specialmente dei funzionari della categoria professionale, sugli avvocati di lingua tedesca andò

Kunde nicht finanzkräftig war. Eine Anekdote aus den dreißiger Jahren scheint hier für sein Verhalten symptomatisch zu sein. Als ein Bauer zu Pichler kam, dem man ansah, daß er keine dicke Brieftasche besaß, verlangte Pichler für die Abfassung eines Schriftstückes nur einen Bagatellbetrag. Tags darauf sah Pichler, der damals noch Prokurator war, den Bauern bei seinem Chef, den dieser ersuchte, das Schriftstück nochmals zu bearbeiten. Der junge Rechtsanwalt habe so wenig verlangt, daß dessen Arbeit sicherlich "nichts Gescheites" sein könne.

Der Druck der faschistischen Partei, insbesondere der Funktionäre der Berufskategorie der Juristen, auf die deutschsprachigen Rechtsanwälte wurde im Laufe der 30er Jahre immer stärker. Pichler sah sich gezwungen, erste Kompromisse mit dem faschistischen Regime einzugehen, um seine Familie ernähren zu können.

Im September 1940 hatte Pichler einen Antrag an die Faschistische Berufsorganisation der Rechtsanwälte und Prokuratoren in Bozen gestellt, um in das Berufsverzeichnis der Rechtsanwälte eingeschrieben zu werden. In seinem Antrag wies er wiederum darauf hin, daß er sechs Kinder zu ernähren habe, "was in diesen Zeiten nicht gerade leicht ist." Außerdem wies er darauf hin, daß er am 21. September 1939 für die Beibehaltung der italienischen Staatsbürgerschaft optiert und zu Beginn des Jahres einen Antrag gestellt habe, um in den Partito Nazionale Fascista aufgenommen zu werden.

Pichler hatte diese Frage des öfteren zu Hause angesprochen und resigniert festgestellt, daß ihm wohl kein anderer Weg offenstehe, wollte er seine Familie ernähren. Dieser Antrag Pichlers auf Aufnahme in die Partei stand sicherlich nicht im Zusammenhang mit irgendwelchen ideologischen Affinitäten, sondern entsprach jener pragmatischen Linie, die damals in Italien vielfach als "tessera del pane" legitimiert wurde.

Im Oktober 1940 mußte Pichler noch ein Dokument nachreichen, aus dem hervorging, nicht der "jüdischen Rasse" anzugehören, nachdem das faschistische Italien im Schlepptau des NS-Regimes 1938 seine eigenen Rassengesetze eingeführt hatte, die darauf ausgerichtet waren, die jüdischen Mitbürger zu diskriminieren und an den Rand der Existenz zu treiben.

SINDACATO FASCISTA AVVOCATI E PROCURATORI
PER LA CIRCOSCRIZIONE DEL TRIBUNALE DI BOLZANO

IL DIRETTORIO:

Letta la domanda presentata dal Signor Dott. PICHLER AUGUSTO
di fu Augusto *nato a* Bronzolo (Trento) *il* 29 ottobre 1898
residente in Bolzano Via degli Argentieri 23/II

Esaminati gli atti ed i documenti allegati alla domanda stessa;

Accertato che l'istante è in possesso di tutti i requisiti richiesti;

Viste ed applicate le disposizioni della legge 22 gennaio 1934 N. 36 e quelle Regolamentari dettate col R. D. 22 gennaio 1934 N. 37;

DECRETA

la iscrizione del Signor Dottor PICHLER AUGUSTO fu Augusto

nell' Albo degli Avvocati. del Foro di Bolzano

Dato a Bolzano, li 17 febbraio 1941. 193__ A. XIX E. F.

Il Segretario del Sindacato
Presidente del Direttorio
Avv. Comm. Uff. S. de' ANGELIS

Con decreto del 17 febbraio 1941 August Pichler viene iscritto all'Albo professionale degli avvocati.

Mit Dekret vom 17. Februar 1941 wird August Pichler in das Berufsverzeichnis der Rechtsanwälte eingetragen.

Dem Antrag Pichlers auf Eintragung in das Berufsalbum der Rechtsanwälte wurde mit Dekret vom 17. Februar 1941 stattgegeben. Die Demütigung, sich in die faschistische Partei einschreiben zu müssen, blieb ihm erspart.

NS-Gegner und Flucht in die Schweiz

Pichler war zu jener Zeit bereits kein Unbekannter mehr. Insbesondere die faschistischen Behörden hatten ihn als einen eifrigen Vertreter der Dableiber registriert, während ihn die Südtiroler Nationalsozialisten als einen erzkatholischen Dollfußanhänger abstempelten.

Seit Südtirol von Italien annektiert worden war, waren die meisten Südtiroler, vor allem aber die politischen Eliten des Landes, in eine tiefe nationale Depression und kollektive Frustration gefallen, die sich in den darauffolgenden Jahren fast einzig und allein auf die nationale Frage fixierten. Die eingeschlagene Politik der "nationalen Befreiung" Südtirols durch eine angepeilte Grenzrevision griff dabei auf Wertmuster zurück, die schon vor 1918 von allen deutschnationalen, völkischen und rechtsradikalen Gruppierungen benutzt wurden. Deutschnationalismus und großdeutsches Gedankengut knüpften in Südtirol an politische Strömungen an, die bereits vor 1918 die politische Kultur des Landes geprägt hatten und in den verschiedenen völkischen Schutzvereinen politisch wirkten. Als politischen Bezugspunkt wählten die allermeisten Südtiroler deshalb nicht etwa Öster-

Gemeinsam mit Friedl Volgger setzte sich August Pichler gegen die Option für das Deutsche Reich ein.

Assieme a Friedl Volgger l'avvocato August Pichler si impegnò contro le opzioni per il Reich.

facendosi sempre più forte nel corso degli anni '30. Di conseguenza Pichler si trovò costretto, se voleva mantenere la sua famiglia, ad accettare i primi compromessi con il regime fascista. Nel settembre del 1940 inoltrò domanda al Sindacato fascista degli avvocati e procuratori di Bolzano per essere iscritto all'albo degli avvocati. Anche in questa occasione richiamava l'attenzione sulla sua condizione familiare con sei figli da mantenere, "cosa che ai tempi attuali è un po' gravoso". Inoltre faceva presente di avere optato il 21 settembre del 1939 per il mantenimento della cittadinanza italiana e che all'inizio dell'anno aveva fatto domanda di iscrizione al partito nazionale fascista.

Tutte decisioni che Pichler in casa avrà certamente discusso spesso, concludendo rassegnatamente che non gli rimaneva altro da fare se voleva mantenere la famiglia. La sua domanda di iscrizione al partito fascista non nasceva certo da affinità ideologica, ma rispondeva piuttosto a quella linea pragmatica che allora in Italia fu spesso giustificata definendola "tessera del pane".

Nell'ottobre del 1940 Pichler dovette presentare un altro documento nel quale si dichiarava che non apparteneva alla "razza ebraica"; ciò avveniva quando anche in Italia, a imitazione del regime nazionalsocialista in Germania, il regime fascista aveva emanato le leggi sulla razza, che miravano a discriminare gli ebrei italiani con ogni sorta di limitazioni, confinandoli ai margini della società. La domanda avanzata da Pichler per l'iscrizione all'albo professionale degli avvocati fu accolta con decreto del 17 febbraio 1941. Risparmiata gli fu invece l'umiliazione di doversi iscrivere al partito fascista.

Opposizione al nazismo e fuga in Svizzera

A quell'epoca Pichler non era più uno sconosciuto. Le autorità fasciste, in particolare, lo avevano registrato come uno zelante sostenitore dei "Dableiber", coloro cioè che rifiutavano di optare per la Germania, mentre i sudtirolesi seguaci del nazionalsocialismo lo avevano etichettato come un cattolico intransigente, seguace di Dollfuss.

Rechtsanwalt und Dableiber Josef Raffeiner. Trotz unterschiedlicher Weltanschauung verband ihn eine lebenslange Freundschaft mit August Pichler.

L'avvocato e Dableiber Josef Raffeiner. Nonostante la diversa visione politica fu unito da una salda amicizia con August Pichler.

reich, das mit der Zerschlagung der Monarchie zu einem Kleinstaat geschrumpft war, sondern das Deutsche Reich. Von Berlin, nicht von Wien, erwartete man sich die nationale Erlösung.

Nachdem deshalb im Deutschen Reich 1933 der Nationalsozialismus die Macht ergriffen hatte, kam es auch in Südtirol zur Gründung einer nationalsozialistischen Bewegung, die sich ab 1934 "Völkischer Kampfring Südtirol" (VKS) nannte. Der VKS verstand sich als Gegenpol zum inaktiv gewordenen Deutschen Verband, der 1919 zusammengeschlossenen Deutschfreiheitlichen und der Tiroler Volkspartei, die beide 1926 vom faschistischen Regime verboten worden waren.

1938 glaubten die Südtiroler unmittelbar vor ihrer nationalen Befreiung zu stehen, stand doch die Deutsche Wehrmacht nach der Besetzung Österreichs im März 1938 am Brenner. Obgleich Hitler seit den zwanziger Jahren immer wieder ausdrücklich auf die "Heimführung" Südtirols zugunsten eines Bündnisses mit Italien verzichtet hatte, hatte ein Großteil der Südtiroler diese Aussagen des Führers lediglich als taktisches Manöver abgetan. Je mehr Hitler die Südtiroler demütigte, um so mehr jubelten sie ihm zu.

Hitler holte tatsächlich die Südtiroler "heim ins Reich", aber nicht so, wie es sich die meisten erwartet hatten, sondern indem er das für den Krieg wichtige "Menschenmaterial" holte. Am 23. Juni 1939 wurde in Berlin jene Vereinbarung zwischen dem faschistischen Italien und dem nationalsozialistischen Deutschen Reich abgeschlossen, die eine Umsiedlung der Südtiroler vorsah. Bei der Option konnte,

Da quando il Sudtirolo era passato all'Italia, gran parte della popolazione sudtirolese, ma soprattutto la sua élite politica, era caduta in uno stato di profonda depressione e frustrazione collettiva, che negli anni seguenti si sarebbe fissata esclusivamente sulla questione nazionale. Fu impostata una politica di "liberazione nazionale" con una richiesta di revisione dei confini che si rifaceva ai modelli adottati prima del 1918 da tutti i movimenti radicali della destra nazionalistico-popolare per la grande Germania. Il nazionalismo tedesco, l'idea del grande Reich riscuotevano consensi nel Sudtirolo in quelle correnti politiche organizzatesi già prima del 1918 in numerose associazioni nazionaliste che avevano fortemente influenzato la cultura politica locale. Di conseguenza il punto di riferimento politico della maggioranza dei sudtirolesi non era più l'Austria, ridotta con la distruzione della monarchia a un piccolo stato, ma il Reich germanico: da Berlino, non più da Vienna, ci si aspettava la liberazione nazionale.

Dopo che nel 1933 il nazionalsocialismo ebbe preso il potere in Germania, si giunse anche nel Sudtirolo alla fondazione di un movimento nazionalista che si dette il nome di "Völkischer Kampfring Südtirol" (VKS). Il VKS si poneva come contraltare all'ormai impotente Deutscher Verband, che aveva unificato nel 1919 i Deutsche Freiheitliche (Liberali) e la Tiroler Volkspartei (Partito popolare tirolese), poi aboliti nel 1926 dal regime fascista.

Nel 1938 i sudtirolesi credettero che fosse ormai prossima la loro liberazione nazionale, quando nell'occupare l'Austria le truppe dell'esercito germanico giunsero fino al Brennero. Benché Hitler avesse ripetutamente affermato già negli anni '20 di voler rinunciare all'idea di un "ritorno a casa" del Sudtirolo a favore dell'alleanza con l'Italia, gran parte della popolazione tedesca altoatesina considerava tali dichiarazioni nient'altro che una manovra tattica. Di fatto, quanto più Hitler umiliava i sudtirolesi, tanto più questi lo esaltavano.

Hitler provvide poi davvero al "rimpatrio" dei sudtirolesi nel grande Reich, tuttavia non come la gran parte di loro aveva sognato, ma attingendo anche dal Sudtirolo "materiale umano" per la sua guerra. Il 23 giugno del 1939 infatti si firmava a Berlino quell'ac-

wie zynisch behauptet wurde, "gewählt" werden zwischen der deutschen und der italienischen Staatsbürgerschaft, entweder ins Deutsche Reich auszuwandern oder ohne Minderheitenschutz in Italien zu verbleiben.

Der Wille der beiden Regime, die Südtirolfrage durch eine Umsiedlung radikal zu lösen, führte innerhalb der Bevölkerung zur größten Entsolidarisierung, die es in der Geschichte der Südtiroler je gegeben hat. Auf der einen Seite die gewaltige Propagandamaschine des VKS und seiner reichsdeutschen Helfer, die alles daransetzten, ein möglichst hohes "Bekenntnis zu Deutschland" zu erreichen. Auf der anderen Seite das kleine Häuflein der Dableiber, die versuchten, die Versprechungen eines geschlossenen Siedlungsgebietes und damit verbundener Privilegien zu demaskieren. In der heißen Phase der Auseinandersetzungen zwischen "Gehern" und "Bleibern" ergoß sich eine Flut von Flugzetteln über das ganze Land, geheime Versammlungen wurden abgehalten, um jede "Seele" wurde gekämpft.

Während der VKS die Öffentlichkeit beherrschte und die Option in ein Bekenntnis für oder gegen das Deutschtum umfunktionierte, waren die rationalen Argumente der Dableiber den emotionalen Schlachtrufen der Geher vielfach unterlegen.

Zu den Optionsgegnern zählte in erster Linie der Klerus, die in den katholischen Verbänden und Organisationen tätigen Männer und Frauen, die einen Tiroler-katholisch-österreichischen Patriotismus pflegten und im Deutschen Reich einen heidnischen Staat sahen. Bestärkt wurde diese Haltung durch Nachrichten aus dem Reich über die zunehmenden Konflikte zwischen Kirche und Staat.

Kopf und Anführer der Dableiber war Kanonikus Michael Gamper, der gemeinsam mit wenigen anderen den Widerstand gegen die Option organisierte. Dazu zählten unter anderen der später von den Nazis ins KZ-Dachau internierte Friedl Volgger, Baron Paul von Sternbach und sein Sohn Lothar, der Industrielle Leo von Pretz, der Kaufmann und spätere erste Obmann der Südtiroler Volkspartei Erich Amonn, der ehemalige Landtagsabgeordnete Josef Menz-Popp, Josef Nock, Paul Brugger und Hans Egarter, der spätere Leiter der Widerstandsbewegung Andreas-Hofer-Bund. Zu diesen stieß auch August Pichler, der gemeinsam mit Friedl Volgger, Paul von Stern-

cordo fra l'Italia fascista e il Reich nazista che prevedeva il trasferimento in Germania della popolazione sudtirolese, alla quale con le "opzioni" si offriva la possibilità di "scegliere" - come cinicamente si affermava - fra la cittadinanza tedesca e quella italiana, e cioè di abbandonare per sempre la loro terra emigrando in Germania o di rimanere nell'Alto Adige italiano, ma privi di ogni tutela come minoranza linguistica.

La volontà dei due regimi di risolvere una volta per sempre e radicalmente la questione altoatesina determinò all'interno della popolazione interessata una divisione profonda degli animi, una rottura della solidarietà come popolo, quale nella storia del Sudtirolo non s'era mai conosciuta. Da un lato la poderosa macchina propagandistica del VKS e dei suoi fautori germanici che mirava ad ottenere un pronunciamento plebiscitario per la Germania; dall'altro un piccolo numero di persone che rifiutavano di abbandonare il loro paese, i "Dableiber", e cercavano di smascherare le infide promesse di un territorio unitario in cui sarebbe stati trasferiti e dei privilegi di cui avrebbero goduto. Ne seguì un'accesa fase di contrasti fra coloro che erano disposti ad andarsene, i "Geher", e chi era contrario, i "Dableiber"; la propaganda diffondeva in tutta la regione un mare di volantini, si tennero infinite riunioni segrete, si combatteva per la conquista di ogni singola "anima".

Mentre il VKS, che dominava l'opinione pubblica, trasformava le opzioni in una dichiarazione di fedeltà o di tradimento al mondo tedesco, gli argomenti essenzialmente razionali dei "Dableiber" erano inevitabilmente destinati a soggiacere all'appello emotivo dei "Geher".

In prima fila fra gli avversari delle opzioni si trovava il clero locale con gli uomini e le donne delle associazioni e organizzazioni cattoliche, legati a un tradizionale patriottismo tirolese, fedele all'Austria e alla Chiesa cattolica, e che nel nuovo Reich tedesco vedevano solo uno stato paganeggiante, come dimostravano le notizie di conflitti fra lo Stato e la Chiesa che giungevano dalla Germania. Mente e guida dei "Dableiber" era il canonico Michael Gamper, che insieme a pochi altri si dette ad organizzare la resistenza alle opzioni. Fra i pochi troviamo Friedl Volgger, più tardi internato dai

bach und dem späteren Senator Josef Raffeiner zu einem engen Vertrauten von Kanonikus Gamper wurde. Ihn hatte seine tiefe Religiosität zu einem entschiedenen Gegner des Nationalsozialismus und der Option werden lassen, aber auch seine Vision eines friedlichen Zusammenlebens der Völker, so wie er dies in der österreichischen Monarchie etwas idealisierend hatte verwirklicht gesehen.

Besonders ab dem 21. Oktober 1939, als die Richtlinien für die Umsiedlung veröffentlicht wurden, aus denen hervorging, daß die Optionsfrist mit 31. Dezember 1939 endete, begann der endgültige Schlagabtausch zwischen Befürwortern und Gegnern der Option. Dabei schreckten die Exponenten des VKS nicht vor terroristischen Methoden zurück, grenzten die Dableiber aus, boykottierten und verspotteten sie und zerstörten ihren Besitz. Besonderen Drohungen und Schikanen waren die Dableiber-Aktivisten ausgesetzt, die angespuckt, aus den Dörfern vertrieben und verprügelt wurden. Ein Schicksal, dem auch Pichler nicht entging, als er anläßlich eines Aufklärungsgangs in Latzfons von etlichen VKS-Fanatikern in den Brunnentrog gestoßen wurde, um ihm eine Lektion zu erteilen.

Sein eigentliches Aktionsfeld neben dem Eisacktal war das Gebiet rund um Aldein und Deutschnofen, wohin Pichler in der Tradition der Branzoller seine Familie in die Sommerfrische schickte, während er als geborenes Arbeitstier dort meist nur das Wochenende verbrachte. Zu Beginn der 30er Jahre war die Familie in Aldein "in der Punz" einquartiert, ab 1934 in Deutschnofen zuerst beim Töshof, später beim Oberkammerlander.

Pichler kannte die Bevölkerung jenes Gebietes ziemlich gut. Einmal, weil es zwischen Branzoll und Aldein traditionsgemäß viele wirtschaftliche Verbindungen gab, andererseits, weil Pichler viele der dort lebenden Bauern zu seinen Klienten zählte. Auch Josef Raffeiner stammte aus Deutschnofen (Petersberg). Die beiden Rechtsanwälte verband trotz unterschiedlicher Weltanschauung eine lebenslange Freundschaft. Raffeiner war nämlich liberal, Pichler christlichsozial eingestellt.

Pichlers Leitspruch, mit dem er versuchte, die Bevölkerung von einer Option für das Deutsche Reich abzuhalten, war einfach und klar: "Ich teile das Los meiner Erde." Er könne nicht verstehen, daß

nazisti a Dachau, il barone Paul von Sternbach e suo figlio Lothar, l'industriale Leo von Pretz, il commerciante e più tardi presidente della Südtiroler Volkspartei Erich Amonn, l'ex consigliere regionale Josef Menz-Popp, e ancora Peter Nock, Paul Brugger e Hans Egarter, poi comandante del movimento di resistenza dell'Andreas-Hofer-Bund.

A costoro si unì anche August Pichler, che insieme a Friedl Volgger, Paul von Sternbach e Josef Raffeiner, più tardi senatore, divenne uno dei più stretti collaboratori del canonico Gamper. Senza dubbio era stata la sua profonda religiosità a farlo diventare un deciso avversario del nazionalsocialismo e delle opzioni, ma vi aveva influito anche la sua convinzione della possibilità di una pacifica convivenza dei popoli quale, con una certa idealizzazione, aveva visto realizzata nella monarchia austriaca. Quando infine furono pubblicate, il 21 ottobre del 1939, le direttive per il trasferimento della popolazione optante, che fissavano al 31 dicembre dello stesso anno il termine utile per l'opzione, la battaglia fra i fautori e gli oppositori raggiunse il suo aspro culmine: gli esponenti del VKS infatti non indietreggiavano davanti a nessun mezzo, anche terroristico, per battere gli avversari, isolandoli, boicottando le loro iniziative, distruggendone le proprietà, deridendoli e insultandoli pubblicamente. Alle loro minacce e angherie erano esposti soprattutto gli attivisti dei "Dableiber", insultati, cacciati dai villaggi e percossi. Un destino a cui non poté sottrarsi nemmeno August Pichler, quando giunto a Lazfons per spiegare alla popolazione le ragioni dei "Dableiber", fu preso da alcuni fanatici del VKS che, per dargli una lezione, lo buttarono in una fontana.

Il vero campo d'azione di August Pichler, oltre alla Valle dell'Isarco, era anche la zona intorno ad Aldino e a Nova Ponente, dove egli, com'era tradizione della popolazione di Bronzolo, mandava la sua famiglia a passare l'estate, mentre egli, grande lavoratore, vi andava solo per il fine settimana. Ad Aldino, all'inizio degli anni '30, la famiglia trovava alloggio "in der Punz", mentre dal 1934 passò l'estate al Töshof di Nova Ponente e più tardi presso gli Oberkammerlander. Pichler conosceva bene la popolazione di quella zona, sia perché fra Bronzolo e Aldino esistevano da sempre molti rapporti

jemand alles aufgeben wolle. Außerdem sei es völlig irrsinnig zu glauben, man erhalte im neuen Siedlungsgebiet die gleich großen Höfe zugeteilt, wie der VKS versicherte. Pichler argumentierte immer sehr rational und war von der Kraft des Wortes überzeugt. Diese seine von gesundem Menschenverstand geleitete Rationalität kam auch später immer wieder zum Durchbruch, als er etwa nach Ausbruch des Krieges eine Landkarte hervorholte und auf das im Verhältnis zu ganz Europa kleine Deutsche Reich zeigte: "Geopolitisch betrachtet, kann Hitler den Krieg nicht gewinnen."

Während der Optionszeit lernte Pichler die Bitterkeit alltäglicher Schikanen immer wieder kennen. Da er weitum für seine Gegnerschaft zum Nationalsozialismus und zur Option bekannt war, wurde er von den Befürwortern der Umsiedlung, wo immer es ging, geschnitten. Unter anderem in den Gasthäusern. Einmal kehrte er auf dem Weg von Deutschnofen zum Karersee im Gasthof Wagger ein. Als er auf seine wiederholte Bestellung nichts erhielt, bekam er schließlich zur Antwort: "Den Walschen geben wir nichts." Oder ein andermal beim Kreuzwirt in Welschnofen, wo ihm dasselbe widerfuhr.

Pichler wurde vom VKS genauestens observiert. Das kommt auch sehr augenscheinlich in einem vom 22. Juli 1940 datierten Schreiben von Viktor Walch, Vertrauensmann der "Arbeitsgemeinschaft der Optanten für Deutschland" (AdO) im Unterland, zum Ausdruck, das dieser an die Leitung in Bozen richtete. Die AdO war die faktisch legale Nachfolgeorganisation des illegalen VKS.

Walch berichtet über die "Propaganda Dr. Pichler in Aldein". Danach sei Frau Maria Gurndin, Tochter des Florian Ebner, Tollhofbesitzer in Aldein, sehr optantenfeindlich gesinnt. Während früher die ganze Familie "deutsch gesinnt", Florian Ebner ja auch Obmann des Tiroler Bauernbundes gewesen sei, sei dies heute ganz ins Gegenteil verkehrt. Und dann wörtlich: "Aufgehetzt wurde diese hauptsächlich von Dr. Pichler, der stets, sooft er nach Aldein kam, bei derselben war und dort übernachtete. Von hier aus unternahm er seine Propagandafeldzüge und beauftragte dazu die Familienmitglieder. Dr. Pichler ist ein Dollfußanhänger und prägte den Leuten stets diese Idee ein, die Heimat ja nicht zu verlassen. Die Habsburger Monar-

economici, sia perché molti contadini del posto erano suoi clienti. Anche Josef Raffeiner era di Nova Ponente (Monte San Pietro) e di idee liberali, mentre Pichler era un cristiano-sociale, ma nonostante la diversa visione del mondo i due avvocati furono uniti per tutta la vita da una salda amicizia.

Il motto in cui Pichler riassumeva le sue convinzioni e con il quale cercava di convincere la popolazione a non optare per il Reich germanico, era molto semplice e chiaro: "Io condividerò la sorte della mia terra". Non poteva capire che ci fosse gente disposta ad abbandonare tutto, tanto più che giudicava ingannevole la promessa fatta agli optanti, secondo cui nella nuova regione dove sarebbero stati trasferiti avrebbero ottenuto proprietà delle stesse dimensioni di quelle che lasciavano, come assicurava il VKS. Pichler che era convinto della forza della parola, cercava sempre di convincere con argomenti razionali. Questa sua sana razionalità trovò espressione anche quando, poco dopo lo scoppio della guerra, confron-

Ricevimento del "Volksgruppenführer" Peter Hofer ad Aldino, zona in cui August Pichler fece propaganda contro i nazisti.
Volksgruppenführer Peter Hofer wird in Aldein empfangen. Auch in diesem Gebiet hat sich August Pichler gegen die Nationalsozialisten eingesetzt.

ARBEITSGEMEINSCHAFT DER OPTANTEN
FÜR DEUTSCHLAND.

Neumarkt, den 22. Juli 1940.

Leitung

An die
Leitung der A.d.O. des
Zweigstellenbereiches
B o z e n .

Betrifft: Propaganda Dr. Pichler in Aldein.

Bezug : Mein Schreiben vom 26.6.40 und die persönliche Anfrage
Seppi vom 5.7.40.

Der Vertrauensmann von Aldein berichtet mir folgendes:
Nach eingeholten Informationen und Erhebungen kann ich die Richtigkeit der Anzeigen vom 19.6.40 insoweit bestätigen, als ich dafür Zeugen aufbrachte. Daß sich Frau Maria Gurndin, geb. Ebner sehr optantenfeindlich benimmt weiß das ganze Dorf. Frau Maria Gurndin ist eine Tochter nach Florian Ebner- Tollhofbesitzer in Aldein. Wie diese Familie früher deutsch gesinnt war, (er war Obmann des Tirol. Bauernbundes, ließ die Kinder heimlich deutsch unterrichten u.s.w.) so ist dies heute ganz das Gegenteil. Aufgehetzt wurde diese hauptsächlich von Dr. Pichler, der stets, soft er nach Aldein kam, bei derselben war und dort übernachtete. Von hier aus unternahm er seine Propagandafeldzüge und beauftragte dazu die Familienmitglieder. Dr. Pichler ist ein Dollfußanhänger und prägte den Leuten stets diese Idee ein. Die Heimat ja nicht zu verlassen. Die Habsb. Monarchie wird wieder erstehen u.s.w. Vom Besitz bekommt ihr fast nichts, ja er hat den Leuten sogar ausgerechnet, was für einen lächerlichen Preis sie dafür bekommen. Auch der Herr Pfarrer war derselben Anschauung, denn er sagte seinerzeit zum ital. Gemeindesekretär, als dieser ihm mit Freuden erzählte- die Deutschen stünden 100 km vor Paris - das waren sie schon nocheinmal. Der Sekretär war darüber entrüstet und erzählte es mir. Seine Häuserin, Maria Schöpf, teilt selbstverständlich seine Ideen.
Laut Aussagen des Niederstätter soll es stimmen, daß seinerzeit Franz Ebner, Tollhofbesitzersohn, die Kinder dem Niederstätter (8 und 10 jähr.) aufforderte Heil Hitler zu rufen, was auch geschah. dann sagte er, ihr müßt sagen - Der Hitler ist eine Drecksau - da antworteten die Kinder "dann ist es der Mussolini auch".
Am Neujahrstage war der Franz Ebner im Geschäfte der Elise Hofer (Optantin). Da trat Johann Amplatz ins Lokal mit Daum Anton ein. Der Gruß war "Jetzt kommt der President von Warschau, der Hitler ist a Drecksau", beide bestätigten dies.
Seine Schwester Luise Ebner ist Verkäuferin in diesem Geschäft und hat die Kunden auch stets angestänkert, sie hieß diese stets das Gesindel, denn nur solches verlässt die Heimat u.s.w. Letzter Zeit ist sie ruhiger geworden. Im Interesse der Frau Hofer wäre es, wenn sie eine andere Verkäuferin hätte. Leider ist es heute schwer einen

./.

passenden Ersatz zu finden.
Im Dorfe wird so manches erzählt, doch man der Sach nicht auf den Grund kommen, denn schliesslich wollen die Leute doch nichts bestätigen.
Was die Nachtragsmeldung des Anton Gurndin von 24. Juni betrifft, stimmt vollauf, da sein Bruder Ludwig mir dies bestätigt hat.
Schade ist um die Menschen, die so verblendet würden, denn in Wirklichkeit sind sie deutsch, deutschen Blutes.

H e i l   H i t l e r !

Der Vertrauensmann
der Arbeitsge........t der Optanten
für Deutschland [A. d. O.]

(Viktor Walch)

Bericht des Vertrauensmannes der "Arbeitsgemeinschaft der Optanten" im Unterland, Viktor Walch, über die Propagandatätigkeit des Dableibers August Pichler in Aldein (1940).

Relazione di Viktor Walch, uomo di fiducia per la Bassa Atesina dell'"Arbeitsgemeinschaft der Optanten" sulle attività di propaganda svolta dal "Dableiber" August Pichler ad Aldino (1940).

tando sulla carta geografica le piccole dimensioni del Reich germanico con il resto dell'Europa conclude: "Da un punto di vista geopolitico Hitler non può vincere questa guerra."

Durante il periodo delle opzioni Pichler dovette affrontare l'amarezza di quotidiane angherie. Poiché in regione era universalmente noto per la sua ostilità al nazionalsocialismo e alle opzioni, gli avversari cercavano in ogni modo di isolarlo. Perfino negli alberghi. Una volta, di ritorno da Nova Ponente, si fermò all'albergo Wagger di Carezza e protestando perché non lo servivano, si ebbe per tutta risposta: "Noi non serviamo gli italiani." Lo stesso gli accadde a Nova Levante all'albergo Kreuzwirt.

Pichler era rigidamente tenuto d'occhio dal VKS come risulta anche da uno scritto del 22 luglio 1940 di Viktor Walch, uomo di fiducia per la Bassa Atesina dell'"Arbeitergemeinschaft der Optanten für Deutschland" (AdO) ("Gruppo di lavoro degli optanti per la Germania"). Nello scritto indirizzato alla direzione di Bolzano, il rappresentante dell'AdO, che di fatto era l'organizzazione legale succeduta alla illegale VKS, riferiva in merito alla "propaganda del Dr. Pichler ad Aldino", secondo cui la signora Maria Gurndin, figlia di Florian Ebner proprietario del maso Toll di Aldino, era adesso di opinione nettamente contraria alle opzioni, mentre prima tutta la famiglia Ebner era di "sentimenti tedeschi". Anche Florian Ebner, un tempo presidente del Tiroler Bauernbund, sembra aver cambiato completamente parere. E poi letteralmente: "A montargli la testa è stato soprattutto il Dr. Pichler, che sempre quando s'è recato ad Aldino è andato a casa sua e vi pernottava. Qui egli ha cominciato la sua campagna propagandistica coinvolgendovi i membri della famiglia. Il Dr. Pichler è un seguace di Dollfuss e cerca di ficcare in testa alla gente che non bisogna abbandonare la terra patria, che sarà restaurata la monarchia degli Asburgo, ecc., che non riceveranno quasi niente per la loro proprietà e ha fatto loro perfino il calcolo del ridicolo prezzo che riceveranno."

Questo scritto, che non si occupava solo della propaganda di Pichler, ma soprattutto della famiglia "Dableiber" Ebner (Florian Ebner del maso Toll fu il padre di Toni Ebner, il futuro deputato SVP al Parlamento italiano e caporedattore del quotidiano Dolo-

chie wird wieder erstehen usw. Vom Besitz bekommt ihr fast nichts, ja er hat den Leuten sogar ausgerechnet, was für einen lächerlichen Preis sie dafür bekommen."

Aufschluß gibt dieses Dokument, das sich neben der Propaganda von Pichler vor allem mit der Dableiberfamilie Ebner beschäftigt - Florian Ebner vom Tollhof war der Vater des späteren SVP-Parlamentsabgeordneten und Chefredakteurs der Tageszeitung Dolomiten Toni Ebner, der zu Beginn der 40er Jahre bei Pichler als Praktikant in die Kanzlei eintrat - auch über die Methoden, mit denen die Propagandisten der Optanten versucht haben, die Dableiber mürbe zu machen. Da die verbalen Angriffe, die Ausgrenzungen und Diffamierungen oft nichts nützten, versuchte man die Dableiber wirtschaftlich zu treffen. Zweimal wird im Dokument der Vorschlag unterbreitet, man solle den Ebners die Dienstboten abwerben, um sie bei der Bewirtschaftung des Hofes in Schwierigkeiten zu bringen. Eine perfide Methode, um den Dableibern die Lebensgrundlage zu entziehen.

August Pichler mit seinem Sohn Luis vor der Pfarrkirche von Bozen (1941).
August Pichler con il figlio Luis davanti alla chiesa parrocchiale di Bolzano.

Laut Berliner Vereinbarung war jegliche Werbung fürs Gehen oder fürs Bleiben untersagt, auch wenn sich niemand daran hielt und die italienischen Behörden nicht einschritten. Als aber dem faschistischen Präfekten von Bozen, Giuseppe Mastromattei, allmählich schwante, welch katastrophale Folgen eine massive Abwanderung ins Deutsche Reich für Südtirol haben werde, versuchte er die VKS-Propaganda einzuschränken. Als deshalb die Abwanderungspropaganda ihren Höhepunkt erreichte, wurden 250 Aktivisten festgenommen.

miten, che all'inizio degli anni '40 lavorava come praticante nello studio di August Pichler) ci documenta anche a quali metodi ricorressero i fautori delle opzioni per rendere difficile la vita agli avversari. Poiché gli attacchi verbali, l'emarginazione e la diffamazione nei loro riguardi spesso non avevano presa, si cercava di colpirli sul piano economico. Per ben due volte nel documento si propone di far in modo di allontanare il personale al servizio degli Ebner così da metterli in difficoltà nella gestione del maso: un perfido metodo per sottrarre ai "Dableiber" la fonte prima del loro sostentamento.

In base agli accordi di Berlino era proibita ogni forma di propaganda sia a favore delle opzioni che contro, ma nessuno rispettava le disposizioni in proposito e le autorità italiane non intervenivano. Soltanto quando il prefetto fascista di Bolzano Giuseppe Mastromattei si rese conto di quali catastrofiche conseguenze avrebbe avuto per l'Alto Adige una massiccia emigrazione della sua popolazione tedesca in Germania, vi furono degli interventi per limitare la propaganda del VKS con l'arresto, quando si era ormai al culmine della loro azione, di 250 attivisti. Ma le proteste di Berlino portarono a un loro pronto rilascio, non solo, ma anche alla richiesta di arrestare invece tutta una lista di sudtirolesi accusati di fare propaganda antinazista. Fra gli altri le autorità italiane avrebbero dovuto imprigionare il canonico Gamper, il caporedattore del Dolomiten Rudolf Posch nonché i due avvocati Josef Raffeiner e August Pichler, in modo da

August Pichler con il figlio Peter all'imbocco del Ponte Talvera in direzione del centro di Bolzano (1942).

August Pichler mit seinem Sohn Peter kurz nach der Bozner Talferbrücke Richtung Stadtmitte (Juni 1942).

Nach einem Protest aus Berlin wurden sie allerdings wieder freigelassen.

Umgekehrt verlangten die reichsdeutschen Behörden die Verhaftung einer ganzen Reihe von Südtirolern, denen antinazistisches Treiben vorgeworfen wurde. Die italienischen Exekutivorgane sollten unter anderen Kanonikus Gamper, den Chefredakteur der Tageszeitung Dolomiten, Rudolf Posch, sowie die beiden Anwälte Josef Raffeiner und August Pichler verhaften, um den Führungsstab der Dableiber außer Gefecht zu setzen. Doch der Aufforderung Berlins leistete Rom nicht Folge. Im Gegenteil, Mastromattei behauptete in zwei Schreiben (30. November und 2. Dezember 1939) an den deutschen Konsul in Mailand, Otto Bene, die von diesem beanstandete Tätigkeit von Josef Menz-Popp, Josef Raffeiner, Emil Silbernagl und August Pichler habe sich "darauf beschränkt ..., eigenen Bekannten über die Tragweite der Abmachung selbst Aufklärung zu geben."

Die Stunde der Abrechnung gegen Pichler schien endgültig im September 1943 gekommen zu sein. Als Italien am 8. September den Stahlpakt mit dem Deutschen Reich aufkündigte und die Regierung Badoglio den militärischen Schulterschluß mit den Alliierten ankündigte, besetzte die Deutsche Wehrmacht in einem Handstreich ganz Italien. Die Provinzen Südtirol, Trentino und Belluno wurden in der "Operationszone Alpenvorland" zusammengeschlossen, in der neben den militärischen Befehlsstellen auch eine zivile Verwaltung aufgebaut wurde, der Gauleiter Franz Hofer vorstand. Ein formeller Anschluß Südtirols ans Deutsche Reich unterblieb, de facto aber hatte die AdO die Macht im Lande übernommen.

Und diese begann sogleich die Abrechnung mit den Dableibern. Die Liste mit all jenen aktiven Dableibern, die den Südtiroler Nazis Paroli geboten hatten, war schon lange vor dem Einmarsch der Deutschen Wehrmacht angefertigt worden. Unter anderem wurden Friedl Volgger und Rudolf Posch, Leiter der katholischen Presse in Südtirol, ins KZ von Dachau deportiert. Josef Raffeiner wurde von der Gestapo nach Innsbruck verschleppt, Jugendseelsorger Josef Ferrari, 1945 erster deutscher Schulamtsleiter, in Schutzhaft genommen. Michael Gamper gelang es, seinen Häschern zu entkommen.

mettere fuori combattimento i capi dei "Dableiber". Ma Roma non diede seguito alle richieste di Berlino, e anzi Mastromattei in due sue lettere (del 30 novembre e del 2 dicembre del 1939), indirizzate al console tedesco a Milano Otto Bene, affermava che la denunciata attività sovversiva di Josef Menz-Popp, Josef Raffeiner, Emil Silbernagel e August Pichler in realtà "s'era limitata ad illustrare ad alcuni conoscenti la portata dell'accordo" per le opzioni.

Nel settembre del 1943 sembrò tuttavia giunta anche l'ora di saldare il conto nei confronti di August Pichler. Quando l'8 settembre di quell'anno l'Italia denunciò il Patto d'Acciaio con la Germania e capovolgendo l'alleanza si schierò a fianco degli Alleati, l'esercito tedesco occupò in un baleno tutta l'Italia. Le province dell'Alto Adige, del Trentino e di Belluno furono riunite in una "Zona Operazioni Prealpi" non solo con un proprio comando militare , ma anche con una propria amministrazione civile a capo della quale fu posto il Gauleiter Franz Hofer. Non vi fu un'annessione formale del Sudtirolo alla Germania, ma il potere passava de facto nelle mani degli attivisti dell'AdO.

E costoro cominciarono subito a fare a modo loro i conti con i "Dableiber". Le liste di coloro che si erano attivamente opposti alle opzioni erano già pronte da molto tempo prima dell'occupazione da parte dell'esercito tedesco. Fra gli altri ne furono vittime Friedl Volgger e il direttore della stampa cattolica sudtirolese Rudolf Posch, deportati nel campo di concentramento di Dachau; Josef Raffeiner che fu incarcerato dalla Gestapo e tradotto a Innsbruck; fu arrestato anche il sacerdote Josef Ferrari, poi, dal 1945, primo provveditore agli studi per la scuola tedesca. Michael Gamper invece riuscì a sfuggire ai suoi nemici.

L'8 settembre del 1943 August Pichler si trovava a Bolzano e la sua famiglia era invece a Nova Ponente, tranne il secondogenito Günther, al quale confidò la sera stessa che sarebbe andato in bicicletta fino a Laives e di qui per la Vallarsa avrebbe raggiunto la famiglia. Vi giunse in effetti alle due di notte. Alle 9 del giorno seguente aveva già tutto predisposto per la sua fuga, sicuro com'era di essere ricercato. Poco dopo infatti comparvero due ufficiali tedeschi accompagnati da due sudtirolesi per arrestarlo. Se Pichler riu-

August Pichler befand sich am 8. September in Bozen, seine Familie in Deutschnofen, ausgenommen der zweitgeborene Sohn Günther. Dem vertraute Pichler am Abend an, er werde mit dem Fahrrad nach Leifers fahren, um dann über das Brantental die Familie in Deutschnofen zu erreichen. Dort kam er gegen zwei Uhr nachts an. Tags darauf um 9 Uhr früh hatte er schon alles für seine Flucht vorbereitet, da er seine Verhaftung erwartete. Es dauerte auch nicht lange, da tauchten plötzlich zwei deutsche Offiziere in Begleitung von zwei Mitgliedern des Südtiroler Ordnungsdienstes (SOD) auf, um ihn in Handschellen zu legen. Daß Pichler der Verhaftung entging, hatte er unter anderem dem Besitzer des Hofes und Dableiber Alois Hofer zu verdanken. Dieser warnte Pichler, der durch die Hintertür der Hofwerkstatt seiner Arretierung entkam und über die dahinterliegende Wiese flüchtete. An Stelle von Pichler wurden nach dem Prinzip der Sippenhaft dessen beide Söhne, Norbert und Paul, mit vorgehaltener Pistole verhaftet, kurze Zeit später aber wieder entlassen. Norbert war zu jenem Zeitpunkt 13, Paul erst 12 Jahre alt.

Zunächst schlug sich Pichler bis zum Wallfahrtsort Maria Weißenstein durch und von da nach Capriana, dem bereits im Trentino gelegenen Dorf unterhalb von Altrei. Dort versteckte ihn ein Freund, bei dem er vorerst einen guten Monat blieb.

Es war auch dieser Freund, der die Verwandten am St.-Anna-Hof in Buchholz über den Verbleib Pichlers informierte und die wiederum dessen Frau in Kenntnis setzten. Es waren auch die Verwandten aus Buchholz, die dem Helfer Pichlers Essen und Geld für den Flüchtling mitgaben, ein Kurierdienst, den später Sohn Günther übernahm. Eine erste Geldsumme hatte der Bozner Geschäftsmann der Firma Biasion, Josef Saltuari, zur Verfügung gestellt, die Pichler über Toni Ebner erhielt.

Vom Versteck in Capriana aus begann Pichler seine weiteren Schritte zu organisieren. Er nahm Kontakt mit seinem Trentiner Rechtsanwaltskollegen, dem späteren Trentiner Handelskammerpräsidenten Romedio Deluca auf, der seinerseits in Pera, einer Fraktion von Vigo di Fassa, ein Sommerhäuschen besaß. Dorthin verlegte Pichler etwa ein halbes Jahr lang sein Versteck, ließ sich einen

scì a fuggire lo dovette anche al proprietario del maso e "Dableiber" Alois Hofer, il quale avvisò tempestivamente Pichler che poté fuggire dalla porta sul retro dell'officina e allontanarsi attraverso i prati. In base al principio della corresponsabilità familiare furono arrestati in sua vece, pistole alla mano, i due figli Norbert e Paul, di 13 e 12 anni, rilasciati però poco dopo.

Pichler si trascinò dapprima fino al santuario di Pietralba e da qui scese a Capriana, un villaggio del Trentino poco sotto Anterivo, dove trovò rifugio presso un amico, restandovi per un buon mese. Grazie a lui furono poi informati della situazione anche i parenti del maso Sant'Anna di Pochi, i quali a loro volta passarono l'informazione alla moglie. I parenti di Pochi provvidero anche a rifornire l'amico di vettovaglie e di denaro per il fuggiasco, un compito che in seguito sarà svolto regolarmente dal figlio Günther.

Dal suo nascondiglio in Capriana Pichler si dette a preparare i passi per la sua ulteriore fuga. Un collega e amico trentino, l'avvocato Deluca, futuro presidente della camera di commercio del Trentino, gli mise a disposizione una sua casetta per l'estate che aveva a Pera, frazione di Vigo di Fassa, dove Pichler rimase nascosto per circa sei mesi, lasciandosi crescere la barba e portando gli occhiali. Ma nella primavera del 1944, quando la situazione si fece insicura anche a Pera, egli sotto il falso nome di Enrico Simonetti, si trasferì a Trento ospite dell'amico Deluca. Grazie alla sua buona conoscenza della lingua italiana passò a lungo inosservato, finché fu riconosciuto da un nazionalsocialista di Salorno che subito lo denunciò alla polizia tedesca.

Ma Pichler ebbe di nuovo fortuna. Conosceva un ufficiale delle SS di Trento che lo aiutò a fuggire a Domodossola, da dove con una guida alpina e attraversando un ghiacciaio giunse sano e salvo in Svizzera. Pichler non aveva di che pagare la guida, ma anche in questo lo aiutarono i suoi amici di Trento, fra cui il medico Anton von Lutterotti.

Nella Svizzera Pichler fu dapprima internato in un campo di accoglienza e poi assegnato a un contadino, per il quale dovette scavare dei fossati profondi due metri per il drenaggio dei prati. Questo pesante lavoro fu tra le cause dei problemi cardiaci che più tardi lo afflissero. Per una fortunata coincidenza il padre Ildefons del

Bart wachsen und tarnte sich mit einer Brille. Als die Situation in Pera zu unsicher wurde, zog Pichler im Frühjahr 1944 unter dem Decknamen Enrico Simonetti nach Trient ins Haus seines Freundes Deluca. Dank seiner guten Italienischkenntnisse fiel er nicht weiter auf. Doch ein Salurner Nationalsozialist erkannte ihn und verständigte unverzüglich die Deutsche Polizei.

Pichler hatte nochmals Glück. Durch seine Beziehung zu einem SS-Offizier von Trient gelang ihm die Flucht nach Domodossola, wo er mit Hilfe eines Bergführers und nach der Überquerung eines Gletschers unversehrt in der Schweiz eintraf. Da Pichler kein Geld besaß, um dem Bergführer die Überquerung der Grenze zu bezahlen, sprangen seine Trentiner Freunde ein, darunter der Arzt Anton von Lutterotti.

In der Schweiz wurde Pichler zunächst in einem Auffanglager interniert und dann einem Bauern zugewiesen, bei dem er zur Entwässerung einer Wiese zwei Meter tiefe Gräben ausheben mußte, um Rohre verlegen zu können. Die schwere Arbeit war die Ursache für sein späteres Herzleiden.

Ein glücklicher Zufall wollte es, daß Pater Ildefons vom Kloster Muri Gries in Hermetschwil im Kanton Aarau in der Nähe von Zürich vom Aufenthalt Pichlers in der Schweiz erfuhr und ihn für die Pfarrei, die den Benediktinern unterstand, anforderte. Pater Ildefons hatte während seines Aufenthalts im Kloster Muri-Gries August Pichler kennengelernt.

In Hermetschwil erledigte Pichler die anfallenden Arbeiten, war dafür gut untergebracht und bekam eine angemessene Verpflegung. Die spärlichen Nachrich-

Auf der Flucht vor den Nationalsozialisten taucht August Pichler als Luigi Simonetti in Trient unter (1944).

In fuga dai nazionalsocialisti August Pichler si nasconde a Trento sotto il nome di Luigi Simonetti (1944).

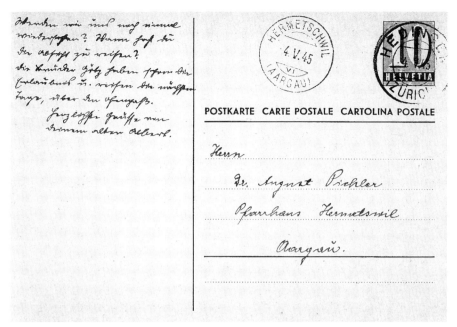

Una cartolina postale inviata a Pichler dall'amico Albert al suo domicilio di Hermetschwil (3 maggio 1945). È l'unico documento del suo esilio svizzero.

Eine Postkarte von seinem Freund Albert an sein Domizil in Hermetschwil (3. Mai 1945). Es ist das einzige Dokument von seinem Schweizer Exil.

monastero Muri-Gries a Hermetschwil nei pressi di Zurigo venne a sapere della presenza di Pichler in Svizzera e ne fece subito richiesta per i lavori della parrocchia diretta dai Benedettini. Padre Ildefons aveva conosciuto August Pichler in occasione di un suo soggiorno nel monastero di Muri-Gries di Bolzano. A Hermetschwil Pichler svolgeva i lavori che gli venivano assegnati e ne aveva in cambio conveniente vitto e alloggio. Dalla Svizzera riuscì a far giungere sommarie notizie anche alla moglie, grazie a Ludwig Thalheimer di Ora, notizie che per ragioni di sicurezza vennero tenute nascoste ai figli.

La fuga del marito mise in serie difficoltà economiche la moglie Hermine, che le superò anche grazie all'aiuto di amici e colleghi del marito, come l'avvocato Emil Silbernagel, al quale pure i nazionalsocialisti avevano interdetto l'esercizio della professione a causa della sua attività contro le opzioni. Aiuti le vennero anche dai parenti di Bronzolo, da Alois Pichler, contadino del maso Gasperer

ten aus der Schweiz kamen der Frau Pichlers über Ludwig Thalheimer aus Auer zu, Nachrichten, die den Kindern aus Sicherheitsgründen vorenthalten wurden.

Die Flucht Pichlers stellte seine Frau Hermine mit den sechs Kindern vor ernsthafte finanzielle Probleme. Doch Pichlers Rechtsanwaltskollege Emil Silbernagl, dem die Nationalsozialisten wegen seiner aktiven Tätigkeit gegen die Option die Ausübung des Berufs verboten, unterstützte die Familie genauso wie die Branzoller Verwandten. Und Alois Pichler, Gaspererbauer in Deutschnofen, hatte gleich nach der Flucht seines Namensvetters zu dessen Frau gesagt, sie könne jeden Tag einen Buben schicken, um eine Kanne Milch abzuholen. Ein Versprechen, das er zwei Jahre lang bis zum Kriegsende einhielt. Trost und Kraft suchte die Frau Pichlers, die ebenso wie ihr Gatte tief religiös war, bei der Muttergottes von Weißenstein, zu der sie nach der Flucht ihres Mannes bis zu seiner Rückkehr einmal wöchentlich pilgerte.

August Pichlers erster Weg ging denn auch nach Weißenstein, als er Anfang Mai 1945 über Taufers im Münstertal und den Vinschgau wieder in seine von Faschismus und Nationalsozialismus befreite Heimat zurückkam.

Für die Demokratie und das Zusammenleben der Sprachgruppen

Kaum war August Pichler aus dem Schweizer Exil nach Südtirol zurückgekehrt, wurde er von seinem Freund Erich Amonn kontaktiert, mit dem er besonders durch die gemeinsame Erfahrung des Jahres 1939 verbunden war, als sie sich gegen die Umsiedlung ins Deutsche Reich eingesetzt hatten.

Amonn war Gründungsmitglied der am 8. Mai 1945 konstituierten Südtiroler Volkspartei (SVP) und deren erster Obmann. Amonn hatte schon vor dem Einmarsch der Alliierten in Südtirol Kontakte zu verschiedenen Persönlichkeiten gepflegt, um nach der Befreiung von Faschismus und Nationalsozialismus eine neue politische Organisation zu gründen. Auch Pichler wurde von Amonn kontaktiert, um der SVP beizutreten. Doch die briefliche Aufforderung beant-

a Nova Ponente, che subito dopo la fuga dell'omonimo cugino aveva assicurato la moglie che poteva mandare da lui ogni giorno un figlio a prendere un secchiello di latte, promessa a cui tenne fede per ben due anni fino alla fine della guerra. Ma la moglie di Pichler, profondamente religiosa come il marito, trovò consolazione e forza per affrontare le difficoltà soprattutto affidandosi alla Madonna di Pietralba, al cui santuario, dopo la fuga del marito e fino al suo ritorno, si recava una volta alla settimana.

E al santuario di Pietralba si recò subito anche August Pichler, quando lasciata la Svizzera ai primi di maggio del 1945, passando per Tubre e la Val Venosta, rimise piede nella sua patria ormai liberata dal fascismo e dal nazionalsocialismo.

Per la democrazia e la convivenza fra i gruppi linguistici

Appena rientrato dal suo esilio svizzero, August Pichler fu subito contattato dal suo amico Erich Amonn, al quale era legato soprattutto dalle comuni esperienze del 1939, quando insieme si erano battuti contro il trasferimento, mediante le opzioni, della popolazione sudtirolese nel Reich germanico.

Amonn fu tra i fondatori l'8 maggio 1945 della Südtiroler Volkspartei (SVP) e suo primo presidente. Già prima dell'arrivo degli Alleati egli aveva avuto numerosi contatti con diverse personalità locali al fine di dar vita, subito dopo la liberazione dal fascismo e dal nazismo, ad una nuova organizzazione politica. Fra queste anche Pichler affinché entrasse a far parte della SVP. Ma all'invito rivoltogli per lettera egli rispose negativamente. Per risolvere la questione i due si incontrarono nell'estate del 1945 all'Assunta di Soprabolzano (Renon): Pichler cercò di convincere Amonn della necessità di fondare un partito cristiano-sociale, ma fu a sua volta dissuaso dal portare avanti un progetto del genere.

Nonostante i suoi personali rapporti di amicizia con Amonn e con altri soci fondatori della SVP, Pichler rifiutò di entrare nel partito, sostenendo che non poteva lavorare insieme a persone, già attive nel partito, che fino a ieri lo avrebbero volentieri mandato nel campo di concentramento di Dachau.

wortete Pichler abschlägig. In dieser Angelegenheit trafen sich Pichler und Amonn im Sommer 1945 in Maria Himmelfahrt (Ritten) zu einer Aussprache. Pichler wollte Amonn von der Notwendigkeit einer christlichsozialen Partei überzeugen, wurde dann aber seinerseits davon überzeugt, von einem solchen Vorhaben abzusehen.

Trotz seiner persönlichen Freundschaft mit Amonn und anderen Gründungsmitgliedern der SVP lehnte Pichler den Beitritt mit dem Argument ab, er werde nicht in eine Partei eintreten, in der schon wieder Leute wirkten, die ihn noch bis vor kurzem am liebsten ins KZ Dachau gesteckt hätten.

Pichler lehnte die Integrationsstrategie Amonns, vor allem aber von Kanonikus Michael Gamper, ab. Zwar war die antinazistische Tätigkeit etlicher SVP-Gründungsmitglieder für die Genehmigung der Partei durch die alliierte Militärverwaltung ausschlaggebend, aber die SVP war keineswegs nur eine Gründung des Südtiroler Widerstandes.

Die SVP war keine reine "Dableiberpartei", waren in ihren Reihen doch von allem Anfang an etliche Optanten vertreten. Darunter befanden sich auch exponierte Vertreter der Südtiroler NS-Bewegung, wie etwa die beiden kommissarischen Bürgermeister von Bozen und Brixen, Fritz Führer und Hans Stanek, oder zwei ehemalige Funktionäre der "Arbeitsgemeinschaft der Optanten für Deutschland", nämlich Ludwig Gröbner und Albert Rieper. Schon bei der Gründung der SVP stand die politische Integrationsstrategie im Vordergrund, die den tiefen Bruch zwischen Dableibern und Optanten, zwischen Gegnern und Befürwortern des NS-Regimes um den Preis der "Einheit des Volks" zu überwinden trachtete. Eine Strategie, die darauf ausgerichtet war, die politischen Gräben zuzuschütten, um für Südtirol in den Jahren 1945/46 die Selbstbestimmung und nach Abschluß des Pariser Vertrages am 5. September 1946 die Autonomie durchzusetzen. Aus verständlichen Gründen blieben die mit dem NS-Regime kompromittierten Aktivisten im Hintergrund. Es sollte aber nicht allzu lange dauern, bis diese wieder an vorderster Front wirkten.

August Pichler lehnte es ab, so ohne weiteres wieder zur Tagesordnung überzugehen. Er war nicht bereit, das am eigenen Leib und

Pichler respingeva la strategia di integrazione delle forze politiche locali portata avanti da Amonn, ma soprattutto dal canonico Gamper. L'attività antinazista di alcuni dei soci fondatori della SVP era stata indubbiamente importante per ottenere dagli Alleati il riconoscimento del nuovo partito, ma non perciò si poteva dire che la SVP fosse frutto della resistenza sudtirolese al nazismo.

La SVP non nasceva infatti come il partito dei "Dableiber", ma fin dall'inizio troviamo nelle sue file numerosi optanti per la Germania, alcuni anche compromessi col movimento nazionalsocialista sudtirolese, quali, ad esempio, ambedue i sindaci commissariati di Bolzano e Bressanone, Fritz Führer e Hans Stanek, oppure Ludwig Gröbner e Albert Rieper, due ex funzionari della "Arbeitsgemeinschaft der Optanten für Deutschland".

Già all'atto della sua fondazione la SVP nasceva in base a una precisa strategia di integrazione delle varie forze politiche del mondo sudtirolese, nello sforzo di superare, in nome della "unità del popolo sudtirolese", la profonda frattura fra "Dableiber" e "Geher", fra avversari e sostenitori del regime nazionalsocialista. Si trattava di una strategia volta a superare i contrasti politici del passato al fine di battersi uniti, negli anni 1945-46, per ottenere l'autodecisione e poi, dopo la stipula dell'Accordo di Parigi del 5 settembre 1946, per l'autonomia del Sudtirolo. Per comprensibili motivi tattici i membri del partito che s'erano compromessi con il nazismo si tennero inizialmente nell'ombra, ma non doveva passare molto tempo perché si portassero nuovamente avanti, in prima fila.

August Pichler rifiutava di rimettersi al lavoro politico come se niente fosse accaduto; non era disposto a dimenticare dall'oggi al domani l'ingiustizia patita da lui stesso e da tanti suoi compatrioti. Era, in tal senso, uomo troppo fedele ai suoi princìpi, innanzi tutto di fronte a se stesso. Se proprio si doveva perseguire l'unità politica dei sudtirolesi, meglio di un nuovo partito di raccolta gli sembrava una coalizione di partiti analogamente a quanto s'era fatto nel 1919 con il Deutscher Verband. Anche allora i liberali e i conservatori s'erano organizzati in due distinti partiti che si differenziavano per ideologia e programma politico, ma che per la difesa del gruppo etnico s'erano dati una piattaforma politica e un pro-

im übertragenen Sinne am Leib seiner Landsleute erlittene Unrecht von heute auf morgen zu vergessen. Dazu war Pichler sich selbst gegenüber viel zu prinzipientreu. Wenn schon, dann dachte er weniger an eine neue Einheitspartei, sondern an den Zusammenschluß von Parteien nach der Art des 1919 gegründeten Deutschen Verbandes. Auch damals hatten sich die Liberalen und Konservativen in zwei verschiedenen Parteien organisiert, die sich in ihrer Weltanschauung und in ihrem politischen Programm unterschieden, sich aber aus nationalen Gründen eine gemeinsame Plattform mit einem Minimalprogramm gegeben hatten. Pichler kam es darauf an, sich politisch klar von jenen zu unterscheiden, die mit dem NS-Regime kollaboriert hatten. In einer Sammelpartei wäre eine solche Differenzierung nur schwer möglich gewesen, in einem Dachverband, war Pichler überzeugt, hätte sich dies leichter verwirklichen lassen.

Außerdem hatte Pichler andere Vorstellungen über die Zukunft Südtirols als jene, die sich in der Volkspartei schon bald für die "schärfere Tonart" stark machten. Pichler tendierte von seiner Sozialisation her zum politischen Katholizismus, den er in Anlehnung an die Erfahrungen der österreichischen Monarchie mit der Überzeugung verband, der Friede in Europa könne in Zukunft nur über eine immer enger werdende Zusammenarbeit der Völker verwirklicht und gesichert werden.

Dasselbe galt für ihn im kleinen. Der Friede im Lande, war Pichler überzeugt, konnte nur über eine nationale Befriedung und über die Zusammenarbeit der Sprachgruppen erreicht werden.

Pichler und die Democrazia Cristiana

Es war deshalb kein Zufall, als eines Tages im Sommer 1945 vor dem von der Familie Pichler bewohnten Haus in Deutschnofen ein Auto stehenblieb und ein Herr nach dem "avvocato" fragte. Der Herr war Lino Ziller. Der Trentiner Ziller war einer der führenden Vertreter der Democrazia Cristiana im lokalen "Comitato di Liberazione Nazionale" (CLN), war 1945 der erste Direktor der CLN-Tageszeitung "Alto Adige" und wurde 1948 zum ersten demokratisch legitimierten Bürgermeister gewählt, der einer Stadtregierung aus DC, SVP, PSI und PCI vorstand. Ziller bekleidete das Bürgermeisteramt

gramma minimo comuni. Per Pichler era importante distinguersi nettamente sul piano politico da coloro che avevano collaborato con il regime nazista. Vedeva chiaramente che in un partito di raccolta una simile differenziazione sarebbe stata assai difficile, mentre maggiori possibilità in tal senso offriva, secondo Pichler, un partito di coalizione.

Diverse erano inoltre le aspettative che Pichler nutriva per il futuro della sua terra, rispetto a quelle "dai toni intransigenti" che ben presto ebbero il sopravvento nella SVP. Lo animava il pensiero sociale del cattolicesimo politico e rifacendosi all'esperienza della monarchia asburgica, era convinto che la pace in Europa non potesse realizzarsi ed essere garantita che mediante una sempre più stretta collaborazione dei popoli.

Lo stesso, secondo lui, valeva in piccolo per il Sudtirolo: la pace della sua terra non poteva essere realizzata che superando le opposte forme di nazionalismo nella collaborazione fra i gruppi linguistici.

Pichler e la Democrazia Cristiana

Non fu quindi un caso se un giorno dell'estate 1945 davanti alla casa in cui abitavano i Pichler a Nova Ponente si fermò un automobile e un signore chiese di parlare con l'avvocato. Quel signore era il trentino Lino Ziller, uno degli esponenti più in vista della Democrazia cristiana nel "Comitato di Liberazione Nazionale" (CLN) altoatesino, direttore nel 1945 del quotidiano del CLN "Alto Adige" e poi nel 1948 primo sindaco di Bolzano democraticamente eletto a capo di una giunta composta da DC, SVP, PSI e PCI. Ziller conservò la carica di sindaco fino al 1957, poi, dopo tre anni, fu eletto per una legislatura (1960-1964) nel Consiglio provinciale altoatesino.

Era stato Ziller che il 31 maggio 1945 aveva firmato a nome della DC, e insieme a Erich Amonn per la SVP, a Raimondo Viale per il PRI, al prefetto e capo del CLN Bruno de Angelis, a Luciano Bonvicini per il Pd'A e a Rinaldo del Fabbro per il PCI, quell'accordo fra il CLN e la SVP che, concepito ancora nell'originario spi-

bis 1957, drei Jahre später wechselte er für eine Legislaturperiode in den Südtiroler Landtag (1960-1964).

Es war Ziller gewesen, der am 31. Mai 1945 für die DC gemeinsam mit Erich Amonn (SVP), Raimondo Viale (PRI), Bruno De Angelis (Präfekt und Chef des CLN), Luciano Bonvincini (PdA) und Rinaldo del Fabbro (PCI) jenes Übereinkommen zwischen CLN und SVP unterzeichnet hatte, das noch ganz im Geiste des CLN abgefaßt war und "das friedliche Zusammenleben der beiden Volksgruppen auf der Grundlage der Gleichheit, der gegenseitigen Achtung und der Autonomie auf dem Sprach- und Unterrichtssektor" vorsah. Ein Geist, der sich schon sehr bald verflüchtigte und in sein Gegenteil verkehren sollte.

Ziller kannte die politische Haltung Pichlers. Er war streng katholisch, für eine Zusammenarbeit unter den Sprachgruppen und zwischen den beiden Provinzen Bozen und Trient. Es war genau jene Position, die auch die DC anfänglich vertrat. Sie hielt zwar grundsätzlich an der Beibehaltung der Brennergrenze fest, war aber gleich nach Kriegsende an einer loyalen Zusammenarbeit mit den deutschsprachigen Südtirolern interessiert.

Als allerdings der "vento dal nord", wie die Erneuerungsbewegung symbolhaft genannt wurde, in Italien aufhörte zu blasen, legten gerade diese Kreise jene zentralistischen und minderheitenfeindlichen Positionen an den Tag, die nach Verabschiedung des Ersten Autonomiestatuts 1948 für die nächsten Jahre tonangebend sein sollten.

Es dürfte aber wahrscheinlich ein weiterer Grund mit hereingespielt haben, weshalb sich Pichler den Christdemokraten genähert hat und nicht der SVP. Neben dem Umstand, daß sich in der SVP schon bald wieder seine ehemaligen NS-Kontrahenten breitmachten, müssen Pichler mit Blick nach Österreich noch weitere Bedenken gekommen sein. Österreich war ein von den Besatzungsmächten viergeteiltes Land. Der Osten stand unter der Kontrolle der Sowjetunion. Auch wenn im Oktober 1945 die erste österreichische Nachkriegsregierung unter Karl Renner von den Alliierten anerkannt wurde, blieb noch lange Zeit die Möglichkeit bestehen, daß Österreich in den völligen Einflußbereich des Sowjetstaates und somit des Kommunismus geraten könnte.

rito del CLN, prevedeva "la pacifica collaborazione fra i gruppi etnici sulla base dell'eguaglianza, del reciproco rispetto e dell'autonomia in campo linguistico e scolastico". Uno spirito che ben presto doveva dissolversi e, anzi, convertirsi nel suo contrario.

Ziller conosceva le posizioni politiche di Pichler, il suo severo cattolicesimo, la sua volontà di collaborazione fra i gruppi linguistici e fra le due province di Trento e Bolzano. Erano esattamente le posizioni sostenute all'inizio anche dalla DC altoatesina. Difendeva, è vero, il confine del Brennero, ma subito dopo la fine della guerra era animata da uno spirito di leale collaborazione con la popolazione tedesca dell'Alto Adige.

August Pichler nutriva grande fiducia nella politica di Alcide De Gasperi.

August Pichler setzte großes Vertrauen in die Politik von Alcide De Gasperi.

Purtroppo quando il "vento del nord" - come simbolicamente fu chiamato lo spirito rinnovatore di quella prima fase postbellica - cessò di soffiare in Italia, si fecero avanti ed ebbero ben presto il sopravvento le correnti politiche centralistiche e ostili alle minoranze che sarebbero state determinanti negli anni successivi alla concessione del primo Statuto di autonomia del 1948.

Molto probabilmente però ciò che avvicinava Pichler alla Democrazia cristiana piuttosto che alla SVP, nasceva anche da altre considerazioni. A parte il fatto che nella SVP s'erano ben presto affermati i suoi antichi avversari compromessi con il nazismo, Pichler, che guardava all'Austria, aveva altri motivi di preoccupazione: l'Austria era allora un paese diviso in quattro zone d'occupazione, la parte orientale era sotto il controllo sovietico. Anche se nell'ottobre del 1945 gli Alleati avevano riconosciuto il primo governo austriaco del dopoguerra guidato da Karl Renner, persistette a lun-

Davor hatte Pichler als Christ, der im Kommunismus den Antichrist sah, große Angst. Möglicherweise war dies ein wichtiger Grund, weshalb er nicht den Anschluß an Österreich gesucht hat, wie dies von der SVP von allem Anfang an eingefordert wurde, sondern die beste Lösung für Südtirol im italienischen Staatsverband im Rahmen einer regionalen Autonomie sah. Eine Einstellung, die sich bei den Parlamentswahlen von 1948 bestätigen sollte, als er sich politisch für die DC ins Zeug legte, um die für ihn bestehende Gefahr einer kommunistisch-sozialistischen Volksfront in Italien zu verhindern.

Laut einem Lagebericht über Südtirol von Wolfgang Steinacker, der von 1940 bis 1945 Leiter des Amtes für Volkstumsfragen in Tirol (Gaugrenzlandamt) und dann von 1945 bis 1947 Südtirol- und Triestberater der französischen Militärregierung in Österreich war, soll sich August Pichler bereits im Juli 1945 bereit erklärt haben, eine Autonomistenpartei zu gründen. Pichler habe das Angebot des alliierten Militärchefs William McBratney angenommen, nachdem dieser mit seinem Vorschlag bei anderen Südtirolern abgeblitzt sei. Einer davon sei Graf Franz Forni-Gries gewesen. McBratney habe darauf gedrängt, eine Zusammenarbeit mit den Italienern anzustreben, zumal die SVP "eine Nazipartei" sei. Aber selbst Steinacker spricht bei dieser Information von "unverbürgtem Gerücht". Außerdem merkte er in seinem Bericht, wohl zur Beruhigung seiner Dienstgeber, an, Pichler sei "keine Führerpersönlichkeit".

Die einzelnen Schritte, mit denen sich Pichler dann der DC näherte, lassen sich im Detail nicht mehr rekonstruieren. Es war wahrscheinlich weniger die Figur Zillers, die ihn dazu bewegte, sondern es waren eher die Freunde, die er im Trentino hatte, die dazu ausschlaggebend gewesen waren. Dazu gehörte vor allem der Kreis um Deluca, der ihm bei der Flucht vor den Nazis in die Schweiz geholfen hatte. Außerdem war Pichler ein großer Bewunderer De Gasperis. In den Altösterreicher, den katholischen Ministerpräsidenten Italiens, legte er seine ganze Hoffnung, daß für Südtirol eine gerechte Lösung gefunden werde.

Pichler war nicht der einzige deutschsprachige Südtiroler, der mit der DC in Kontakt getreten war. Aus einem am 20. Februar 1946

go ancora la possibilità che l'Austria passasse completamente nella sfera d'influenza dell'Unione sovietica e quindi del comunismo.

E di ciò il cristiano Pichler, che vedeva nel comunismo l'anticristo, non poteva che nutrire grande timore. È probabile che questo sia stato un motivo determinante del suo rifiuto di aderire alla richiesta, avanzata fin dall'inizio della SVP, di un ritorno del Sudtirolo all'Austria, e ritenesse migliore soluzione restare nello Stato italiano protetti da una forte autonomia regionale. Una posizione che lo indusse nelle elezioni parlamentari del 1948 a schierarsi politicamente con la DC per opporsi al pericolo, per lui imminente, di una vittoria del Fronte popolare comunista e socialista in Italia.

Secondo una relazione sull'Alto Adige di Wolfgang Steinacker, dal 1940 al 1945 direttore dell'ufficio per le questioni etniche in Tirolo (Gaugrenzlandamt) e poi dal 1945 al 1947 consigliere del governo militare alleato francese in Austria per le questioni del Sudtirolo e di Trieste, già nel luglio del 1945 August Pichler si sarebbe dichiarato pronto a fondare un partito degli autonomisti. Pichler avrebbe accettato l'offerta fattagli dal capo del governo militare alleato William McBratney, dopo che la sua proposta era stata respinta da altri sudtirolesi. Uno di costoro sarebbe stato il conte Franz Forni-Gries. McBratney avrebbe fatto pressioni affinché si cercasse di stabilire una collaborazione con gli italiani, visto che la SVP era un "partito di nazisti". Ma lo stesso Steinacker definisce queste informazioni "voci incontrollate". Nella sua relazione egli annota inoltre, certo per tranquillizzare il suo committente, che Pichler "non ha la personalità del capo".

I singoli passi con cui, poi, Pichler si avvicinò alla Democrazia cristiana non possono essere ricostruiti nei dettagli. Probabilmente non fu tanto la figura di Ziller a influenzarlo in tal senso, quanto piuttosto le amicizie che egli aveva nel Trentino. Fra queste la cerchia di persone intorno a Romedio Deluca, che lo aveva aiutato a fuggire in Svizzera. Pichler inoltre era un grande ammiratore di De Gasperi: in lui, cattolico, un tempo membro del parlamento austriaco e ora presidente del Consiglio dei ministri italiano, riponeva tutte le sue speranze di una giusta soluzione del problema sudtirolese.

verfaßten Memorandum des österreichischen Legationsrates Josef Kripp über die "augenblickliche Lage in Südtirol und im Trentino" kann entnommen werden, daß es zu jener Zeit innerhalb der Trentiner in Südtirol, die Kripp auf 40.000 schätzt, zwei Strömungen gebe. Die einen würden sich in der scparatistischen Bewegung ASAR (Associazione Studi per l'Autonomia Regionale) organisieren. Dagegen versuche die italienische Regierung, die in Südtirol ansässigen Trentiner für die von ihr ins Leben gerufene Bewegung M.A.R. (Movimento autonomistico regionale) zu gewinnen.

Kripp bezeichnet die Bewegung als reine "Zweckorganisation", die als Gegengewicht zur ASAR aufgebaut worden sei. Zu ihr gehörte der aus der Valsugana stammende Bozner Rechtsanwalt Josef Hippoliti, der sich mitunter auch Giuseppe Ippoliti schrieb und zugleich Mitglied der Provinzialleitung der Bozner DC war, sowie der Abteilungsleiter der Städtischen Etschwerke Bozen, Ingenieur Polo. Hippoliti und Polo, die Kripp in seinem Memorandum als "auf ihrem Gebiet tüchtige und persönlich anständige, politisch jedoch unbedeutende Leute" charakterisierte, sollten zusammen mit Lino Ziller und August Pichler im Auftrag De Gasperis versuchen, Anhänger für das regionale Autonomieprojekt des Präfekten Silvio Innocenti zu gewinnen. Mit Hippoliti trat zwischendurch auch Alberto De Guelmi auf, Vater des späteren Bozner DC-Bürgermeisters Luigi De Guelmi, sowie zwei Herren namens Bailoni und Manfrini. Die Volkspartei traf mit der M.A.R. des öfteren zusammen, vor allem zur Diskussion über den Innocenti-Autonomieentwurf, aber auch, um gemeinsame Aktionen gegen die Einwanderung aus dem Süden zu besprechen.

Bei der Beschreibung der politischen Landschaft unter den deutsch- und ladinischsprachigen Südtirolern nennt Kripp August Pichler einen politischen Einzelgänger. Pichler habe sich zwar der von der Region aufgezogenen Bewegung M.A.R. zur Verfügung gestellt, aber kaum Anhänger für ein regionalistischen Autonomieprojekt gewinnen können. Lediglich im Eggental, in seinem "Dableiber-Wahlkreis", hätten sich ihm einige Bauern angeschlossen.

Der Innocenti-Entwurf sah die Übertragung einer ganzen Reihe wichtiger und substantieller Kompetenzen an die Region vor. Re-

Per altro Pichler non era l'unico sudtirolese che aveva stabilito dei contatti con la DC. Da un memorandum del consigliere di legazione austriaco Josef Kripp del 20 febbraio 1946 relativo alla "momentanea situazione nel Trentino e nel Sudtirolo", si può rilevare che fra i trentini residenti in Alto Adige, che Kripp valuta in circa 40.000, esistevano a quell'epoca due correnti: quella di coloro che si organizzavano nel movimento separatista dell'ASAR (Associazione Studi per l'Autonomia Regionale) e quella di chi aderiva invece al MAR (Movimento Autonomistico Regionale), un'organizzazione promossa e sostenuta dal governo italiano.

Kripp definisce il movimento come "puramente strumentale", creato come contrappeso dell'ASAR. Vi troviamo l'avvocato Josef Hippoliti, o anche Giuseppe Ippoliti, di Bolzano, ma originario della Valsugana, e membro della direzione provinciale della DC bolzanina, nonché l'ingegnere Polo, capoufficio dell'Azienda elettrica cittadina. Hippoliti e Polo, che Kripp nel suo memorandum definisce "figure nel loro ambito efficienti e personalmente rispettabili, ma politicamente insignificanti", avrebbero dovuto insieme a Lino Ziller e August Pichler, e per incarico dello stesso De Gasperi, conquistare aderenti al progetto di autonomia regionale del prefetto Silvio Innocenti. Con Hippoliti vediamo apparire anche Alberto De Guelmi, padre del futuro sindaco di Bolzano Luigi De Guelmi, nonché due altre figure di nome Bailoni e Manfrini. La SVP ebbe frequenti incontri con rappresentanti del MAR soprattutto per discutere il progetto Innocenti di autonomia, ma anche per studiare un'azione comune contro l'immigrazione dal sud.

Nella sua descrizione del quadro politico relativo ai sudtirolesi di lingua tedesca e ladina Kripp definisce August Pichler "un politico isolato", che si era sì messo al servizio del movimento autonomistico regionale (MAR), ma che non era in grado di crearsi una valida cerchia di seguaci. Soltanto nella Val d'Ega, suo "collegio elettorale" di "Dableiber", avrebbe trovato l'adesione di alcuni contadini.

Il progetto Innocenti prevedeva il trasferimento di tutta una serie di importanti e sostanziali competenze dallo Stato alla Regione, ma con un'impronta fortemente unitaria a scapito delle esigenze

gionale Zusammenarbeit hieß die Devise, nicht zwei Häuser unter einem Dach.

Ob Pichler kurzzeitig nicht nur Sympathisant, sondern auch Parteimitglied der DC war, ist als Ergebnis verschiedener Gespräche mit Zeitzeugen anzunehmen. In diesem Falle muß sich seine Parteimitgliedschaft auf eine sehr kurze Zeit beschränkt haben.

Deutsch- und ladinischsprachige Südtiroler engagierten sich in der DC aus weltanschaulichen Gründen und deshalb, weil sie nicht bereit waren, mit ihren ehemaligen NS-Häschern in der SVP eine gemeinsame Politik zu betreiben. Pichler war nicht der einzige, der sich aus diesen Gründen der DC angenähert hatte. Zu den Aktivisten gehörte mit aller Wahrscheinlichkeit auch Franz Graf Forni und Theodorich Graf Wolkenstein.

Die deutschsprachigen Mitglieder der DC traten nach außen als "Deutsche Gruppe" in der DC auf, bildeten aber keine eigene Sektion innerhalb der Partei. In den Jahren unmittelbar nach 1945 gab es sogar DC-Ortsgruppen, die ausschließlich aus deutschsprachigen Südtirolern bestanden, etwa in Sexten oder im Vinschgau. Allerdings scheint sich die deutschsprachige Präsenz in der DC bald nach 1948 verflüchtigt zu haben.

Wenn nun August Pichler für die Democrazia Cristiana in die römische Consulta entsandt wurde, so ist er von dieser, bei aller Lauterkeit der Absichten, indirekt auch instrumentalisiert worden. Im diplomatischen Poker um die Beibehaltung der Brennergrenze war die italienische Regierung bestrebt, den Alliierten gegenüber den Beweis zu erbringen, wie Italien mit seinen Minderheiten umgehe. Sie erließ deshalb bereits im Herbst 1945 eine Reihe von Maßnahmen auf dem Gebiet der Zweisprachigkeit in der öffentlichen Verwaltung und in der Schule und konnte darauf verweisen, daß die Südtiroler durchaus bereit seien, mit der Regierung zusammenzuarbeiten. Es ist anzunehmen, daß dabei auf Pichler verwiesen wurde, der als deutschsprachiger Südtiroler Mitglied der römischen Consulta war.

Die italienische Regierung unternahm außerdem immer wieder Versuche, die SVP zu spalten. Dazu wurden, wie Claus Gatterer schreibt, "zuweilen auch in guter Absicht handelnde Satelliten-Süd-

specifiche delle minoranze altoatesine: collaborazione regionale, era la parola d'ordine, non due case sotto lo stesso tetto.

Che Pichler sia stato, per un breve periodo, non solo simpatizzante della DC ma anche iscritto al partito, lo si può ricavare da diverse testimonianze dei contemporanei. Tuttavia se fu iscritto, lo fu certamente solo per un periodo molto breve.

Non erano pochi i sudtirolesi di lingua tedesca e ladina che come Pichler s'erano avvicinati alla DC sia per motivi ideologici, sia perché non disposti a fare politica nella SVP assieme ai loro persecutori compromessi con il nazismo. In questo Pichler non era solo; vi si trovavano con ogni probabilità anche il conte Franz Forni e il conte Theodorich Wolkenstein.

All'esterno i membri di lingua tedesca della DC si presentavano come "Deutsche Gruppe", ma non costituirono mai una propria sezione all'interno del partito. Negli anni intorno al 1945 nacquero perfino dei gruppi locali della DC composti esclusivamente da elementi tedeschi, come ad esempio a Sesto o nella Val Venosta. Ma pare che la presenza tedesca nella DC si sia rapidamente dissolta dopo il 1948.

Il fatto poi che Pichler fosse inviato dalla Democrazia cristiana a Roma come membro sudtirolese alla Consulta nazionale, va visto, pur ammettendo la piena onestà delle intenzioni, anche come un'indiretta strumentalizzazione della sua figura. Infatti nella partita diplomatica che si giocava allora per il mantenimento o meno del confine al Brennero, il governo italiano mirava a dare prova agli Alleati della sua disponibilità nei confronti delle minoranze. A tal fine nell'autunno del 1945 emanò tutta una serie di norme nel campo del bilinguismo nella pubblica amministrazione e nella scuola, cercando di accreditare la tesi che i sudtirolesi erano senz'altro disposti a collaborare con il governo. Si può ritenere che a tal fine fosse utilizzato anche Pichler, citato appunto come rappresentante sudtirolese nella Consulta nazionale a Roma.

Contemporaneamente il governo italiano intraprendeva varie iniziative per spezzare l'unità della SVP. Mandando avanti, come scrive Gatterer, "dei satelliti sudtirolesi operanti talvolta in buona fede". Ciò vale ad esempio per i fondatori del "Südtiroler Demokra-

tiroler" vorgeschoben. Das galt etwa für die Gründer des "Südtiroler Demokratischen Verbandes" (1946), der über sein bis 1948 erscheinendes Organ "Südtiroler Wochenblatt" versuchte, die Ressentiments aus der Optionszeit für eine Zusammenarbeit mit den Italienern politisch einzusetzen. Eine ähnliche Funktion sollte auch die Wochenzeitung "Der Standpunkt" (1947-1957) einnehmen, die zum Großteil von der italienischen Regierung finanziert wurde.

In diese recht eindeutigen politischen Spiele ließ sich Pichler nicht ein. Er betrachtete sich als christlichen Politiker, der sich weltanschaulich mit der DC verbunden fühlte, nicht aber, um über diesen Umweg die legitimen Ansprüche der deutsch- und ladinischsprachigen Minderheit nach einer substantiellen Autonomie zu hintertreiben oder zu verwässern.

Andererseits spielte Pichler auch für die SVP eine wichtige Rolle, die sie in der Zeit bis zum Sommer 1945 nicht spielen wollte. In dem von der SVP am Gründungstag verabschiedeten politischen Drei-Punkte-Programm hatte die Volkspartei die Selbstbestimmung eingefordert. Um deshalb die Durchsetzung der Selbstbestimmung nicht zu kompromittieren, lehnte die SVP jegliche von der Regierung angebotene Zusammenarbeit bis kurz vor Abschluß des Pariser Vertrages im September 1946 ab.

Dennoch blieb die Innenpolitik um Südtirol nicht stehen, die Schritt für Schritt die Grundlagen für die politische und gesellschaftliche Neuordnung des Landes legte. Die SVP arbeitete zwar in den Institutionen mit Italien nicht zusammen, mit Pichler hatte sie aber einen wichtigen Verbindungsmann, der zwar nicht der SVP angehörte, aber auch nicht ein Gegner der neuen Partei war und mit dieser eng zusammenarbeitete. So hatte die SVP ihren Verbindungsmann zur stärksten Regierungspartei in Rom, so daß Erich Amonn und seine Mitarbeiter vom politischen Informationsfluß rund um all das, was in Rom geschah, nicht ausgeschlossen waren.

Wie aus den Tagebuchaufzeichnungen des ersten Generalsekretärs der SVP und engen Freund Pichlers, Josef Raffeiner, zu entnehmen ist, gab es zwischen dem Rechtsanwalt aus Branzoll und dem Führungskreis der SVP in der Zeit der Consulta rege Kontakte, machte Pichler die SVP immer wieder auf Entwicklungen und Ten-

tischer Verband" (1946), che mediante il loro organo di stampa il "Südtiroler Wochenblatt", pubblicato fino al 1948, cercavano di far leva sui risentimenti dell'epoca delle opzioni a favore di una collaborazione politica con gli italiani. Un'analoga funzione avrebbe dovuto svolgere anche il settimanale "Der Standpunkt" (1947-1957), anch'esso finanziato in gran parte dal governo italiano.

Ma August Pichler non si lasciò coinvolgere in questi fin troppo evidenti giochi politici. Egli si considerava un politico cristiano, che si sentiva legato alla DC da motivazioni di ordine etico-ideologico, ma che non per questo era disposto a dimenticare o annacquare le legittime aspirazioni ad una sostanziale autonomia delle minoranze tedesca e ladina della sua terra.

Per altro Pichler svolgeva un importante ruolo anche per la SVP, un ruolo che fino dall'estate del 1945 il partito non era in grado di assumersi. Nel suo programma politico in tre punti, firmato all'atto della fondazione del partito, la SVP infatti aveva rivendicato il pieno diritto di autodeterminazione. Per non compromettere questa solenne richiesta, la SVP fu quindi costretta a rifiutare, fino a poco prima della firma dell'Accordo di Parigi nel settembre del 1946, ogni forma di collaborazione offerta dal governo italiano.

Non per ciò tuttavia rimaneva bloccata la politica interna sul problema sudtirolese, che passo dopo passo poneva le basi di un nuovo ordinamento politico e sociale del paese. La SVP non collaborava, è vero, con le istituzioni italiane, ma in Pichler trovava un importante elemento di contatto, un uomo che non apparteneva al partito, ma che non lo combatteva e che era disposto a collaborare strettamente con esso per il bene della sua terra. Per il suo tramite la SVP manteneva contatti con il più forte partito italiano a Roma, ed in tal modo Erich Amonn e i suoi collaboratori non si trovavano esclusi dal flusso di informazioni su quanto, in relazione all'Alto Adige, andava maturando nella capitale italiana.

Come possiamo ricavare dalle annotazioni di diario del primo segretario generale della SVP e stretto amico di Pichler, Josef Raffeiner, vi furono per tutta la durata della Consulta continui contatti fra l'avvocato di Bronzolo e il gruppo dirigente della SVP, nei quali Pichler informava la SVP degli sviluppi e tendenze che si mani-

denzen aufmerksam, die sich in Rom abzeichneten, wurden bestimmte Schritte gemeinsam abgesprochen. Pichler wurde in gewissem Sinne an Stelle der SVP in ganz sensiblen Bereichen des Minderheitenschutzes aktiv, etwa im Bereich der Wiedereinführung der deutschen Sprache im öffentlichen Dienst oder beim Wiederaufbau der deutschen Schule.

Pichler vertrat zwar den Standpunkt einer regionalen Zusammenarbeit zwischen Südtirol und dem Trentino, aber deshalb sollte die Autonomie nach seiner Meinung nicht weniger substantiell sein. Deshalb verwahrte er sich auch gegen die Regierungspolitik, die bereits vor einer endgültigen Entscheidung über Art und Umfang der Autonomie versuchte, Tatsachen zu schaffen. So protestierte er unter anderem Anfang September 1946 gemeinsam mit Raffeiner und anderen Persönlichkeiten beim Präsidenten der Provinzialverwaltung, Conte Amigoni, gegen die einseitige Besetzung wichtiger öffentlicher Stellen. Das Argument der Delegation: Der zukünftigen Autonomie solle durch neue Stellenbesetzungen nicht vorgegriffen werden. Es war nicht das einzige Mal, daß Pichler in diesem Sinne bei italienischen Stellen vorsprach.

Pichler hatte auch nach seiner Arbeit in der Consulta enge Kontakte mit der SVP. Einmal als Mitglied in der Epurazione-Kommission, zum anderen als Mitglied in der Optionskommission. Wie sonst ließe sich erklären, daß die beiden Mitglieder des Zentralausschusses der SVP, Friedl Volgger und Toni Ebner, nur zehn Tage nach ihrer Wahl in die römische Kammer Ende April 1948 Pichler in einem Gespräch mitteilten, als nächstes Ziel schwebe ihnen "der Sturz der Zentrale Amonn vor Augen".

Ebner und Volgger gehörten innerhalb der SVP dem Kreise um Michael Gamper an, der die auf Zusammenarbeit mit den Italienern Südtirols und mit dem Trentino hin orientierte Politik von Obmann Erich Amonn und seinem Generalsekretär Josef Raffeiner ablehnte und eine härtere politische Gangart einzuschlagen verlangte. Außerdem war der "Brixner Nebenregierung", bestehend aus Bischof Johannes Geisler, Generalvikar Alois Pompanin und eben Michael Gamper, die weltanschaulich bürgerlich-liberale Linie der beiden Politiker schon längst ein Dorn im Auge.

festavano nei circoli politici romani e venivano studiati passi comuni da intraprendere. In un certo senso supplendo all'assenza della SVP, Pichler si attivò in settori molto delicati quali la reintroduzione della lingua tedesca nei pubblici uffici e la ricostruzione della scuola tedesca.

Pichler era un sostenitore della collaborazione regionale fra il Trentino e il Sudtirolo, ma non per questo, a suo giudizio, l'autonomia doveva essere meno sostanziale. Non esitò quindi ad opporsi alla politica del governo quando si accorse che, prima della definitiva decisione in merito al tipo ed estensione di autonomia, si cercava di creare in Alto Adige dei fatti compiuti. Protestò fra l'altro ai primi di settembre del 1946, insieme a Raffeiner e ad altre personalità, presso il presidente dell'amministrazione provinciale conte Amigoni per l'assegnazione unilaterale di importanti impieghi pubblici. Argomento della delegazione: non era giusto pregiudicare la futura autonomia mediante l'occupazione di nuovi importanti posti amministrativi. Non fu questa l'unica volta che Pichler fece sentire la sua voce di protesta.

Anche dopo il suo lavoro nella Consulta Pichler mantenne stretti rapporti con la SVP. Dapprima come membro della Commissione per l'epurazione, poi in quella per le opzioni. Non potremmo altrimenti spiegarci come Friedl Volgger e Toni Ebner, ambedue dell'esecutivo della SVP, soltanto dieci giorni dopo la loro elezione alla camera dei deputati, confidassero, alla fine di aprile del 1948, in un colloquio con Pichler che prevedevano come prima mossa "la caduta del gruppo Amonn".

Ebner e Volgger appartenevano, all'interno della SVP, al gruppo che faceva capo a Michael Gamper, ostile alla linea politica del presidente Amonn e del segretario generale Josef Raffeiner disposti a una collaborazione con gli italiani dell'Alto Adige e del Trentino e sostenitore invece di una linea d'azione più dura. Inoltre, per il "governo ombra di Bressanone", composto dal vescovo Johannes Geisler, dal vicario generale Alois Pompanin e, appunto, da Michael Gamper, la linea liberale-borghese dei due uomini politici rappresentava da tempo una spina nel fianco.

Mitglied der Consulta Nazionale

Wenige Stunden nach Abschluß des Waffenstillstandes mit den Alliierten am 8. September 1943 wurde das "Comitato di Liberazione Nazionale" (CLN) gegründet, dem die Parteien des Antifaschismus angehörten und welche die Regierungen bis zur Wahl der Costituente am 2. Juni 1946 legitimierten. Das Comitato di Liberazione bildeten folgende Parteien: Partito Comunista Italiano (PCI), Democrazia Cristiana (DC), Partito Socialista di Unità Proletaria (PSIUP), Partito Liberale (PLI), Partito d'Azione (Pd'A) und Democrazia del Lavoro (DL).

Die erste sozusagen "zivile" Regierung Bonomi, die der "militärischen" Regierung von General Badoglio gefolgt war, war vom Partito d'Azione und von den Sozialisten kritisiert und letztendlich auch deshalb gestürzt worden, weil die Regierung die Arbeiten zur Konstituierung einer verfassunggebenden Nationalversammlung (Costituente) und zur Einrichtung einer bis dahin beratenden Versammlung nicht mit genügendem Nachdruck verfolgt hatte.

Als deshalb am 20. Dezember 1944 die zweite Regierung Bonomi zu ihrer ersten Sitzung zusammentrat, standen diese Fragen an oberster Stelle. Tags darauf setzte Bonomi ein Ministerkomitee ein, das sich aus den Ministern Palmiro Togliatti, Alcide De Gasperi, Manlio Brosio und Meuccio Ruini zusammensetzte. Diesen wurde die Aufgabe übertragen, Vorschläge zur Schaffung von konsultativen Organen zu erarbeiten, welche die Regierung in ihrer schwierigen Arbeit unterstützen sollten. Als Vorbild dazu diente die französische beratende Versammlung, die von General Charles De Gaulle eingesetzt wurde.

Am 28. März 1945, also noch vor Kriegsende, war es dann soweit, daß der Ministerrat das Gesetzesdekret über die "Consulta Nazionale" verabschiedete. Veröffentlicht wurde es am 5. April, die eigentliche Geburtsstunde der Consulta.

Zu den Aufgaben der Consulta zählte in erster Linie die Abgabe von Stellungnahmen zu allgemeinen Problemen sowie bei der Verabschiedung von Gesetzesmaßnahmen, welche die Regierung der

Membro della Consulta Nazionale

Poche ore dopo l'armistizio fra l'Italia e gli Alleati fu fondato, l'8 settembre 1943, il Comitato di Liberazione Nazionale (CLN), costituito dai partiti antifascisti che fino alle elezioni per l'Assemblea Costituente del 2 giugno 1946 legittimavano anche il governo. Di esso facevano parte il Partito comunista italiano (PCI), la Democrazia cristiana (DC), il Partito socialista di unità proletaria (PSIUP), il Partito liberale italiano (PLI), il Partito d'azione (Pd'A) e la Democrazia del Lavoro (DL).

Il primo governo "civile", presieduto da Bonomi, che subentrava a quello "militare" del generale Badoglio, era fortemente criticato dal Partito d'azione e da quello socialista e infine fu fatto cadere, in quanto non promuoveva con la necessaria energia i lavori preparatori per l'Assemblea costituente, che avrebbe dovuto dare al paese una nuova costituzione, e per la nomina provvisoria di un organismo consultivo.

Erano queste le questioni al primo punto dell'ordine del giorno quando il secondo governo Bonomi si riunì, il 20 dicembre 1944, per la sua prima seduta. Il giorno dopo Bonomi insediava un comitato dei ministri, di cui facevano parte Palmiro Togliatti, Alcide De Gasperi, Manlio Brosio e Meuccio Ruini, con il compito di avanzare delle proposte per la creazione di organismi consultivi che avrebbero dovuto appoggiare il governo nel suo difficile compito. Ci si rifaceva al modello dell'assemblea consultiva provvisoria, nominata in Francia dal generale Charles De Gaulle.

Il 28 marzo 1945, e cioè ancora prima della fine della guerra, i lavori erano conclusi e il consiglio dei ministri poteva emanare il decreto che istituiva la Consulta nazionale, poi pubblicato il 5 aprile, vera e propria data di nascita dell'organismo.

Fra i compiti della Consulta v'era innanzitutto quello di fornire al governo pareri sui problemi generali nonché sull'emanazione delle leggi che le venivano sottoposte. Obbligatorio era il parere della Consulta sul bilancio, l'imposizione fiscale e la legge elettorale.

In linea di principio il governo poteva chiedere il parere del ple-

> # CONSULTA NAZIONALE
>
> ## ASSEMBLEA PLENARIA
>
> ## 1ª SEDUTA PUBBLICA
>
> Martedì 25 Settembre 1945 - Ore 16
>
> ### ORDINE DEL GIORNO
>
> 1. - Costituzione dell'Ufficio provvisorio di Presidenza.
> 2. - Votazione per la nomina del Presidente, di due Vice Presidenti, di quattro Segretari e di quattro Questori.

Die Einladung zur ersten Sitzung der Consulta Nazionale am 25. September 1945.
La convocazione alla prima seduta della Consulta Nazionale il 25 settembre 1945.

Consulta unterbreitete. Obligatorisch war die Einholung einer Stellungnahme bei der Verabschiedung des Budgets und der Rechnungslegung, auf dem Gebiet des Steuerwesens und bei der Wahlgesetzgebung.

Die Regierung konnte grundsätzlich entweder die Versammlung der Consulta oder einen der 10 Ausschüsse um eine Stellungnahme ersuchen. Die Plenarsitzungen waren öffentlich, jene der Kommissionen nicht. Regierungsmitglieder konnten an allen auch nichtöf-

num della Consulta oppure quello di una delle dieci commissioni che la componevano. Le sedute plenarie erano pubbliche, non invece quelle delle commissioni. I membri del governo potevano prendere parte a tutte le discussioni, anche a quelle non pubbliche. I membri della Consulta erano stati nominati dal governo su proposta dei partiti più rappresentativi (156 membri dalle file dei partiti del CLN, 20 di altri partiti minori).

Vi si aggiungevano poi gli ex parlamentari antifascisti nonché i rappresentanti di categorie professionali, dei sindacati, di organizzazioni culturali e dei veterani di guerra. E inoltre, al termine del loro mandato politico, avrebbero potuto farvi parte con diritto di voto tutti i membri dei governi di liberazione e gli ex alto-commissari.

Con la istituzionalizzazione di questo parlamento di nomina indirettamente popolare si mirava a superare la fase di transizione dalla fine della guerra alla elezione del primo parlamento mediante un più diretto e vivo collegamento fra la società civile e il governo.

Il 25 aprile del 1945, il giorno della liberazione, il Consiglio dei ministri emanò la legge istitutiva della Consulta nazionale, secondo cui ad ogni partito del CLN spettavano 37 rappresentanti designati dal partito stesso. La rappresentanza proporzionale secondo le regioni fu calcolata in base ai risultati dell'ultimo censimento. Dei partiti che non facevano parte del CLN ottennero seggi il Partito repubblicano, il Partito democratico e la Concentrazione democratico-liberale. Inizialmente la Consulta contava circa 300 membri, il cui numero doveva via via accrescersi con la liberazione delle province e regioni ancora occupate, finché raggiunse il massimo di 440 membri, che sarebbero rimasti in carica fino alla regolare elezione dell'Assemblea costituente.

L'attuazione definitiva della legge fu opera del governo Parri che allo scopo creò un apposito ministero. Dopo l'emanazione delle ultime norme procedurali e la definizione delle diarie spettanti (300 lire per seduta più 500 lire di indennità per i residenti fuori Roma), il 25 settembre 1945 la Consulta fu convocata per la sua seduta istitutiva. Sede della Consulta fu Palazzo Montecitorio. Oltre

fentlichen Sitzungen und an den dort stattfindenden Diskussionen teilnehmen. Die Mitglieder der Consulta wurden von der Regierung auf Vorschlag der repräsentativsten Parteien nominiert (156 Mitglieder aus den Reihen der CLN-Parteien, 20 Mitglieder aus den Reihen kleinerer politischer Gruppierungen).

Dazu kamen die ehemaligen antifaschistischen Parlamentarier sowie Vertreter von Berufskategorien, der Gewerkschaften, der kulturellen Organisationen und der Kriegsveteranen. Außerdem sollten nach Beendigung ihres politischen Mandats sämtliche ehemaligen Mitglieder der Befreiungsregierungen und die ehemaligen Hohen Kommissare, die an den Regierungssitzungen teilgenommen hatten, Sitz und Stimme in der Consulta erhalten.

Mit der Institutionalisierung dieses indirekt bestellten Parlaments sollte in der Übergangsphase bis zur Beendigung des Krieges und bis zur Wahl des ersten Parlaments eine direktere und intensivere Verbindung zwischen Gesellschaft und Regierung hergestellt werden.

Am 25. April, dem Tag der Befreiung, verabschiedete der Ministerrat die Zusammensetzung der Consulta Nazionale. Jede Partei des CLN erhielt 37 Sitze für die von ihr direkt designierten Vertreter. Die proportionale Aufschlüsselung nach Regionen erfolgte auf der Grundlage der letzten durchgeführten Volkszählung. Von den Parteien außerhalb des CLN wurden der Partito Repubblicano berücksichtigt, der Partito Democratico Italiano und die Concentrazione Democratico-Liberale. Insgesamt hatte die Consulta anfänglich etwas über 300 Mitglieder, deren Anzahl aber schrittweise mit der Befreiung der von den Salò-Faschisten und Nationalsozialisten besetzten Provinzen und Regionen ergänzt wurde. Den Höchststand erreichte die Consulta, die bis zur Wahl einer Constituente in Kraft bleiben sollte, mit 440 Mitgliedern.

Die endgültige Durchführung des Gesetzes blieb der Regierung Ferruccio Parri vorbehalten, der dazu ein eigenes Ministerium schuf. Nach Verabschiedung der letzten Verfahrensregeln und der Höhe der Diäten (300 Lire pro Sitzungstag, zusätzlich 500 Lire als Aufwandsentschädigung für all jene, die außerhalb Roms ihren Wohnsitz hatten) wurde die Consulta am 25. September 1945 zu ihrer konstitu-

agli altri numerosi problemi logistici, si poneva anche quello dell'alloggio dei 170 membri non residenti a Roma. Data la precaria situazione abitativa conseguente alla guerra, si ricorse senz'altro alla requisizione di due grandi alberghi.

I veri e propri lavori della Consulta cominciarono già il giorno dopo e finirono il 9 marzo 1946. In questo lasso di tempo la Consulta discusse essenzialmente quattro grandi questioni riguardanti la ricostruzione dell'Italia e le sue istituzioni democratiche. Nelle prime sette sedute (dal 9 settembre al 2 ottobre del 1945) si svolse un'ampia discussione sulla situazione generale dell'Italia. Nelle tredici sedute dal 9 al 23 gennaio 1946 si trattarono principalmente questioni di politica estera e finanziaria. In quest'occasione Alcide De Gasperi, ora capo del governo in sostituzione di Parri, riferì in merito ai suoi colloqui a Londra sulla questione del trattato di pace con l'Italia. Nella terza fase dei lavori della Consulta che va dall'11 al 23 febbraio con tredici sedute, vi fu un intenso dibattito sulla nuova legge elettorale, mentre in sette sedute dal 4 al 9 marzo si discusse l'integrazione della legge per la Costituente.

La Consulta, presieduta dal conte Carlo Sforza, svolse un'importante funzione nazionale nella delicata fase di transizione dallo stato di guerra a e quello di pace, dalla dittatura fascista alla democrazia. Vi erano rappresentate tutte le principali forze politiche e sociali, una specie di parlamento di emergenza che doveva ridare fiducia al paese devastato dalla guerra, ripristinare e rafforzare le istituzioni democratiche distrutte dal fascismo, prendere le prime misure per la ricostruzione morale e materiale. In questo senso la Consulta era una specie di "precostituente", anticipava cioè la vera e propria assemblea elettiva che doveva dare al paese la nuova costituzione, e che di fatto nacque con le prime libere elezioni del dopoguerra il 2 giugno del 1946, con un elettorato maschile e femminile chiamato anche a decidere con un referendum se conservare la monarchia o darsi un ordinamento repubblicano. Fino a quel momento la Consulta traeva la sua legittimazione dai partiti del CLN, così come d'altra parte il governo a cui spettava la decisione ultima riguardo ai provvedimenti da adottare.

Il governo quindi non poteva non tener conto dei pareri della

ierenden Sitzung einberufen. Sitz der Consulta war der Palazzo Montecitorio. Neben vielen anderen logistischen Problemen für das Funktionieren der Consulta stellte sich auch die Frage, wo die 170 außerhalb Roms wohnhaften Consultoren untergebracht werden sollten. Wegen der zu Kriegsende prekären Wohnungssituation wurden deshalb kurzerhand zwei große Hotels beschlagnahmt.

Die eigentlichen Arbeiten der Consulta begannen am Tag danach und endeten am 9. März 1946. In dieser Zeitspanne behandelte die Consulta in den Plenarsitzungen im wesentlichen vier Fragenkomplexe, um den Wiederaufbau Italiens und seiner demokratischen Institutionen voranzutreiben. Während der ersten sieben Sitzungen (9. September bis 2. Oktober 1945) wurde eine breite Diskussion über die allgemeine Lage Italiens abgehalten. Vom 9. bis 23. Jänner 1946 wurde in 13 Sitzungen vor allem über die italienische Außenpolitik und Finanzpolitik diskutiert. Alcide De Gasperi, der in der Zwischenzeit den Regierungschef Parri abgelöst hatte, berichtete dabei über seine Gespräche in London zum Thema Friedensvertrag für Italien. Es folgte in der dritten Phase vom 11. bis 23. Februar und ebenfalls wieder in 13 Sitzungen eine intensive Debatte über das neue Wahlgesetz, während vom 4. bis 9. März in sieben Sitzungen über das zu integrierende Gesetz über die Costituente diskutiert wurde.

Die Consulta unter dem Vorsitz von Conte Carlo Sforza übte eine für Italien in der Übergangsphase vom Krieg zum Frieden und von der Diktatur zur Demokratie zentrale Funktion aus. In ihr waren alle wesentlichen politischen und sozialen Kräfte des Landes vertreten, eine Art Notstandsparlament, um Italien wieder Selbstvertrauen zu geben, die vom Faschismus beseitigte Demokratie wieder im Lande zu verankern und erste Maßnahmen des Wiederaufbaus einzuleiten. In diesem Sinne war die Consulta die "Precostituente", die Vorläuferin der Verfassunggebenden Nationalversammlung, die am 2. Juni 1946 bei den ersten freien Wahlen für Männer und Frauen gemeinsam mit dem Referendum über die Beibehaltung der Monarchie oder die Einführung der Republik gewählt wurde. Bis dahin besaß die Consulta dieselbe Legitimation wie die CLN-Regierung, auch wenn die endgültigen Entscheidungen vom Ministerrat gefällt wurden.

Consulta, nella quale per altro si manifestava la tendenza ad attribuirsi più competenze di quelle previste dalla legge e a svolgere funzioni non solo consultive, ma anche deliberanti. Una tendenza questa soprattutto dei partiti laici che si scontrava con la dura opposizione dei democristiani e dei liberali. Ciò nonostante Emilio Lussu, un suo membro del Partito d'azione, la definì "un'assemblea altamente qualificata".

August Pichler, che nei verbali compare inspiegabilmente sempre con il nome di Alfonso Pichler, era l'unico sudtirolese presente nella Consulta. Ne divenne membro con il decreto legislativo luogotenenziale del 22 settembre 1945 e il 28 dello stesso mese fu assegnato alla V Commissione per la difesa nazionale.

Come risulta dai verbali, Pichler non ha mai preso la parola nelle sedute plenarie. E nemmeno nella sua stessa commissione, bensì in quella per gli affari politici e amministrativi, alla quale si era fatto delegare quando in essa venne discusso, il 24 novembre del 1945, un provvedimento legislativo sull'uso della lingua tedesca nei comuni della provincia di Bolzano.

Relatore sulla questione era Lanfranco Zancan, che sedeva nella Consulta in rappresentanza delle associazioni dei partigiani. Zancan fece presente che la misura era in relazione con la più ampia autonomia da concedere al Sudtirolo e ricordò che pochi giorni appresso la commissione per l'istruzione avrebbe discusso il nuovo ordinamento scolastico altoatesino. In esso era previsto che "a ciascun capo famiglia viene consentito di dichiarare a quale lingua il figlio appartenga, ed in base alla semplice dichiarazione viene concessa la scelta della scuola nella lingua materna richiesta".

Nella sua relazione Zancan sottolineava inoltre il diritto della minoranza tedesca all'uso della propria lingua materna in tutti gli atti pubblici e privati, che dovevano essere bilingui. Faceva rilevare tuttavia che la legge in discussione non rispondeva che in parte alle esigenze della minoranza, in quanto escludeva le sentenze dei tribunali e gli atti amministrativi della giurisdizione. Pur comprendendo le difficoltà che sarebbero nate in tal campo a causa della mancanza di giudici bilingui nei vari gradi di giudizio fino alla cassazione, proponeva, in vista delle amare esperienze fatte dalla

Die Empfehlungen der Consulta hätte dieser aber nicht so ohne weiteres übergehen können. Seitens der Consulta bestand denn auch die Tendenz, sich mehr Kompetenzen zuzuschreiben als ihr vom Gesetz her zustanden. Außerdem bestand der Anspruch, nicht nur beratend, sondern auch beschließend wirken zu können. Diese Forderungen der laizistischen Parteien stießen auf heftigen Widerstand der Democristiani und der Liberalen. Dennoch meinte das Mitglied Emilio Lussu vom Partito d'Azione, sei die Consulta eine "hochqualifizierte Versammlung" gewesen.

August Pichler, der in den Protokollen aus unerklärlichen Gründen immer als Alfonso Pichler angegeben ist, war der einzige Südtiroler, der in der Consulta vertreten war. Zu ihrem Mitglied wurde er mit dem Statthalterdekret vom 22. September 1945 ernannt, am 28. September der V. Kommission für die Verteidigung, der "Commissione per la Difesa nazionale", zugeteilt.

Wie aus den Protokollen hervorgeht, hat Pichler in den Plenarsitzungen nie das Wort ergriffen. Auch nicht in seiner Kommission, wohl aber in der "Commissione Affari Politici e Amministrativi", also in der Kommission für politische und administrative Angelegenheiten, in die er sich hatte delegieren lassen, als dort am 24. November 1945 eine Gesetzesmaßnahme über den Gebrauch der deutschen Sprache in den Gemeinden der Provinz Bozen zur Debatte stand.

Berichterstatter war Lanfranco Zancan, der in der Consulta als Vertreter der Partisanenverbände saß. Zancan wies darauf hin, daß sich diese Maßnahme in den größeren Zusammenhang der künftigen Autonomie Südtirols stelle und erinnerte daran, daß in einigen Tagen die Unterrichtskommission die neue Schulordnung diskutieren werde. Dabei werde jedem Familienoberhaupt das Recht zugestanden zu entscheiden, welcher Sprachgruppe seine Kinder angehörten. Auf Grund dieser Erklärung werde dann die Wahl der Schule in der erwünschten Muttersprache erfolgen.

Zancan unterstrich, daß die Südtiroler einen Anspruch hätten, ihre deutsche Muttersprache zu gebrauchen und am öffentlichen Leben teilzunehmen. Zancan ging in seinem Bericht von dem einfachen Grundsatz aus, daß die deutschsprachige Minderheit das Recht ha-

popolazione durante la dittatura fascista, di abolire anche tali eccezioni e di stabilire che la legge sarebbe entrata in vigore non dopo tre mesi, ma immediatamente dopo il passaggio dell'Alto Adige all'amministrazione italiana.

Dall'intervento del relatore Zancan e di altri oratori risulta chiaramente qual'era lo spirito democratico favorevole alle minoranze, dominante fra le forze della Resistenza italiana e ancora vivo nella Consulta. Si trattava per altro, come si espresse Giovanni Battista Boeri, anche di una questione di prestigio nei confronti degli Alleati. Boeri proponeva perfino di non limitare le misure ai comuni dell'Alto Adige, ma di estenderle anche a favore di quelli del Trentino. Boeri era un esperto delle questioni sudtirolesi: come rappresentante del Partito d'Azione e per incarico del governo, o rispettivamente della Consulta, egli aveva avuto modo di discutere spesso con i partiti i problemi degli optanti e dell'autonomia.

Nel frattempo si avvicinava il momento del passaggio dell'amministrazione alleata allo stato italiano, mentre ancora nel novembre del 1945 la permanenza dell'Alto Adige sotto la sovranità italiana non era stata definitivamente decisa.

Rivestivano quindi grande importanza, soprattutto simbolica, le misure che lo stato italiano avrebbe preso a favore della minoranza tedesca al fine di dimostrare agli Alleati la volontà democratica che lo animava.

Nel suo intervento in merito alla legge in discussione Pichler richiamava l'attenzione su due aspetti: si dovevano innanzi tutto abolire tutte le leggi fasciste che avevano privato i sudtirolesi dei loro "diritti più naturali" e contemporaneamente doveva essere riconosciuto il loro diritto ad usare la propria lingua.

In relazione al progetto di legge in discussione si dichiarava nel complesso d'accordo, ma dubitava che le concessioni fatte sarebbero state considerate sufficienti dai sudtirolesi; per altro tutto dipendeva, a suo parere, dalla concessione dell'autonomia. Parlò anche a favore del bilinguismo in campo giudiziario, pur rendendosi conto della delicatezza e complessità del problema. Esprimeva inoltre la speranza che si creasse un'apposita commissione, della cui composizione egli stava occupandosi, da interpellare in futuro per

be, alle öffentlichen und privaten Verwaltungsmaßnahmen in beiden Landessprachen vorgelegt zu bekommen. Allerdings wies er darauf hin, daß das Gesetz nur zum Teil diesen Erwartungen entspreche, da die Gerichtsurteile und die Verwaltungsakte der Jurisdiktion davon ausgeschlossen seien.

Allerdings gab Zancan zu bedenken, daß es infolge des Mangels an zweisprachigen Richtern und des Instanzenzuges bis zur Kassation Probleme geben würde. Angesichts der bitteren Erfahrung der Bevölkerung unter dem Faschismus schlage er aber vor, diese beiden Ausnahmen zu streichen sowie das Gesetz nicht erst in drei Monaten, sondern unmittelbar nach dem Übergang Südtirols an die italienische Verwaltung in Kraft treten zu lassen.

In dieser kurzen Wortmeldung des Berichterstatters Zancan ist der demokratische und minderheitenfreundliche Geist der Consulta, die ein Produkt der italienischen Widerstandsbewegung war, noch deutlich zu spüren. Allerdings wurde diese Maßnahme, wie es der Redner Giovanni Battista Boeri ausdrückte, auch als eine Frage des Prestiges gegenüber den Alliierten gesehen. Boeri schlug sogar vor, nicht allein von der Provinz Bozen zu sprechen, um dadurch auch die deutschen Gemeinden der Provinz Trient unter diese Maßnahme fallen zu lassen. Boeri war ein Südtirolexperte. Der Vertreter des Partito d'Azione hatte im Auftrag der Regierung bzw. der Consulta in Bozen öfter mit den Parteien Probleme der Optanten und der Autonomie besprochen.

Immerhin stand die Übergabe der alliierten Verwaltung an den italienischen Staat kurz bevor, während der Verbleib Südtirols bei Italien im November 1945 zwar vorgezeichnet, aber noch nicht definitiv war.

Die Schaffung vertrauenbildender Maßnahmen zugunsten der für die Bevölkerung Südtirols war deshalb von großer, vor allem auch symbolischer Bedeutung, um die wiedergewonnene demokratische Kultur Italiens gegenüber den Alliierten unter Beweis zu stellen.

In seiner Wortmeldung zum Gesetz wies Pichler auf zwei Aspekte hin. Einmal sollten sämtliche faschistischen Gesetze abgeschafft werden, die die Südtiroler ihrer "natürlichsten Rechte" beraubt hätten. Zugleich sollte ihnen das Recht zum Gebrauch ihrer Muttersprache eingeräumt werden.

tutte le disposizioni riguardanti la popolazione sudtirolese. Solo in tal modo sarebbe stato possibile affrontare le particolari esigenze delle minoranze in uno spirito di democratica collaborazione. Concludeva il suo intervento lasciando chiaramente capire che per la soluzione dei problemi contava sulla leale collaborazione fra i gruppi etnici.

Nel dibattito tenutosi presso la Consulta in quel 24 novembre del 1945 sul bilinguismo in Alto Adige, furono presentati anche argomenti che ancora oggi sono di attualità. Francesco Fancello del Partito d'azione affermò di non vedere il motivo per cui nelle zone mistilingui anche la minoranza italiana non dovessero "accettare di parlare il tedesco". Il democristiano trentino Luigi Carbonari sottolineò il diritto dei sudtirolesi all'autonomia: si doveva riconoscere oggi ai sudtirolesi quanto un tempo i trentini sotto l'Austria avevano rivendicato per sé; "soltanto così - affermava - potranno essere guadagnati alla causa italiana". Importante era soprattutto stabilire una buona convivenza. L'azionista Giuseppe Manfredini si disse favorevole a che gli atti amministrativi fossero redatti solo in lingua tedesca, bilingui invece quelli dello stato civile e solo in italiano quelli giudiziari. Proponeva inoltre la sostituzione di tutti i pubblici funzionari monolingui con altri bilingui.

Nella tornata conclusiva degli interventi Pichler mise in luce la sua concezione ideale di collaborazione fra i popoli. Sfuggito ai nazisti, era vissuto 13 mesi nella Svizzera, dove aveva potuto constatare che "nelle zone bilingui si va perfettamente d'accordo". "Gli altoatesini - egli affermò in tale occasione - non sono stati mai cittadini tedeschi e possono diventare cittadini italiani, anche se parlano tedesco. Occorre fare opera di affratellamento."

In queste sue parole cogliamo al tempo stesso la voce di un nostalgico della vecchia Austria e dell'avversario e perseguitato dal nazismo: nella monarchia degli Asburgo tutti i cittadini, qualunque fosse la loro lingua, erano austriaci; né gli austriaci di lingua tedesca erano "germanici", né tali erano mai stati i sudtirolesi.

Una distinzione necessaria e precisa che tuttavia trovava difficoltà ad affermarsi fra i sudtirolesi di quegli anni: molti di essi che avevano seguito la croce uncinata, avevano rimosso anche la me-

Mit dem Entwurf zeigte sich Pichler im großen und ganzen einverstanden, zweifelte aber, ob diese Maßnahmen den Südtirolern genügen würden, hänge doch alles von der Gewährung einer Autonomie ab. Auch sprach er sich für die Zweisprachigkeit der öffentlichen Rechtsakte aus, auch wenn es sich um einen delikaten und komplexen Problembereich handle. Außerdem sprach er die Hoffnung aus, in Zukunft bei solchen Maßnahmen eine Kommission interpellieren zu können, um deren Zusammensetzung er sich derzeit bemühe. Dadurch könnten die besonderen Bedürfnisse der Region in einem demokratischen Geist berücksichtigt werden. Abschließend gab er klar zu erkennen, daß er auf eine gute Zusammenarbeit unter den Sprachgruppen setze.

An jenem 24. November 1945 wurden in der Consulta bei der Debatte um die Zweisprachigkeit in Südtirol Argumente vorgebracht, die auch heute noch aktuell sind. Der Redner Francesco Fancello vom Partito d'Azione wollte nicht einsehen, weshalb in gemischtsprachigen Gebieten die italienische Minderheit nicht Deutsch sprechen sollte. Der Trentiner DC-Vertreter Luigi Carbonari unterstrich das Recht auf eine Autonomie für Südtirol. Was die Trentiner unter Österreich für sich gefordert hätten, müsse jetzt auch den Südtirolern gewährt werden. Nur so könnten sie "für die italienische Causa gewonnen werden." Wichtig sei vor allem das Zusammenleben. Giuseppe Manfredini von der Aktionspartei sprach sich dafür aus, die Verwaltungsakte nur in deutscher Sprache, die Akten des Meldeamtes zweisprachig und die Gerichtsakten nur italienisch abzufassen. Bei einsprachigen Akten sollte aber bei Nachfrage eine Übersetzung mitgeliefert werden. Außerdem dachte man daran, alle einsprachigen Beamten durch zweisprachige zu ersetzen.

Pichlers idealtypische Vorstellungen vom Zusammenleben verschiedener Sprachgruppen kamen in seiner abschließenden Wortmeldung zum Ausdruck. Er habe auf der Flucht vor den Nazis 13 Monate in der Schweiz gelebt. Und dort habe er feststellen können, daß man in zweisprachigen Gebieten sehr gut miteinander auskomme. "Die Südtiroler", so Pichler, "sind nie deutsche Staatsbürger gewesen und können italienische Staatsbürger werden, auch wenn sie deutsch sprechen. Nun ist das Werk einer Verbrüderung angesagt."

moria della secolare tradizione austriaca del loro popolo e ancora nel 1945 guardavano affascinati alla Germania piuttosto che all'Austria, loro antica patria.

Ma dell'Alto Adige non si parlò solo nelle commissioni. Già il 10 ottobre 1945, in occasione della sua relazione sulla politica estera, De Gasperi aveva per la prima volta preso posizione davanti alla Consulta sul problema del confine del Brennero. Il 10 dicembre dello stesso anno egli assunse la direzione del governo e il 21 gennaio del 1946 espose alla Consulta le sue linee direttive sulla questione dell'Alto Adige: egli pensava a una comune autonomia regionale delle due province di Trento e di Bolzano, con un specie di subautonomia per Bolzano a difesa della minoranza tedesca, secondo un modello di collaborazione fra tedeschi e italiani della provincia che idealmente rifletteva il nuovo spirito europeo di collaborazione fra i popoli.

Don Karl Ferrari, il primo intendente scolastico della scuola tedesca nel 1945, era in ottimi rapporti con August Pichler.

Hochwürden Karl Ferrari, der erste Schulamtsleiter der deutschen Schule nach 1945, unterhielt gute Beziehungen zu August Pichler.

La posizione di Pichler quale membro della Consulta faceva sì che egli fosse contattato e coinvolto in tutte le questioni che si discutevano a Roma riguardo all'Alto Adige. Ciò vale soprattutto per i problemi relativi alla revisione dell'accordo sulle opzioni, ma anche per la scuola. Pichler conosceva già dal tempo della battaglia contro le opzioni il sacerdote Josef Ferrari, che poi nel 1945 fu nominato provveditore per la scuola in lingua tedesca. Come Pichler anche Ferrari era un "Dableiber" che nel 1943 era stato, per breve tempo, incarcerato dai nazisti.

Hier klang der Altösterreicher durch, genauso wie der Gegner und Verfolgte der Nationalsozialisten. In der Monarchie waren alle Österreicher gewesen, gleich welche Sprache sie sprachen. Die deutschsprachigen Österreicher waren nicht Reichsdeutsche gewesen, genausowenig wie die Südtiroler.

Diese notwendige und korrekte Differenzierung sollte es schwer haben, sich unter den Südtirolern zu behaupten. Viele Südtiroler, die den Hakenkreuzfahnen nachgelaufen waren, hatten ihre altösterreichische Tradition verdrängt und blickten auch nach 1945 gebannt nach Deutschland und nicht ins Vaterland Österreich.

Über Südtirol wurde nicht nur in den Kommissionen gesprochen. De Gasperi hatte bereits anläßlich seines außenpolitischen Berichts am 10. Oktober 1945 erstmals vor der Consulta zur Frage der Brennergrenze Stellung bezogen. Am 10. Dezember 1945 hatte er die Regierung übernommen und am 21. Jänner 1946 vor der Consulta die Leitlinien seiner Südtirolpolitik dargelegt. De Gasperi zielte auf eine gemeinsame regionale Autonomie mit einer Art Subautonomie für die Provinz Bozen zum Schutz der deutschsprachigen Minderheit ab, wobei das von ihm vorgezeichnete Modell einen Vorbildcharakter für das Zusammenleben von Deutschen und Italienern in einem neuen europäischen Geiste haben sollte.

Pichlers Position als Mitglied der Consulta führte dazu, daß er in allen Belangen, die Südtirol in Rom betrafen, kontaktiert und miteinbezogen wurde. Das galt vor allem bei der Revision des Optionsabkommens, aber auch für die Schule. Pichler kannte den 1945 zum Schulamtsleiter für die deutsche Schule ernannten Priester Josef Ferrari schon aus der Optionszeit. Wie Pichler war auch Ferrari ein Dableiber, der 1943 von den Nationalsozialisten für kurze Zeit in Schutzhaft genommen worden war.

Ferrari hatte sich nach seiner Amtseinsetzung unter sehr schwierigen Umständen und fehlenden Kompetenzen bemüht, das Schulwesen wieder aufzubauen. Seinen Bemühungen war es zu verdanken, daß der Ministerrat bereits im September 1945 die Neuordnung der Kindergärten und Volksschulen verabschiedete.

Die Hinweise auf die Zusammenarbeit zwischen Ferrari und Pichler sind spärlich, dürften aber recht intensiv gewesen sein. Pichler

Alla direzione della scuola tedesca Ferrari aveva cercato, in condizioni di lavoro molto difficili e disponendo di poche competenze, di ricostruire la scuola in lingua tedesca. Ai suoi sforzi va attribuito il merito del nuovo ordinamento della scuola materna ed elementare emanato dal consiglio dei ministri già nel settembre del 1945.

La documentazione relativa alla collaborazione fra Ferrari e Pichler è piuttosto scarsa, possiamo tuttavia ritenere che essa fu molto intensa. Pichler stesso aveva fatto per vari anni l'insegnante e aveva sempre conservato una viva sensibilità per i problemi scolastici. È documentato un loro comune viaggio a Roma, con un aereo militare da Bolzano e Verona, e poi in automobile; rimasti in panne sulla via Cassia, Ferrari, che pensava di conoscere abbastanza l'inglese, si rivolse per aiuto a una pattuglia alleata inglese, ma il soldato a cui si rivolse gli rispose che non "parlava l'italiano".

Aneddoto a parte, il comune viaggio a Roma dimostra l'esistenza di una stretta collaborazione fra i due sui problemi della ricostruzione della scuola tedesca nel Sudtirolo e in particolare che Pichler aiutava Ferrari nei suoi necessari contatti con il mondo politico e amministrativo romano.

Membro della Commissione per l'epurazione e vice-sindaco di Bolzano

Tornato in patria dopo tredici mesi di esilio in Svizzera, Pichler fu ben presto ripreso dalla quotidiana attività professionale, riaprendo a Bolzano il suo studio di avvocato. Abituato ad alzarsi molto presto, cominciava il suo lavoro già verso le quattro del mattino e per non disturbare il sonno della famiglia con il ticchettio della sua macchina da scrivere, si ritirava a lavorare in cucina.

E con le attività della vita quotidiana riprese anche quella politica. Pichler non era persona da imporre la propria presenza. Quando fu sollecitato a dare il suo contributo per la ricostruzione della democrazia nella sua terra, Pichler non si tirò indietro di fronte ai nuovi compiti.

Due mesi dopo la fine della guerra l'alto commissario alleato in

war selbst jahrelang Lehrer gewesen und hatte für die Belange der Schule immer eine erhöhte Sensibilität an den Tag gelegt. Belegt ist eine gemeinsame Fahrt Pichlers und Ferraris nach Rom. Mit einem Militärflugzeug waren sie von Bozen nach Verona geflogen, um von hier aus mit dem Auto weiterzufahren. Auf der Via Cassia hatten sie eine Panne. Ferrari meinte, so viel Englisch könne er noch und wandte sich hilfesuchend an eine englische Patrouille. Worauf der angesprochene Soldat Ferrari antwortete, er spreche kein Italienisch.

Über die Anekdote hinaus zeigt die gemeinsame Romfahrt von Pichler und Ferrari, daß die beiden beim Wiederaufbau der deutschen Schule zusammenarbeiteten und daß bei der Kontaktierung der römischen Stellen Pichler dem Schulamtsleiter Ferrari sicherlich behilflich war.

Mitglied der Epurazione-Kommission und Vizebürgermeister von Bozen

Nach 13 Monaten Exil in der Schweiz wurde August Pichler in Südtirol schon bald vom Alltag eingeholt. In Bozen eröffnete er wieder eine Anwaltskanzlei. Der Frühaufsteher begann seine Arbeit oft schon gegen vier Uhr morgens und verzog sich mit seiner Schreibmaschine meistens in die Küche, um beim Tippen der Schriftsätze seiner Familie nicht den Schlaf zu rauben.

Der Alltag hatte wieder begonnen und mit ihm die Politik. Pichler drängte sich nicht auf. Aber er wurde aufgefordert, seinen Beitrag zum Wiederaufbau der Demokratie zu leisten. Und Pichler verweigerte sich den neuen Aufgaben nicht.

Zwei Monate nach Beendigung des Krieges erließ der oberste Militärkommissar der Alliierten in Südtirol, William McBratney, am 11. Juli 1945 die "Provinzialverordnung Nr. 8," in der es um die "Suspendierung oder Entlassung nazistischer oder faschistischer Amtswalter und Beamter" ging, um Entnazifizierung und Epurazione in Südtirol.

Drei Tage nach Inkrafttreten der Verordnung beauftragte McBratney eine Kommission mit der Aufgabe, die einzelnen Fälle zu untersuchen und gegebenenfalls abzuurteilen. Dieser gehörten als Präsi-

Alliierte Militärregierung
Provinz Bozen
PROVINZ-VERORDNUNG Nr. 8
Suspendierung oder Entlassung nazistischer oder faschistischer Amtswalter und Beamter.

Da es die Aufgabe der Alliierten Militärregierung ist, dass Personen, welche Nazisten oder Faschisten waren und während des nazistischen oder faschistischen Regimes wichtige repräsentative Stellungen einnahmen, oder Personen die seit dem 8. Sept. 1943 mit der Nazi- oder republikanisch-faschistischen Regierung zusammengearbeitet haben, aus ihren Stellungen zu entfernen,

und da die italienische Regierung bereits Schritte in dieser Hinsicht unternommen hat und das Gesetz D.L.L. Nr. 159 vom 29. Juli 1944 und andere Gesetzesbestimmungen zu diesem Zwecke erlassen hat,

und da es die Absicht der Alliierten Militärregierung ist, ohne den Bestimmungen der italienischen Gesetzesvorschriften vorgreifen zu wollen, dass die Suspendierung oder Entlassung von Personen, welche unter diese Verordnung fallen, sofort stattfinden soll,

deshalb ordne ich, WILLIAM E. McBRATNEY, Oberstleutnant, Kommissar der Provinz, in Ausübung der speziellen Machtbefugnisse, welche mir erteilt worden sind, hiemit wie folgt:

ABSATZ I.
Personen, welche unter diese Verordnung fallen.

Amtswalter und Beamte folgender Körperschaften unterliegen dem Verfahren dieser Verordnung:
a) Der staatlichen Zivilverwaltungsbehörden (auch autonomen).
b) lokaler Behörden und anderer öffentlicher Körperschaften und Institute;
c) besonderer Unternehmungen, welche unter der Aufsicht öffentlicher Behörden oder Körperschaften arbeiten, Privatunternehmungen und Körperschaften welche vom Staate anerkannt, öffentliche nützliche Unternehmungen, oder Unternehmungen, welche wichtige nationale Interessen vertreten oder kontrollieren.

ABSATZ II.
Kategorien von Personen.

1. Folgende Personen werden ihres Amtes enthoben:
a) Jeder, der sich als unwürdig erwiesen hat dem Staate zu dienen, entweder weil er aktiv am politischen Leben des Nazismus oder Faschismus teilgenommen hat, oder weil er ein ständiger Ideenverbreiter des Nazismus oder Faschismus war und dies in Ausnützung seiner Stellung als hoher öffentlicher Amtswalter getan hat;
b) Jeder der eine Ernennung oder Beförderung durch Begünstigung der Partei oder nazistischer und faschistischer Würdenträger erhalten hat;
c) Wer nazistischer oder faschistischer Parteiliteilnahme schuldig ist;
d) Wer ein lokaler oder höherer Befehlshaber der SOD (Südtiroler Ordnungsdienst) war oder wer den Titel (Grad) eines Squadristen, Sansepolkristen, eines Antimarcia (Marcia su Roma), Sciarpa Littoria innehatte oder wer ein Offizier der italienischen Miliz war;
e) Wer nach dem 8. September 1943 Offizier der faschistisch-republikanischen Miliz oder der faschistisch-republikanischen Armee war;
f) Wer nach dem 8. September 1943 nach Nord-Italien ausgewandert ist oder der faschistisch-republikanischen Regierung den Treueeid geleistet oder in irgendwelcher Weise mit diesen Regierungen zusammengearbeitet hat;
g) Wer ein Amtswalter des Sondergerichtes war oder die Stellung eines Ortsgruppenleiters, Kreisleiters, Ortsgruppenführers oder Kreisbauernführers innehatte, oder wer eine Ernennung zum kommissarischen Leiter angenommen hat;
h) Wer in der SA, SS, SD, oder irgendeiner anderen Nazi-, Polizei- oder Partei-Organisation als Mitglied eingetragen war, oder mit diesen zusammen gearbeitet hat, oder wer eine executive oder administrative Stellung in der OT, Elm oder Rückwanderungsstelle oder DAT innehatte oder wer ein offizieller Lieferant oder Vermittler für die deutsche oder faschistisch-republikanische Armee oder der OT war;
i) Jeder der ein Amt in der Wehrmacht oder bei den Standschützen innehatte.

2. Folgende Personen sind aus dem Dienste zu entlassen:
a) Alle Personen, die in Absatz I angeführt sind und die deutsche Staatsbürgerschaft haben;
b) Anordnungen bezüglich aller Personen welche in Absatz I angeführt sind und die ihre Beschäftigung nur provisorisch ausübten sind in Form der Entlassung und nicht einer Suspendierung zu erlassen.

3. Nach den Bestimmungen dieser Verordnung ist keiner als deutscher Staatsbürger anzusehen, der die italienische Staatsbürgerschaft am oder nach dem 1. Jänner 1940 innehatte und der in der Provinz Bozen am 4. Mai 1945 ansässig war und die Staatsbürgerschaft auf Grund von Schritten, welche er im Sinne der Bestimmungen des Abkommens zwischen Deutschland und Italien vom 26. 6. 1939 unternahm, wechselte oder zu wechseln versuchte.

ABSATZ III.
Ernennung von Kommissionen.

a) Spätestens innerhalb 3 Tagen nach dem Inkrafttreten dieser Verordnung ernennt der Kommissar der Provinz eine Kommission italienischer Bürger, welche den besten Leumund haben und Gegner des Nazismus und Faschismus waren. Dieser Kommission obliegt es die Bestimmungen dieser Verordnung in dieser Provinz auszuführen und die Ernennung dieser Kommission und der Sitz ihres Amtes wird öffentlich bekanntgegeben.
b) Jede Kommission besteht aus einem Präsidenten, welcher vom Kommissar der Provinz bestimmt wird und aus einer Anzahl von Mitgliedern, welche ebenfalls der Kommissar der Provinz ernennt. Die Kommission selbst kann in Unterabteilungen zerfallen.
c) Mitglieder der Kommission als auch deren Präsident können jederzeit von dem Kommissar der Provinz des Amtes enthoben werden.

ABSATZ IV.
Bekanntmachung von Kommissionen.

a) Spätestens 7 Tage nach dem Inkrafttreten dieser Verordnung muss der leitende Beamte jeder Verwaltungsbehörde oder Unternehmung welche in Absatz I. dieser Verordnung angeführt sind und die Tätigkeit in dieser Provinz ausüben in den Räumen in welchen die Amtstätigkeit ausgeübt wird, eine oder mehrere Abschriften dieser Verordnung anschlagen und den Amtswaltern und den Beamten der Verwaltungsbehörden oder der Unternehmungen, welche in dieser Ortschaft angestellt sind, bekannt geben:
1) dass diese Verordnung in der Provinz in Kraft getreten ist, und
2) dass die in Frage stehende Verwaltungsbehörde oder das Unternehmen, unter den Bestimmungen des Absatzes I. dieser Verordnung fällt.
Damit ein Versäumnis des Leiters einer Verwaltungsbehörde oder eines Unternehmens, diese Bekanntmachungen vorzunehmen, keine Entschuldigung oder Verteidigung für Personen bildet, welche den Anforderungen von Absatz V. nicht nachkommen, wird angeordnet:
b) dass der Präfekt der Provinz dafür Sorge trägt, dass in allen Gemeinden und Fraktionen von Gemeinden Kopien dieser Verordnung angeschlagen werden.

L'ordinanza provinciale n. 8 dell'11 luglio 1945 conteneva le norme per la "sospensione o licenziamento degli impiegati e funzionari nazisti e fascisti".

Die Provinzialverordnung Nr. 8 vom 11. Juli 1945 bildete die rechtliche Grundlage für die "Suspendierung oder Entlassung nazistischer oder faschistischer Amtswalter und Beamter".

dent Rinaldo Dal Fabbro, Prokurator am Bozner Registeramt, sowie sein Stellvertreter, der Rechtsanwalt Franz Dinkhauser, an. Die ethnische Balance beim Vorsitz schlug sich auch bei den weiteren Kommissionsmitgliedern nieder: 9 Italiener und 10 Deutsche. Es waren dies der Beamte des Credito Italiano in Bozen, Vincenzo Pavcovich, Wilhelm Lachmüller aus Brixen, Luigi Vasanelli, Direktor der Banca del Lavoro in Meran, Theodorich Graf Wolkenstein-Trostburg aus Bozen, Lorenz Unterkircher, Uhrmacher in Bozen, Kurt Tauber, Rechtsanwalt aus Meran, und Turno Zanetti, Arzt in Bozen. Später wurde auch August Pichler in diese Arbeit miteinbezogen.

Die Entnazifizierung und Epurazione in Südtirol war ein stumpfes Messer. Auf der einen Seite wegen der Lücken und Schlupflöcher im Gesetz, auf der anderen Seite, weil der Wille, ehemalige Nationalsozialisten und ehemalige Faschisten zur Rechenschaft zu ziehen, schon bald durch die ethnische Aufrüstung unter den Sprachgruppen ersetzt wurde. Auch fanden Entnazifizierung und Epurazione im Vergleich zu Italien zeitverschoben statt. Es fehlte die Schubkraft, die der "vento del nord" ausgelöst hatte, es begann der Kalte Krieg, und es herrschte die Logik des Tausches unter den Sprachgruppen: Die Italiener drückten ein Auge bei ehemaligen Nazis zu, die Deutschen bei ehemaligen Faschisten.

Josef Raffeiner, Mitglied der Epurazione-Kommission, notierte dazu am 26. Februar 1946 in sein Tagebuch: "Nachmittag Sitzung der Epurazionekommission des Schulamtes. Die paar wenigen faschistischen Lehrer, die von der früheren Epurazionekommission epuriert worden waren, wurden auf Grund des neuen, 'milderen' Gesetzes wieder rehabilitiert. Ich stelle zum Schluß die Frage, wie wir die nazistischen Lehrer epurieren können, wenn die Faschisten alle unangetastet bleiben. (..) Ein italienischer Professor und eine Professorin gaben mir vollkommen recht."

Die DC schluckte ihre Faschisten, die SVP schluckte ihre Nazis. Die politische Generalabsolution wurde erteilt, um die Reihen im Volkstumskampf enger schließen zu können.

Auch Pichler wurde vorgeworfen, mit den ehemaligen Nazis viel zu milde umzugehen, auch wenn er sicherlich nicht zu jenen gehörte, die aus Überlegungen des Volkstumskampfes die ehemaligen Ge-

Alto Adige William McBratney emanò l'11 luglio 1945 la "ordinanza provinciale n. 8" contenente le norme per la "sospensione o licenziamento degli impiegati e funzionari nazisti e fascisti", onde procedere alla denazificazione e depurazione della Provincia.

Tre giorni dopo l'entrata in vigore dell'ordinanza McBratney nominava una commissione con il compito di esaminare i singoli casi ed eventualmente deliberare. La presiedeva Rinaldo Dal Fabbro, procuratore presso l'ufficio del registro di Bolzano, oppure il suo vice avvocato Franz Dinkhauser. L'equilibro della rappresentanza etnica della presidenza si rifletteva anche sui membri della commissione: 9 italiani e 10 tedeschi. Fra costoro troviamo il funzionario del Credito italiano di Bolzano Vincenzo Pavcovich, Wilhelm Lachmüller di Bressanone, Luigi Vasanelli direttore della Banca del lavoro di Merano, il conte Theodorich Wolkenstein-Trostburg di Bolzano, Lorenz Unterkircher orologiaio di Bolzano, Kurt Tauber avvocato di Merano e Turno Zanetti medico di Bolzano. Più tardi fu chiamato a partecipare ai lavori anche August Pichler.

Anche in Alto Adige l'epurazione dal nazifascismo fu un'arma spuntata. Da un lato a causa delle lacune e scappatoie offerte dalla legge stessa, dall'altro perché la volontà di chiamare a render conto del loro comportamento gli ex nazisti e i fascisti fu ben presto sopraffatta dal riacutizzarsi del contrasto fra i due gruppi linguistici. A differenza che in altre regioni italiane mancava in Alto Adige la spinta del cosiddetto "vento del nord", e ben presto ricominciò la guerra fredda fra i gruppi linguistici e con essa la logica dello scambio: gli italiani chiusero un occhio su coloro che si erano compromessi con il nazismo, i tedeschi sugli ex fascisti.

Josef Raffeiner, membro anch'egli della commissione di epurazione annotava nel suo diario del 26 febbraio 1946: "Pomeriggio, seduta della commissione di epurazione scolastica. Quei pochi insegnanti fascisti che erano stati epurati dalla precedente commissione, sono stati ora riabilitati in base alla nuova e "più mite" legge. Alla fine chiedo come sarà possibile epurare gli insegnanti nazisti se quelli fascisti sono rimasti indenni... Un professore e una professoressa italiani mi hanno dato pienamente ragione."

La DC digeriva così i suoi fascisti e la SVP faceva altrettanto con

folgsleute Hitlers wieder rehabilitierten. Exemplarisch war seine Rolle als Ankläger im Prozeß gegen Philipp Lanz aus Brixen. Lanz war im Durchgangslager Bozen als Wache zum Einsatz gekommen und hatte sich wegen schwerer Körperverletzung an den Inhaftierten zu verantworten. Der Angeklagte wurde zu sechs Monaten Haft verurteilt.

Daß Pichler seinen ehemaligen Verfolgern gegenüber Milde walten ließ, geht auch aus einer Tagebuchaufzeichnung Josef Raffeiners vom 4. Mai 1946 hervor. An diesem Tag fand eine Sitzung der Optantenkommission statt, die sich mit der Ausarbeitung eines Gesetzentwurfes zur Revision der Option befaßte. Das Kommissionsmitglied Franz Dinkhauser insistierte auf die Erweiterung jener Optantenkategorie, die von der Wiedererlangung der italienischen Staatsbürgerschaft ausgeschlossen werden sollte. Besonders hatte es Dinkhauser auf die "Propagandisten des Jahres 1939" abgesehen, mit denen auch Pichler keine näheren Kontakte suchte. Diese exzessive Härte wurde von Raffeiner abgelehnt, der von seinen Rechtsanwaltskollegen August Pichler und Ernst Vinatzer unterstützt wurde. Dies war typisch für Pichler. Er verzieh, ganz im katholischen Sinne, aber er vergaß nicht.

Südtirol stand ab 1. Jänner 1946 wieder unter italienischer Verwaltung, doch wählten die Südtiroler am darauffolgenden 2. Juni weder für die Costituente noch für die Entscheidung zwischen Republik und Monarchie, da sich die staatsrechtliche Zugehörigkeit des Landes zu Italien erst mit Unterzeichnung des Pariser Vertrages am 5. September 1946 formell entschied.

Die ersten Wahlen in Südtirol fanden erst 1948 statt. In der Zwischenzeit wurden die Gemeinden von Personen verwaltet, die in erster Linie aus dem Kreis der Dableiber stammten und sich aus Vertretern des CLN rekrutierten.

In Bozen bildete das CLN eine Consulta, der als Bürgermeister von 1945 bis 1947 Luciano Bonvincini von der DC, bis zur Wahl 1948 dann Guido Dalla Fior vorstand. Als der Saragat-Sozialist Dalla Fior Anfang Jänner 1947 sein Amt antrat, wurde August Pichler vom Präfekten zu dessen Stellvertreter ernannt. In dieser Stadt-Consulta war auch Silvius Magnago für die SVP vertreten.

i suoi nazisti. Si impartiva, cioè, l'assoluzione politica a tutti al fine di stringere meglio le file per la battaglia etnica.

Anche a Pichler fu rimproverato di aver trattato troppo mitemente gli ex nazisti, anche se lui sicuramente non apparteneva a coloro che nel prepararsi al confronto etnico erano pronti a riabilitare gli ex seguaci di Hitler. Esemplare fu il ruolo da lui svolto nel processo contro Philipp Lanz di Bressanone. Lanz, che era stato una guardia nel campo di concentramento di Bolzano, doveva rispondere di gravi lesioni inflitte ai prigionieri. Fu poi condannato a sei mesi di carcere.

Che Pichler non infierisse contro i suoi persecutori di un tempo risulta anche dal diario di Josef Raffeiner del 4 maggio 1946. Quel giorno c'era stata una seduta della commissione per le opzioni con il compito di elaborare la revisione della legge sulle opzioni. Franz Dinkhauser, membro della commissione, insisteva per allargare la categoria degli optanti che dovevano essere esclusi dal riottenere la cittadinanza italiana. Si riferiva specialmente ai "propagandisti del 1939", che anche Pichler cercava di evitare. La proposta, che gli sembrava eccessivamente dura, fu respinta da Raffeiner con l'appoggio di Pichler e di Ernst Vinatzer. Una presa di posizione tipica per Pichler: egli da vero cattolico perdonava, ma non dimenticava.

Dal 1° gennaio 1946 il Sudtirolo era tornato nuovamente sotto l'amministrazione italiana, ma ciò nonostante i sudtirolesi non poterono prendere parte, il 2 giugno dello stesso anno, alle elezioni per la Costituente e al referendum per la monarchia o la repubblica, in quanto non era ancora stata giuridicamente definita l'appartenenza della provincia all'Italia, cosa che formalmente avvenne soltanto il 5 settembre 1946 con la firma del Trattato di Parigi.

Le prime elezioni nel Sudtirolo furono quelle del 1948. Nel frattempo i comuni furono amministrati da persone che provenivano anzitutto dai "Dableiber" e da rappresentanti del CLN.

A Bolzano il CNL nominò una Consulta, presieduta dal 1945 al 1947 dal sindaco Luciano Bonvicini e poi, fino alle elezioni del 1948, da Guido Dalla Fior. Quando Dalla Fior, un socialdemocratico seguace di Saragat, prese possesso della carica, il prefetto no-

Pichler blieb allerdings nicht lange Vizebürgermeister. Bereits am 13. Oktober 1947 trat er zusammen mit den beiden Assessoren Paul Mayr und Robert Überbacher unter Protest aus der Consulta aus. Die Polemik war wegen eines ethnischen Klientelismus' entstanden. Die neue Consulta hatte im Jänner eine Kommission eingesetzt, die sich mit der Neustrukturierung der Stadtverwaltung und mit ihrem Personal beschäftigen sollte. Die Arbeit der Kommission führte später zu 17 Entlassungen beim Meldeamt und zu 4 Verhaftungen. In anderen Abteilungen der Gemeinde wurde aber derart gemauert und jegliche Zusammenarbeit mit der Kommission und der Stadtregierung verweigert, so daß der Versuch einer Erneuerung der Stadtverwaltung zum Erliegen kam.

Dieser Umstand hatte dazu geführt, daß bereits im Laufe des Sommers der Unmut unter den deutschsprachigen Exponenten in der Stadtregierung zugenommen hatte, die dem Bürgermeister in Personalfragen mangelnde Objektivität vorhielten.

Das Faß zum Überlaufen brachte eine Protektionsaktion des Bürgermeisters zugunsten eines Beamten, gegen den ein Disziplinarverfahren hätte eingeleitet werden sollen. Um dieses abzuwenden, hatte Dalla Fior einige italienischsprachige Assessoren zu sich berufen, um mit ihnen das weitere Vorgehen zugunsten des Beamten abzusprechen. Pichler hatte davon Wind bekommen, worauf er dem Bürgermeister vorwarf, Assessoren außerhalb der offiziellen Sitzungen beeinflussen zu wollen und parteiisch vorzugehen. Außerdem sei es in den letzten Monaten immer offensichtlicher geworden, daß Dalla Fior mit seinen Assessoren wichtige Personalentscheidungen außerhalb der Stadtregierung getroffen habe. Dadurch würden andere vor vollendete Tatsachen gestellt werden. Anstatt sich einer offenen Diskussion zu stellen, würde Dalla Fior diesen Angelegenheiten immer ein politisches Mäntelchen umhängen, wohingegen eine sachliche Politik für Bozen so notwendig wäre. Und auf diese Sachlichkeit Bezug nehmend, bemerkte Pichler abschließend in seinem Schreiben an den Bürgermeister, mit dem er seinen Rücktritt begründete: "Dies wäre so notwendig für Bozen, wo die beiden Sprachgruppen ein Beispiel geben müssen, daß sie zusammenleben können."

Pichler war zutiefst davon überzeugt, daß die schrecklichen Er-

minò come suo vice August Pichler. Di questa Consulta civica faceva parte anche Silvius Magnago in rappresentanza della SVP.

Pichler tuttavia non fu a lungo vicesindaco. Infatti già il 13 ottobre del 1947 egli, insieme agli assessori Paul Mayr e Robert Überbacher, abbandonò per protesta la Consulta. Il contrasto era nato in seguito a certe forme di clientelismo etnico. Nel gennaio la nuova Consulta aveva nominato una commissione che si sarebbe dovuta occupare del riordinamento dell'amministrazione civica e del suo personale. I lavori della commissione avrebbero portato in seguito al licenziamento di diciassette persone degli uffici anagrafici e a quattro arresti. Ma in altri settori dell'amministrazione comunale si era determinata una forte resistenza ai lavori della commissione, alla quale fu rifiutata ogni collaborazione così da condannare al fallimento ogni tentativo di rinnovare l'amministrazione.

Nell'estate la situazione aveva determinato un forte malumore fra gli esponenti di madre lingua tedesca della giunta comunale, che accusavano il sindaco di scarsa obiettività nelle questioni riguardanti il personale.

La goccia che fece traboccare il vaso fu un intervento del sindaco a favore di un funzionario nei confronti del quale si sarebbe dovuto avviare un procedimento disciplinare. Per evitarlo Dalla Fior aveva convocato alcuni assessori per studiare insieme cosa fare in favore del funzionario. Pichler, che ne aveva avuto sentore, rimproverò il sindaco di aver voluto influenzare gli assessori al di fuori delle sedute ufficiali e di mancare di imparzialità: negli ultimi mesi - scriveva - era stato sempre più chiaro che il Dalla Fior e gli assessori a lui fedeli avevano preso importanti decisioni in relazione al personale all'infuori delle delibere di giunta, ponendo in tal modo gli altri di fronte a fatti compiuti; invece di affrontare una pubblica discussione il sindaco si trincerava in queste questioni dietro appoggi politici, impedendo il nascere di una concreta politica di cui la città aveva tanto bisogno. E riferendosi a tale necessità Pichler così concludeva la sua lettera al sindaco con cui annunciava le sue dimissioni: "Questo è tanto più necessario a Bolzano dove i due gruppi etnici devono dare l'esempio di saper convivere."

fahrungen des Krieges, die Zeit des Faschismus und Nationalsozialismus die Menschen im Lande davon überzeugt hätten, die Zukunft des Landes nicht im Gegeneinander, sondern im Miteinander zu suchen. Aber Pichler sollte noch öfter enttäuscht werden.

Die Revision des Optionsabkommens

Von allem Anfang an hing das offene Problem der Optanten wie ein Damoklesschwert über der Südtiroler Volkspartei. Zwar hatten gut 80 Prozent der Südtiroler für ihre Auswanderung ins Deutsche Reich optiert, aber nur ein Teil davon (an die 78.000) war auch tatsächlich abgewandert.

Nicht nur die Volkspartei wollte das Problem so schnell als möglich lösen, sondern auch die italienischen Behörden. Allerdings lagen die Gründe dafür weit auseinander. Präfekt Bruno De Angelis hatte bereits kurz nach Kriegsende geglaubt, das Optionsproblem durch einen Verwaltungsakt lösen zu können. Nach seinem ersten Entwurf sollten die in Südtirol verbliebenen eingebürgerten Optanten innerhalb von drei Wochen das Land verlassen. Diese Gruppe umfaßte an die 50.000 Personen. Hingegen sollten die nicht eingebürgerten Optanten wieder in den Besitz der italienischen Staatsbürgerschaft kommen, sofern sie mit einer Erklärung auf die deutsche verzichteten. De Angelis' Vorstoß wurde von der SVP, der Alliierten Militärverwaltung und von der römischen Regierung, wenn auch aus unterschiedlichen Gründen, abgelehnt.

Rom nahm nach diesem ersten und einem weiteren Anlauf von De Angelis das Problem selbst in die Hand, war doch die italienische Regierung daran interessiert, diese Frage bei Bedarf als Waffe im diplomatischen Poker um die Brennergrenze einzusetzen.

Eine gewisse Klärung leitete die Verordnung Nr. 17 der Alliierten Militärverwaltung vom 20. August 1945 ein. Danach sollten die Optanten für Deutschland, die ihr Land aber nicht verlassen hatten, nicht als Ausländer oder feindliche Ausländer gelten.

Einen Schuß vor den Bug landete die italienische Regierung mit ihrem Ministerratsbeschluß vom 21. November 1945, der zur Diskussion an die Consulta weitergeleitet wurde. Der Entwurf sah vor,

Pichler era profondamente convinto che le malefatte del fascismo e del nazismo e le terribili esperienze della guerra avessero convinto la popolazione che il futuro del paese non poteva basarsi sul conflitto fra i gruppi linguistici, bensì sulla loro leale collaborazione. Ma in questo Pichler era destinato a subire molte altre delusioni.

La revisione dell'accordo sulle opzioni

Fin dall'inizio del dopoguerra il problema degli optanti pendeva sulla Südtiroler Volkspartei come una vera e propria spada di Damocle. Un abbondante 80 per cento dei sudtirolesi aveva optato per il trasferimento nel Reich tedesco, ma solo una parte di loro (circa 78.000 persone) era effettivamente emigrata.

Non era solo la SVP a voler risolvere al più presto il problema, ma anche le autorità italiane, partendo tuttavia da posizioni molto diverse. Già subito dopo la fine della guerra il prefetto Bruno De Angelis aveva creduto di poter risolvere la questione con un semplice atto amministrativo. Secondo il suo primo progetto gli optanti sudtirolesi che avevano ottenuto la cittadinanza tedesca avrebbero dovuto lasciare il paese entro tre settimane. Si trattava di un gruppo di circa 50.000 persone. Coloro invece che non l'avevano ottenuta potevano ritornare in possesso di quella italiana dichiarando di rinunciare alla cittadinanza tedesca. Il tentativo fatto da De Angelis fu però respinto, con motivazioni diverse, sia dalla SVP che dagli Alleati e dal governo di Roma.

Dopo questa prima e una seconda iniziativa di De Angelis, il governo di Roma avocò a sé la questione, intenzionato com'era ad usarla, all'occorrenza, come arma nella partita che si giocava a livello internazionale sulla questione del confine del Brennero.

Un certo chiarimento nella situazione fu portato dall'ordinanza n. 17 del governo militare alleato in data 20 agosto 1945. In base ad essa gli optanti per la Germania che non avevano lasciato il Sudtirolo non potevano essere considerati stranieri o nemici.

Un grave colpo alla questione fu dato dal governo italiano con la delibera del 21 novembre 1945 da sottoporre al parere della Consulta. In essa si prevedeva che gli optanti per la Germania che ave-

daß die Deutschlandoptanten, die Südtirol verlassen hatten, nicht wieder zurückkehren könnten. Hingegen sollten die Optanten, welche die deutsche Staatsbürgerschaft zwar erhalten hatten, aber im Lande geblieben waren sowie jene, die bereits vor dem 8. September 1943 bei Deutschen Dienststellen beschäftigt waren, die italienische Staatsbürgerschaft erst nach der Entscheidung einer Kommission wiedererlangen, die sich aus vier Italienern und zwei Südtiroler Nichtoptanten zusammensetzen sollte.

Diese harte, den Zwangscharakter der Option völlig verkennende Position nahm die italienische Regierung deshalb ein, um bei einem eventuellen Plebiszit über den Verbleib Südtirols bei Italien oder über dessen Rückkehr zu Österreich die Abstimmungsberechtigten zu halbieren.

Motiviert war die Initiative der Regierung aber auch dadurch geworden, weil die Alliierten in Rom immer insistenter auf politische Wahlen drängten, um gleich wie in Österreich ein politisches Stimmungsbarometer für die Friedensverhandlungen zu erhalten. Das hätte allerdings dazu geführt, daß im Sinne der von der lokalen Militärverwaltung erlassenen Verordnung Nr. 17 die nicht abgewanderten Optanten in die Wählerlisten eingetragen werden sollten.

Wenngleich der Vorschlag der italienischen Regierung zur Optantenregelung zumindest zum Teil als Sicherheitsvorkehrung in Hinblick auf die künftige Entwicklung rund um Südtirol interpretiert werden kann, so hätte ein Teil der italienischen politischen Eliten nichts einzuwenden gehabt, wenn das Optionsergebnis auch tatsächlich exekutiert worden wäre. Dazu glaubten sie auch durch das Potsdamer Abkommen vom Sommer 1945 legitimiert zu sein, das eine Zwangsumsiedlung der deutschsprachigen Minderheiten aus den osteuropäischen Ländern sanktioniert hatte.

August Pichler hatte in Erfahrung gebracht, daß ein Gesetzentwurf zur Regelung der Optantenfrage vorliege, und hatte sich den Text beschafft. Unverzüglich informierte er am 11. November 1945 vertraulich seinen Freund, den Generalsekretär der SVP, Josef Raffeiner, und übergab ihm auch eine Abschrift des Entwurfs. Raffeiner erkannte sofort, welche Auswirkungen dieser für die Südtiroler Minderheit haben würde.

vano lasciato l'Italia non sarebbero potuti rientrare, mentre coloro che avevano ottenuta la cittadinanza tedeschi, ma non erano partiti, nonché quelli che già prima dell'8 settembre 1943 erano impiegati negli uffici tedeschi, avrebbero potuto riottenere la cittadinanza italiana soltanto in seguito a decisione di un'apposita commissione composta da quattro italiani e due sudtirolesi non-optanti.

Una tale dura posizione del governo italiano, che non teneva affatto conto del carattere in gran parte forzoso delle opzioni, si spiega con l'intenzione del governo, nella eventualità di un plebiscito fra la popolazione altoatesina per decidere se restare uniti all'Italia o tornare all'Austria, di dimezzare il numero di coloro che avrebbero avuto diritto al voto.

Un'altra motivazione dell'iniziativa del governo si può scorgere nel fatto che gli Alleati insistevano a Roma sempre più affinché si indicessero le elezioni politiche, in modo da avere, come in Austria, un'indicazione degli orientamenti popolari in vista del Trattato di pace. Ma ciò avrebbe avuto come conseguenza, in base all'ordinanza n. 17 del governo militare alleato locale, che anche gli optanti non emigrati avrebbero avuto il diritto di votare.

Per quanto la proposta del governo italiano per la regolazione della questione degli optanti possa essere spiegata, almeno in parte per ragioni di sicurezza, dato il futuro ancora incerto della regione, è anche vero che una parte della élite politica italiana non avrebbe affatto protestato se si fosse data piena esecutività ai risultati delle opzioni. A tanto si credeva di trovare una legittimazione anche nell'Accordo di Potsdam dell'estate del 1945, che aveva sanzionato il trasferimento obbligatorio delle minoranze tedesche dai paesi dell'Europa orientale.

Non appena Pichler venne a sapere che esisteva un progetto di legge per la regolamentazione della questione degli optanti, fece in modo di procurarsene subito il testo, e immediatamente l'11 novembre 1945 ne informava in forma confidenziale il suo amico e segretario generale della SVP Josef Raffeiner, consegnandogli anche una copia del progetto. Raffeiner capì subito quali conseguenze un simile provvedimento avrebbe avuto per la minoranza sudtirolese.

Später erhielt Pichler den Entwurf auch vom Consultamitglied Lanfranco Zancan mit dem Hinweis zugeschickt, daß der Text in allernächster Zeit der Consulta zur Prüfung und Genehmigung vorgelegt würde.

Das Thema Optionsrevision war äußerst brisant, so daß die SVP in ihrer Zentralausschußsitzung vom 5. Jänner 1946 beschloß, Obmann Erich Amonn und Josef Raffeiner sollten gemeinsam mit August Pichler bei Ministerpräsident De Gasperi in Rom vorsprechen.

Am 8. Jänner war es soweit. Allerdings hatte auch Erich Amonns Bruder Walter beschlossen, mit nach Rom zu fahren, so daß mit zwei Autos gestartet werden mußte. Die Fahrt sollte nicht ohne Hindernisse verlaufen, wie Raffeiner in seinen Tagebuchaufzeichnungen festhielt.

"Um halb 8 Uhr früh Abfahrt aus Bozen nach Rom. Im ersten Auto saßen Erich Amonn, Walter Amonn und ich, ferner Martin Menz, der Eigentümer des Wagens, im zweiten Auto fuhr Dr. Pichler mit einem Lenker der Präfektur. Auch hatten wir im zweiten Auto unser Gepäck verladen.

Südlich von Verona blieb das Auto Dr. Pichlers zurück. Wir hatten ausgemacht, daß wir uns in einem Gasthaus (casa rigata) kurz nach Modena treffen würden. Dort warteten wir von 1 bis 3 Uhr vergebens auf das zweite Auto. Dann fuhren wir weiter bis zum Speisehaus Pappagallo in Bologna, wo uns von der Autowache die Auskunft erteilt wurde, daß ein Auto aus Bozen, das der Beschreibung nach das Auto Dr. Pichlers sein konnte, bereits vor zwei Stunden in der Richtung nach Florenz durchgefahren wäre. Wir fuhren nun ebenfalls weiter gegen Florenz. (..) Von Dr. Pichler keine Spur."

Tags darauf fuhr die SVP-Delegation weiter und quartierte sich im Albergo Igea in der Via Principe Amedeo ein. Raffeiner merkte trocken an: "Der Koffer mit meinen Reisenotwendigkeiten wie Wäsche, Toilettensachen, Schuhen usw. war im Auto des Dr. Pichler. Statt Schuhen trage ich der Kälte halber nur Filzpantoffeln. Ich kam also recht armselig im Hotel an - in Pantoffeln und ohne Koffer".

Auch tags darauf konnte Pichler nicht aufgestöbert werden. Raffeiner war ins Hotel De la Ville, wo die Mitglieder der Consulta

Più tardi Pichler ebbe il progetto anche dal collega della Consulta Lanfranco Zancan, che glielo inviò con l'informazione che esso sarebbe stato sottoposto quanto prima all'esame e approvazione dell'assemblea.

Il tema della revisione delle opzioni assumeva così un'assoluta gravità e urgenza, tanto che il comitato centrale della SVP nella sua seduta del 5 gennaio 1946 decise di inviare immediatamente a Roma, assieme a Pichler, il presidente Erich Amonn e Josef Raffeiner per parlare con il presidente del consiglio De Gasperi.

Partirono l'8 gennaio, ma essendosi aggregato al gruppo anche Walter Amonn, fratello di Erich, si dovettero usare due automobili; ma il viaggio non doveva svolgersi senza inconvenienti, come testimonia il diario tenuto da Raffeiner.

"Alle 7 e mezza partenza da Bolzano per Roma. Nella prima auto si trovavano Erich e Walter Amonn ed io con Martin Menz, proprietario del mezzo; nella seconda viaggiava il dottor Pichler con l'autista della prefettura. Nella seconda auto avevamo caricato anche il nostro bagaglio.

A sud di Verona l'auto del dott. Pichler era rimasta indietro. Avevamo concordato di trovarci in un albergo (casa rigata) poco dopo Modena. Qui aspettammo inutilmente dalle 1 alle 3 la seconda auto. Poi proseguimmo fino al ristorante Pappagallo di Bologna, dove dalla polizia stradale ci fu detto che una macchina targata Bolzano, che dalla descrizione poteva essere quella del dott. Pichler, era passata due ore prima in direzione di Firenze. Anche noi quindi ci dirigemmo verso Firenze... Del dott. Pichler nessuna traccia."

Il giorno dopo la delegazione della SVP proseguì il viaggio per Roma e prese alloggio all'albergo Igea in via Principe Amedeo. Raffeiner annota soltanto: "La valigia con le mie cose da viaggio come biancheria, scarpe, toilette, ecc. erano nell'auto del dott. Pichler. Invece delle scarpe portavo, a causa del freddo, delle pantofole di feltro. Giunsi quindi in albergo come un poveraccio - in pantofole e senza valigia."

Nemmeno il giorno dopo si riuscì a trovare Pichler. Raffeiner lo cercò all'Hotel de la Ville, dove abitavano i membri della Consul-

wohnten, und dann ins Parlament gegangen, aber vergebens. Es blieb ihm nichts anderes übrig als Schuhe zu kaufen, wollte er nicht zur Vorsprache bei De Gasperi in Filzpantoffeln erscheinen.

Die Aussprache mit De Gasperi fand am 11. Jänner von 10 bis 11 Uhr statt. Der Ministerpräsident besprach mit Erich Amonn und Josef Raffeiner neben Fragen wie die Rückkehr der in Italien befindlichen Kriegsgefangenen und der örtlichen Verwaltung vor allem das Optantenproblem. Raffeiner führte bei dieser Gelegenheit aus, die Optanten seien in erster Linie Opfer des Faschismus und Nationalsozialismus gewesen und forderte die Annullierung des Optionsabkommens von 1939 ein.

Die SVP-Delegation hatte Erfolg. De Gasperi erklärte, er werde den Gesetzentwurf vorläufig zurückstellen und die Frage eingehend prüfen lassen. Außerdem stellte er die Einsetzung einer lokalen beratenden Kommission in Aussicht, um die anfallenden Probleme mit den politischen Vertretern Südtirols besprechen zu können.

Pichler war nicht, wie vorgesehen, bei dieser Besprechung dabei. Als aber Amonn und Raffeiner nach dem Treffen mit De Gasperi wieder in ihrem Hotel eintrafen, war plötzlich ihr Gepäck angekommen. Wie sie später erfuhren, hatte der Wagen Pichlers südlich von Verona eine Panne und konnte seine Fahrt nicht mehr fortsetzen. So hatte Pichler gezwungenermaßen wieder die Rückreise nach Bozen angetreten. Kaum in Bozen, suchte Raffeiner seinen Freund Pichler auf, um ihm über die Aussprache mit De Gasperi aus erster Hand zu berichten.

Auch wenn Pichler in Rom nicht anwesend war, so sollte er bei der Revision des Optionsabkommens auch weiterhin eine wichtige Rolle spielen. Pichler galt allgemein als "der Spezialist für die Umoption für Italien", wie es Wolfgang Steinacker einmal formulierte. Seit April 1946 tagte in Bozen die von De Gasperi in Aussicht gestellte Kommission, an der auch Vertreter der SVP beteiligt waren. Der gemeinsam erarbeitete Entwurf wurde Anfang Juli durch den Bozner Präfekten Silvio Innocenti an die Regierung weitergeleitet und später vom italienischen Ministerrat gutgeheißen.

In diese Verhandlungen wurde auch August Pichler miteinbezogen, mit dem sich Josef Raffeiner deswegen immer wieder zu Aussprachen traf.

Heute ist der letzte Tag
um die Widerrufserklärung der Option für Deutschland einzureichen

Es fehlen noch Tausende
von Optanten für Deutschland bei den eingereichten Widerrufserklärungen.

Südtiroler! Es geht uns alle an!
Wir alle werden darunter leiden, wenn eine große Anzahl von Landsleuten die Rechte ihrer Heimat verlieren und als stumme, geduldete Mitläufer bei uns sein werden, die sich nicht mehr für uns einsetzen können.

Wir alle müssen mitarbeiten,
um so viel Optanten wie möglich zur Abgabe der Widerrufserklärung zu bringen.

Jeder werbe dafür unter seinen Bekannten!

Die hochw. Geistlichkeit möge ihre so oft bewährte Hilfe der Bevölkerung in dieser ernsten Angelegenheit gewähren!

Arbeitgeber, überzeugt euch, ob alle eure Untergebenen die Widerrufserklärung abgegeben haben.

Lehrer und Lehrerinnen, macht die Widerrufserklärung zum Gegenstand von Schularbeiten, um auf diese Weise an die Eltern heranzutreten.

Gastwirte, fragt eure Gäste, ob sie ihre Staatsbürgerschaft bereits geregelt haben.

Hausbesitzer, erkundigt euch bei euren Mietparteien nach Abgabe der Widerrufserklärung.

Geschäftsleute, werbet unter euren Kunden für die sofortige Widerrufung der Option.

Bekämpft die Unkenntnis,
die für viele unserer Landsleute so traurige Folgen haben wird!

Der 4. Mai ist der letzte Termin!

Appello agli optanti di presentare domanda di ri-opzione.
Aufruf an die Optanten, ihr Gesuch zur Rückoption abzugeben.

Die abschließende Verhandlung über das Optantengesetz sollte in Rom stattfinden. Die Delegation aus Südtirol bestand aus August Pichler, dem späteren SVP-Senator Luis Sand, Giulio Dell'Aira, Präsident des Bozner Sondergerichts, und Josef Raffeiner. Die Vierermannschaft reiste am 1. September um 11 Uhr vormittag von Bozen mit dem Auto nach Venedig ab, wo sie von einem Motorboot der Präfektur erwartet und zum Grand Hotel gebracht wurde. Tags darauf brachte das Flugzeug des Staatspräsidenten Enrico De Nicola die Delegation nach Rom. Im Flugzeug befand sich auch Josef Brandstätter, ein früherer Carabinierioffizier, der zu jenem Zeitpunkt dem Sekretariat des Staatspräsidenten zugeteilt war. Brandstätter sollte Jahre danach als Präsident der Südtiroler Sparkasse vorstehen.

In Rom wurden die vier Männer vom Bozner Präfekten Silvio Innocenti als Gäste der Regierung empfangen. An jenem 2. September, als De Gasperi mit Österreichs Außenminister Karl Gruber in Paris über die einzelnen Textstellen des "Pariser Abkommens" verhandelte, wurde auch im Ufficio Legislativo im Palazzo Viminale verhandelt. Anwesend waren die Delegation aus Bozen, Präfekt Silvio Innocenti, die Staatsräte Sorrentino und Leoni sowie Lorenzoni, Funktionär im Uffico Legislativo der Ministerpräsidentschaft. Die Verhandlungen zogen sich über zwei Tage hin. Dann, am 5. September, genehmigte der Ministerrat den Gesetzentwurf.

Pichler, Sand und Raffeiner nutzten in Rom die Zeit, um sich mit der alliierten Militärkommission in Verbindung zu setzen, bei der sie über die Entlassung der Südtiroler Kriegsgefangenen vorsprachen. Die römische Mission endete am 7. September, als die Delegation wieder nach Bozen zurückkehrte.

Der Gesetzentwurf war sehr großzügig angelegt, so daß nur einige hundert politisch kompromittierte Fälle von der Wiedererlangung der italienischen Staatsbürgerschaft ausgeschlossen waren. Doch die sehr liberale Lösung kam letztlich nicht zur Anwendung. Da sich im Pariser Vertrag die italienische Regierung verpflichtet hatte, innerhalb eines Jahres "im Geiste der Billigkeit und Weitherzigkeit die Frage der Staatsbürgerschaftsoptionen, welche sich aus dem Abkommen Hitler-Mussolini vom Jahre 1939 ergibt, neu zu re-

ta, e poi in Parlamento, ma inutilmente. Non gli rimaneva che comprarsi un paio di scarpe se non voleva presentarsi a De Gasperi in pantofole di feltro.

Il colloquio con De Gasperi ebbe luogo dalle ore 10 alle 11 dell'11 gennaio. Oltre ad altre questioni come il ritorno dei prigionieri di guerra ancora in Italia e i problemi dell'amministrazione locale, il presidente discusse con Erich Amonn e Josef Raffeiner soprattutto delle opzioni. A proposito delle quali Raffeiner sostenne la tesi che gli optanti erano soprattutto vittime del fascismo e del nazionalsocialismo e chiese l'annullamento del relativo accordo del 1939.

La delegazione della SVP ebbe successo. De Gasperi dichiarò che avrebbe provvisoriamente ritirato il disegno di legge e che avrebbe fatto riesaminare a fondo la questione. Prospettò anche la possibilità della nomina di una commissione consultiva locale al fine di discutere gli eventuali problemi con i rappresentanti politici del Sudtirolo.

Pichler non prese parte al colloquio come pur era stato previsto. Quando tuttavia, dopo l'incontro con De Gasperi, Amonn e Raffeiner tornarono in albergo, il loro bagaglio era inaspettatamente arrivato, ma Pichler non c'era. Come dovevano apprendere in seguito, l'auto di Pichler aveva avuto un guasto poco dopo Verona e non aveva potuto riprendere il viaggio, per cui Pichler era stato costretto a tornare a Bolzano. Appena giunto a Bolzano Raffeiner contattò subito il suo amico, il quale seppe così di prima mano l'esito dell'incontro con De Gasperi.

Anche se Pichler non fu presente a Roma in quest'occasione, è certo che svolse anche in seguito un importante ruolo nella revisione dell'accordo sulle opzioni. Pichler godeva generalmente fama di "specialista della riopzione per l'Italia" come si espresse Wolfgang Steinacker. Dall'aprile 1946 si riunì a Bolzano la commissione ventilata da De Gasperi, alla quale partecipavano anche rappresentanti della SVP. Insieme fu elaborato un progetto che ai primi di luglio il prefetto di Bolzano Silvio Innocenti inviò al governo italiano e che più tardi fu approvato dal consiglio dei ministri.

Alle trattative in merito partecipò anche August Pichler, che a tal fine ebbe frequenti incontri con Josef Raffeiner.

geln", glaubte die SVP, ein noch besseres Abkommen erreichen zu können und kündigte den von ihr mitbeschlossenen Gesetzentwurf am 20. September wieder auf. Lediglich Josef Raffeiner stimmte gegen den Rückzieher der Partei.

Es sollte allerdings bis zum 5. Februar 1948 dauern, bis das Gesetz zur "Revision der Optanten der Südtiroler" in Kraft trat. Ein Gesetz, das weit härter war und weit mehr Ausschließungsgründe beinhaltete als jenes vom September 1946. Außerdem hatte es weit länger als ein Jahr gedauert, bis die heikle Materie definitiv geregelt wurde.

Für die Verzögerung hatte unter anderem auch Österreichs Außenminister Karl Gruber gesorgt. Gruber hatte sechs Monate nach Abschluß des Pariser Vertrages bei einem Treffen am 5. März 1947 in Wien mit dem SVP-Politiker Karl Tinzl und dem Vertreter des Gesamtverbandes der Südtiroler in Österreich seinen Einsatz zur Lösung des Optantenproblems zum wiederholten Male bestätigt, erklärte aber, daß er vor Aufnahme von Verhandlungen mit Italien den österreichischen Staatsvertrag abschließen wolle. Dieses Hinauszögern nahmen die Südtirolvertreter dem Außenminister übel, der erst nach langem Überreden und der Androhung von Protestkundgebungen einlenkte.

Pichler hatte seinem Freund Josef Raffeiner über diese Haltung Grubers am 2. April 1947 berichtet. Ende März war er in Rom bei Ministerpräsident Alcide De Gasperi und seinem Bozner Präfekten Silvio Innocenti gewesen. Dabei hatte er in den Akten Innocentis ein Schreiben Grubers an die italienische Regierung gesehen. Darin antwortete Gruber auf die Einladung Italiens, die Verhandlungen zur Lösung der Optantenfrage aufzunehmen, er müsse zuvor noch einen Vertrag mit der Tschechoslowakei abschließen und dann nach Moskau zur Außenministerkonferenz fliegen. Raffeiner merkte dazu in seinem Tagebuch an, nach dieser Mitteilung Pichlers wundere er sich nicht, daß sich Gruber beim Treffen in Wien so ablehnend gegenüber den Forderungen der Südtiroler gezeigt habe. Aber Gruber hätte Tinzl zumindest reinen Wein einschenken sollen.

Auf Grund all dieser Erfahrungen bereute die SVP im nachhinein, nicht schon die bereits 1946 ausgehandelte Optionsrevision akzeptiert zu haben.

Gli incontri conclusivi per la definizione del disegno di legge per le opzioni dovevano aver luogo a Roma. La delegazione sudtirolese era composta da August Pichler, da Luis Sand, poi senatore, da Giulio dell'Aira, presidente del tribunale speciale di Bolzano e da Josef Raffeiner. Alle ore 11 del 1° settembre i quattro delegati partirono in automobile da Bolzano per Venezia, dove li aspettava un motoscafo della prefettura che li portò al Grand Hotel. Il giorno seguente furono trasportati a Roma dall'aereo del presidente della Repubblica Enrico de Nicola. Sull'aereo si trovava anche Josef Brandstätter, un tempo ufficiale dei carabinieri ed ora assegnato alla segreteria del presidente De Nicola. Anni dopo Josef Brandstätter sarebbe diventato presidente della Cassa di Risparmio dell'Alto Adige.

A Roma i quattro delegati furono ricevuti dal prefetto di Bolzano Silvio Innocenti a nome del governo. Quel giorno, il 2 di settembre, mentre De Gasperi discuteva a Parigi con il ministro degli esteri austriaco i singoli articoli dell'"Accordo di Parigi", anche nell'ufficio legislativo di palazzo Viminale fervevano altre trattative. Vi partecipavano oltre alla delegazione di Bolzano, il prefetto Silvio Innocenti, i consiglieri di stato Sorrentino e Leoni, nonché Lorenzoni, funzionario dell'ufficio legislativo della presidenza del consiglio. Le trattative durarono due giorni e il 5 settembre il consiglio dei ministri approvava il disegno di legge.

Pichler, Sand e Raffeiner approfittarono del loro soggiorno romano anche per incontrare la commissione militare alleata e discutere il rilascio dei prigionieri di guerra sudtirolesi. La loro missione a Roma ebbe termine il 7 settembre, quando fecero ritorno a Bolzano.

Il disegno di legge era generosamente concepito: soltanto poche centinaia di persone politicamente compromesse erano escluse dalla possibilità di riottenere la cittadinanza italiana. Tuttavia alla prova dei fatti anche questa soluzione molto liberale del problema non trovò applicazione. Poiché nel Trattato di Parigi il governo italiano si impegnava entro un anno a "rivedere, in uno spirito di equità e di comprensione, il regime delle opzioni di cittadinanza, quale risulta dagli accordi Mussolini-Hitler del 1939", la SVP cre-

Letztes Engagement und Abschied von der Politik

Ein letztes Mal betätigte sich August Pichler politisch bei den ersten Parlamentswahlen vom 18. April 1948. Diese Wahlen galten als Entscheidung zwischen "Christ und Antichrist", zwischen "Rom und Moskau" zwischen "Freiheit und Unterdrückung". Der Wahlkampf zwischen den von der DC angeführten bürgerlichen Parteien und der aus Kommunisten und Sozialisten bestehenden Volksfront wurde mit aller Härte geführt und ähnelte einem Feldzug zur Mobilisierung der Volksmassen.

Wie im restlichen Staatsgebiet ließ auch der Bischof von Brixen zwei Wochen vor den Wahlen von den Kanzeln der Kirchen verkünden: "Es können also die Gläubigen mit ruhigem Gewissen vom religiösen Standpunkt aus einer dieser Parteien die Stimme geben." Nämlich der SVP oder der DC.

Pichler war wie viele andere tief besorgt, daß die Volksfront die Wahlen gewinnen und die Regierung übernehmen könnte. In dieser Situation scheint Pichler bestrebt gewesen zu sein, ein politisches Einvernehmen zwischen SVP und DC herbeizuführen. Seine Argumentationslinie: Da es bei dieser Wahl auf jede einzelne Stimme ankomme, um die Volksfront zu verhindern, sei jede christliche Stimme für eine andere Partei als für die DC eine verlorene Stimme.

Doch mehr als zu einer rein formalen regionalen Wahlverbindung zwischen SVP und DC kam es nicht. Im Gegensatz dazu scheint sich Pichler aber aktiv innerhalb der DC engagiert zu haben. Dieses Engagement der "Deutschen Gruppe" innerhalb der DC führte zu scharfen Reaktionen der Tageszeitung Dolomiten. Am 12. April stand dazu im politischen Kommentar auf Seite 1 unter dem Titel "Edelweißliste und Regierungsbildung" geschrieben: "Es gibt manche, sonst wohlmeinende - und auch andere, weniger wohlmeinende - Leute, die sagen: Die Edelweiß-Liste ist gut und recht, aber gerade die paar Mandate, welche die Edelweiß-Liste bekommt, können dazu führen, daß die Kommunisten statt der Democristiani an die Regierung kommen. Nichts ist irriger als diese Meinung." Irrig deshalb, weil es klar sei, daß die künftigen Parlamentarier der SVP die DC-Regierung unterstützen werden.

dette di poter ottenere su quella base un accordo migliore di quello del disegno di legge che pur aveva contribuito a formulare, e il 20 settembre lo denunciò. Soltanto Josef Raffeiner votò contro questa decisione del partito.

Si doveva invece arrivare fino al 5 febbraio 1948 prima che entrasse in vigore la legge per la "revisione delle opzioni degli altoatesini". Una legge assai più dura, che conteneva molte più cause di esclusione che non il disegno del settembre 1946. Non solo, ma c'era voluto ancora più di un anno per giungere alla definitiva soluzione della scottante materia.

Al ritardo aveva contribuito anche il ministro degli esteri austriaco Karl Gruber: sei mesi dopo la firma dell'Accordo di Parigi, in un incontro con Karl Tinzl, esponente della SVP, ed i rappresentanti del "Gesamtverband der Südtiroler", l'associazione dei sudtirolesi in Austria, egli aveva assicurato il suo pieno impegno per la soluzione del problema degli optanti, ma poi aveva dichiarato che non avrebbe ripreso le trattative con l'Italia prima che fosse concluso il trattato di stato in corso di elaborazione. Rinvio che i rappresentanti sudtirolesi rimproverarono vivamente al ministro degli esteri, il quale cambiò opinione soltanto dopo lunghe discussioni e la minaccia di manifestazioni di protesta.

Di questo atteggiamento del ministro austriaco Pichler aveva informato il 2 aprile 1947 il suo amico Josef Raffeiner. Alla fine di marzo aveva visto a Roma il presidente De Gasperi e il prefetto Innocenti. In quell'occasione aveva avuto modo di prendere visione, nelle carte dell'Innocenti, di una lettera di Gruber al governo italiano, in cui, rispondendo all'invito dell'Italia a riprendere le trattative sulla questione delle opzioni, faceva presente che prima voleva concludere un trattato con la Cecoslovacchia e poi andare a Mosca per una conferenza dei ministri degli esteri. Nel suo diario Raffeiner annota in proposito che, dopo quanto gli ha detto Pichler, non si meravigliava della freddezza con cui Gruber aveva accolto a Vienna le pressanti richieste dei sudtirolesi; ma Gruber, scrive Raffeiner, avrebbe dovuto almeno dare delle buone rassicurazioni a Tinzl.

Dopo tutte queste vicende la SVP ebbe modo di rimpiangere a

Die Auseinandersetzung zwischen DC und SVP wurde kurz vor den Wahlen und noch am Wahltag selbst mit aller Härte geführt. Allerdings erfolgte der Schlagabtausch nicht zwischen Partei und Partei, zumal DC und SVP eine Wahlverbindung eingegangen waren, sondern stellvertretend über die Tageszeitung Dolomiten.

Zwei Tage vor den Wahlen schrieb das Tagblatt mit einem Seitenhieb auf die "Deutsche Gruppe" der DC: "Ein wahrer Tiroler verleugnet um keinen Preis den Glauben, aber auch nicht die Heimat." Und einen Tag zuvor: "Man will uns spalten unter dem Vorwand, den Glauben zu schützen." Am Wahltag selbst holten die Dolomiten unter dem Titel "Ordinäres Plakat" nochmals aus. Tags zuvor waren nämlich deutschsprachige Plakate mit folgendem Wortlaut aufgetaucht: "Südtiroler. Hört nicht auf die Wölfe im Schafspelz! Es gibt keine Zwischenlösung. Gebt der DC eure Stimmen, denn es geht in erster Linie um euren Glauben. Für diesen kämpft nur die DC."

Mit Bezug auf diese Plakataktion schrieb Chefredakteur Rudolf Posch, andauernd werde der SVP vorgeworfen, "diese tue der antikommunistischen und erst recht der katholischen Front Abbruch." Obgleich der Bischof die SVP als katholische Liste bezeichnet habe, "würde von den Propagandisten der Democristiani unentwegt gegen die Edelweißliste agitiert, und zwar sowohl von den italienischsprachigen Propagandisten als auch von den paar deutschsprachigen." Das Plakat sei eine "bodenlose Gemeinheit".

In einem Leserbrief an Kanonikus Michael Gamper, Direktor des Athesia-Verlags, mit der Aufschrift "Christliche Demokratie - Deutsche Gruppe" wehrte sich der unbekannte Schreiber gegen die Angriffe der Tageszeitung Dolomiten. Insbesondere verwahrte sich die Gruppe gegen die Anschuldigung, sie hätte das Plakat verbreitet.

Interessant am Schreiben der "Deutschen Gruppe" an Michael Gamper ist vor allem, daß in der Polemik mit der Tageszeitung Dolomiten ein politisches Strickmuster zum Vorschein kommt, das sich über all die Jahre hinweg wiederholen sollte. Die "Deutsche Gruppe" der DC beschuldigte die Schriftleitung der Tageszeitung, es sei "undemokratisch (..) zu verlangen, daß alle nur eine Parteigesinnung haben müssen, wodurch an jene traurige Zeit erinnert wird, wo man

lungo il fatto di non aver accettato la proposta di revisione, frutto delle trattative del 1946.

L'ultimo impegno e il congedo dalla politica

L'ultimo impegno politico di August Pichler fu in occasione delle elezioni per il parlamento del 18 aprile 1948. Elezioni che nella propaganda di quegli anni erano presentate come una scelta fra Cristo e Anticristo, fra Roma e Mosca, fra libertà e oppressione. La battaglia elettorale condotta dalla DC, alla testa dei partiti borghesi, e dai comunisti e socialisti del Fronte popolare fu di una durezza estrema e assomigliò a una vera e propria campagna di mobilitazione delle masse popolari.

Due settimane prima delle elezioni anche il vescovo di Bressanone, come nelle altre regioni italiane, fece proclamare dai pulpiti delle chiese che "i fedeli potevano con tranquilla coscienza dare il loro voto a uno di questi partiti", intendendo alla SVP o alla DC.

Come molti altri Pichler era seriamente preoccupato che il Fronte popolare potesse vincere le elezioni e prendere il governo del paese. Perciò egli appare molto impegnato a cercare un accordo fra la SVP e la DC: poiché in queste elezioni - egli argomentava - è importante ogni singolo voto se si vuole impedire la vittoria del Fronte, ogni voto dato ad altri partiti che non siano la DC, è un voto perduto.

Nonostante i suoi sforzi non si giunse, tuttavia, a niente di più di un collegamento elettorale puramente formale a livello regionale fra DC e SVP. Personalmente Pichler appare invece impegnato molto attivamente all'interno della DC, tanto da suscitare le forti reazioni da parte del quotidiano Dolomiten contro il "Gruppo tedesco" della DC. Il 12 aprile, in un commento politico della situazione, si potevano leggere, in prima pagina sotto il titolo "Lista dell'Edelweiss e formazione del governo", le seguenti considerazioni: "Ci sono persone, a volte ben intenzionate, altre volte assai meno, che dicono: la lista dell'Edelweiss è buona e giusta, ma quei pochi mandati che essa ottiene, possono far sì che al governo giungano i comunisti invece dei democristiani. Niente è più sbagliato di

CHRISTLICHE DEMOKRATIE - DEUTSCHE GRUPPE

Auf Grund des Artikels 8 des Pressegesetzes vom 8.Februar 1948 ersuchen wir höflichst unsere Stellungnahme zum Leitartikel: "Ein notwendiges Nachwort" zu den Parlamentswahlen in Südtirol, veröffentlicht in Ihrer werten Zeitung N° 103 vom 5.Mai 1948 verlautbaren zu wollen:

Schon zu wiederholtenmalen war die Christliche Demokratie (D.C.) und im Besonderem die deutsche Gruppe das Ziel heftigster Angriffe durch die Tageszeitung Dolomiten. Wenn in diesen Angriffen auch nicht immer die deutsche Gruppe genau bezeichnet wurde, so hatte man doch bei der Bevölkerung allgemein den Eindruck, dass die Hiebe vor allem dieser Gruppe zu gelten haben, wobei deren Mitglieder gleichsam als Volksverräter und noch schlimmer als "unbotmässige Katholiken" hingestellt und so zum Freiwild dem eigenen Volke gegenüber erklärt wurden.

Grund zu diesen bedauerlichen Angriffen gab besonders ein während der Wahlpropaganda veröffentlichter Maueranschlag, der in den Dolomiten vom 19.April als "ordinäres Flakat" näher behandelt wurde. Wir stellen fest, dass diese Beschuldigung uns in keiner Weise treffen kann, indem das beanstandete Plakat weder von uns angeregt, noch von uns verfasst und in Druckauftrag gegeben wurde, sondern dasselbe ohne unser Wissen verfasst und angeschlagen wurde. All unser gesamtes Werbematerial führt die deutliche Bezeichnung "Christliche Demokratie Deutsche Gruppe" und war auf den klaren Kampf gegen den Komunismus abgestellt. Obgleich den verantwortlichen Herren der Schriftleitung nachträglich bekannt wurde, dass wir mit diesem Plakate absolut nicht zu tun gehabt haben, wurde dennoch auf dasselbe Bezug genommen.

Noch befremdender erweist sich die feindselige Stellung der Dolomiten gegen die Deutsche Gruppe der D.C., indem hier des Guten zuviel geleistet wird, da doch die Tageszeitung Dolomiten unseres Wissens nicht das Parteiorgan der Südtiroler Volkspartei ist, sondern der "Volksbote" es ist. Die Aufgabe der "Dolomiten" welche den Anspruch erhebt "die katholische Tageszeitung der Südtiroler zu sein" besteht wahrhaft nicht darin, einen Parteikampf in die Bevölkerung hineinzutragen.

Brief der "Deutschen Gruppe" in der DC an den Direktor des Athesia-Verlags Michael Gamper (April 1948)

Lettera del "Gruppo tedesco" nella Democrazia Cristiana al direttore della casa editrice Athesia Michael Gamper (aprile 1948).

questa opinione." Sbagliata, è chiaro, perché i parlamentari della SVP avrebbero sostenuto il governo della DC.

Il confronto fra la DC e la SVP si protrasse con ogni durezza fino al giorno stesso delle elezioni, ma non direttamente fra i due partiti che avevano stretto una sia pur formale alleanza elettorale, bensì tramite il quotidiano Dolomiten. Ancora due giorni prima delle elezioni il giornale, infatti, interveniva con un attacco al Gruppo tedesco nella DC: "Un vero tirolese non rinnega a nessun prezzo la sua fede, ma nemmeno la sua patria." E il giorno prima: "Si cerca di dividerci con il pretesto di difendere la fede." Il giorno delle elezioni il Dolomiten tornava all'attacco con il titolo "Bassezza di un manifesto", in quanto giorni prima erano apparsi dei manifesti in lingua tedesca che dicevano: "Sudtirolesi, non date retta ai lupi in veste di agnello! Non esistono soluzioni intermedie: o date il vostro voto alla DC oppure mettete a repentaglio soprattutto la vostra fede. Per essa si batte soltanto la DC." Riferendosi a questi manifesti il redattore capo Rudolf Posch lamentava che si continuasse a rimproverare alla SVP "di portare allo sfaldamento del fronte anticomunista, del vero fronte cattolico"; benché il vescovo avesse definita cattolica la lista della SVP, "i propagandisti della DC continuavano a combattere l'Edelweiss, e questo non solo ad opera dei propagandisti italiani ma anche di quel gruppetto di tedeschi che stanno con loro". Il loro manifesto doveva considerarsi quindi "una bassezza senza nome."

In una lettera rivolta al canonico Gamper, direttore della casa editrice Athesia, riportata dal giornale con il titolo "Democrazia cristiana - Gruppo tedesco", l'anonimo lettore protestava contro gli attacchi del Dolomiten alla DC e in particolare per avere attribuito la diffusione del manifesto incriminato al Gruppo tedesco.

Peraltro nella polemica del Dolomiten è interessante soprattutto rilevare la presenza di un cliché destinato a ripetersi spesso negli anni successivi. Il Gruppo tedesco accusava la redazione del quotidiano di "non essere democratica (...) nel pretendere che tutti i sudtirolesi debbano aderire allo stesso partito, il che faceva pensare ai tristi tempi in cui era chiamato traditore del popolo chi non la pensava come il partito nazista. Non è proprio fra i compiti della dire-

zum Volksverräter gestempelt wurde, wenn man sich nicht zur Gesinnung der NSDAP bekannte. (..) Uns die Volkszugehörigkeit abzusprechen steht wahrlich nicht in den Befugnissen der Schriftleitung einer Tageszeitung."

Am tiefsten wurde im Schreiben der Satz im Kommentar von Rudolf Posch bedauert, "in der Bevölkerung Südtirols wird christliche Politik entweder im Rahmen des eigenen Volkes gemacht oder überhaupt nicht". Es klinge fast wie der Grundsatz nach der Glaubensspaltung "cuius regio, eius religio".

Dieses politische Strickmuster gegen die deutschsprachigen Mitglieder in der DC sollte sich in den Jahren danach gegenüber jenen wiederholen, die sich aus weltanschaulichen Gründen in anderen Parteien als in der SVP engagierten. Wer sich außerhalb der SVP für Demokratie, soziale Gerechtigkeit, Autonomie und ein friedliches und konstruktives Zusammenleben unter den Sprachgruppen einsetzte, dem wurde die "Volkszugehörigkeit" abgesprochen.

Auch August Pichler mußte diese bittere Erfahrung machen, obgleich es an seinem Einsatz für den Schutz der Minderheit und für die Autonomie wahrlich nicht mangelte. Weltanschauliche Differenzen hatten ihn abgehalten, sich der SVP anzuschließen, nicht der Einsatz für eine gerechte Lösung der Südtirolfrage.

Nach den Parlamentswahlen vom 18. April 1948 scheint August Pichler die Politik endgültig an den Nagel gehängt zu haben. Seine Zeit in der Consulta lag bereits zwei Jahre zurück, das Autonomiestatut war verabschiedet, das Optionsabkommen revidiert worden, die Arbeit im Bereich der Entnazifizierung und Epurazione abgeschlossen, die Parlamentswahl gegen die Volksfront gewonnen.

Pichler hatte in diesen drei Jahren versucht, einen Beitrag zur Versöhnung der Sprachgruppen zu leisten, auch wenn er dabei nicht sehr erfolgreich gewesen war. Mit dem 18. April war die Ausnahmesituation, die das Kriegsende mit sich gebracht hatte, vorbei. Pichler hatte sich in dieser Ausnahmesituation zur Verfügung gestellt, jetzt waren andere am Zug. In der SVP wurden die harten Volkstumskämpfer immer stärker, in der DC hatten die nationalistischen Exponenten die politische Führung übernommen. Da hatten seine Vorstellungen über eine Autonomie, die allen Sprachgruppen gehör-

August Pichler (al centro) con altri avvocati in occasione della processione del Corpus Domini a Bolzano (fine degli anni quaranta).

August Pichler (in der Mitte) mit anderen Rechtsanwälten bei der Fronleichnamsprozession in Bozen (Ende der 40er Jahre).

zione di un giornale negarci l'appartenenza al nostro popolo." Vi si criticava in particolare quella frase del redattore Posch in cui si affermava che "nella popolazione tedesca del Sudtirolo la politica cristiana o la si faceva col proprio popolo o non la si faceva per nulla", un'affermazione, si diceva, che suonava come l'antico motto delle guerre di religione "cuius regio, eius religio".

Questo cliché polemico contro i membri tedeschi della DC doveva poi ripetersi negli anni seguenti contro tutti coloro che per motivi ideali ritennero giusto militare in partiti diversi dalla SVP. A chi fra i sudtirolesi di lingua tedesca si batteva fuori della SVP per la democrazia, per la giustizia sociale, per l'autonomia e per una pacifica e costruttiva convivenza fra i gruppi etnici, era negata la stessa "appartenenza al popolo sudtirolese".

Anche ad August Pichler non fu risparmiata questa amara esperienza, benché non gli si potesse certo rimproverare scarsità di impegno nella difesa della minoranza e per l'autonomia. Ciò che gli

te und von allen mitgetragen und mitgestaltet werden sollte, keinen Platz mehr.

Wegen seiner hohen moralischen Reputation, die er genoß, wurde Pichler in den Aufsichtsrat der Sparkasse gewählt. Eine besondere Genugtuung empfand er aber, als er in der Sitzung vom 7. Mai 1948 einstimmig zum Landesjägermeister gewählt wurde und dieses Amt bis zum Jahre 1953 ausübte. Nachdem er wegen seiner angeschlagenen Gesundheit dieses Amt zurücklegen mußte, blieb er dennoch noch weitere vier Jahre im Vorstand.

Landesjägermeister August Pichler auf der Jagd (50er Jahre).
Il presidente della Sezione Provinciale della Federcaccia August Pichler a caccia.

Pichler hat den Wiederaufbau des Südtiroler Jagdverbandes nach dem Krieg ganz wesentlich vorangetrieben. Es ist denn auch nicht weiter verwunderlich, daß der Jagdverband, genauso wie der Fischereiverein Bozen, dem Pichler ebenfalls einige Jahre als Präsident vorstand, eine Vereinigung geblieben ist, in der alle drei Sprachgruppen des Landes organisiert sind. Ein von Pichler vertretener Grundsatz der Zusammenarbeit unter den Sprachgruppen, den er zumindest in diesen beiden Verbänden realisieren konnte.

Pichler war bereits vor dem Krieg ein leidenschaftlicher Jä-

aveva impedito di aggregarsi alla SVP, infatti, erano motivazioni ideali, non certo un minor impegno per una giusta soluzione della questione sudtirolese.

Dopo le elezioni del 18 aprile 1948 per il Parlamento Pichler sembra aver abbandonato definitivamente l'attività politica: due anni erano ormai trascorsi dal suo lavoro nella Consulta, nel frattempo lo statuto di autonomia era diventato realtà, era stata portata a termine la revisione dell'accordo sulle opzioni, concluso il lavoro di denazificazione ed epurazione, vinta la battaglia contro il Fronte popolare.

Nei tre anni del suo lavoro politico Pichler aveva cercato, anche se non sempre con successo, di dare il suo contributo alla pacificazione fra i gruppi linguistici. Con il 18 aprile cessava la situazione di emergenza del dopoguerra; in quella difficile fase Pichler aveva messo a disposizione se stesso, il suo lavoro, le sue capacità; altri adesso avevano preso la guida, che egli non poteva approvare. Nella SVP si facevano di giorno in giorno più forti gli intransigenti, nella DC avevano preso il sopravvento gli esponenti nazionalisti. In tale situazione per la sua visione di un'autonomia appartenente a tutti i gruppi linguistici, chiamati egualmente a costruirla e rafforzarla, non c'era più posto.

Grazie alla reputazione morale di cui generalmente godeva, fu chiamato a far parte del consiglio di vigilanza della Cassa di Risparmio della provincia di Bolzano. Uno speciale motivo di soddisfazione dovette essere per lui la nomina, nella seduta del 7 maggio 1948, a presidente della sezione provinciale della Federcaccia, carica che ricoprì fino al 1953, quando dovette rinunciarvi per ragioni di salute, pur rimanendo altri quattro anni nel consiglio di sorveglianza.

Pichler ha dato un contributo essenziale alla ricostituzione, dopo la guerra, dell'Associazione caccia dell'Alto Adige, così come dell'Associazione dei pescatori di Bolzano, del quale fu pure presidente per alcuni anni. Ne fece due associazioni aperte a tutti i gruppi etnici, realizzando in tal modo, almeno nei due sodalizi, il principio da lui sempre difeso della collaborazione fra i gruppi linguistici.

ger gewesen. Sein Jagdrevier war in St. Vigil in Enneberg, und mit besonderer Vorliebe durchstreifte er die Fanes. Die Jagdleidenschaft teilte er auch mit dem Präsidenten der ENI, dem später bei einem Flugzeugabsturz verunglückten Enrico Mattei, der ihn oft zur Jagd abholte, wenn er in Südtirol weilte.

August Pichler war seit seinem Exil in der Schweiz gesundheitlich angeschlagen. Seinen ersten Herzinfarkt erlitt er 1958. Es war der Beginn eines vierjährigen Leidensweges. Neben seinem Herzleiden erkrankte er später auch noch an Leukämie. Pichler starb am 16. April 1963.

Gegen den Strom

Pichler blieb zeit seines Lebens ein Mensch, der gegen den Strom schwamm. Nicht aus reinem Widerspruchsgeist, sondern weil er davon überzeugt war. Trotz des aufgeheizten nationalistischen Klimas zu Beginn des Jahrhunderts, trotz seiner Erfahrungen im Ersten Weltkrieg an der Front, trotz seiner unliebsamen Begegnung mit der italienischen Staatsmacht zu Beginn der zwanziger Jahre, trotz der Unterdrückung durch den Faschismus wußte Pichler immer zu unterscheiden zwischen den Menschen und den Vertretern des staatlichen und politischen Systems. Er lehnte den italienischen Faschismus ab, nicht die italienischen Mitbürger. Eine Haltung, die sich unter anderem auf seine kulturelle Sozialisation in einem mehrsprachigen Dorf wie in seiner Heimatgemeinde Branzoll zurückführen läßt.

Noch viel schwieriger war es vielleicht, dem Gesang der Nachtigallen zu widerstehen, den die heimischen Nationalsozialisten anstimmten, um die Südtiroler und Südtirolerinnen "heim ins Reich" zu führen. Pichler nahm Anfeindungen und die Flucht ins Exil in Kauf, um seiner Überzeugung treu zu bleiben.

Pichler hätte nach 1945 in den Reihen der neugegründeten Südtiroler Volkspartei Karriere machen können. Dies lehnte er ab, weil er nicht bereit war, einer Politik zuzustimmen, die bereits wieder von jenen mitbestimmt wurde, die ihn noch Monate zuvor am liebsten in ein Konzentrationslager gesteckt hätten.

Seine Entscheidung, mit dem italienischen Staat als Vertreter Südtirols in der Consulta Nazionale zusammenzuarbeiten, um für sein

Già prima della guerra Pichler era stato un appassionato cacciatore. La sua riserva preferita era quella di San Vigilio di Marebbe e le montagne di Fanes. Condivideva la sua passione per la caccia anche con Enrico Mattei, allora presidente dell'ENI e più tardi vittima di un incidente aereo, il quale spesso lo voleva con sé nelle partite di caccia durante i suoi soggiorni in Alto Adige.

Dopo la dura esperienza dell'esilio svizzero la sua salute s'era fatta cagionevole. Nel 1958 fu colpito da un primo infarto, che segnò l'inizio di un periodo difficile durato quattro anni, durante i quali si ammalò anche di leucemia. August Pichler morì il 16 aprile 1963.

Contro corrente

In tutta la sua vita Pichler fu un uomo che non esitava, all'occorrenza, a muoversi contro corrente. Non per puro spirito di contraddizione, ma per obbedire alle sue più profonde convinzioni. Nonostante l'acceso clima nazionalistico scatenatosi all'inizio del secolo, nonostante le sue esperienze al fronte durante la prima guerra mondiale, nonostante il deludente incontro con lo stato italiano dopo l'annessione del Sudtirolo, nonostante l'oppressione subita dal suo popolo durante la dittatura fascista, Pichler seppe sempre distinguere fra gli uomini e i rappresentanti del potere politico e dello stato. Egli respinse il fascismo italiano, ma non per questo i concittadini italiani. Un atteggiamento maturato in lui anche grazie al clima socio-culturale di un paese plurilingue come Bronzolo, nel quale era nato e aveva vissuto i suoi primi anni.

Molto più difficile fu forse per lui resistere alle allettanti prospettive dei suoi stessi compatrioti seguaci del nazionalsocialismo, che promettevano a tutti i sudtirolesi una nuova patria nel grande Reich tedesco. Il suo rifiuto gli costò molte inimicizie, persecuzioni e infine la fuga in esilio, pur di rimanere fedele alle sue convinzioni.

Dopo la guerra, nel 1945, egli avrebbe potuto far carriera nelle file del nuovo partito della Südtiroler Volkspartei. Ma anche in questo caso fu costretto a rifiutare perché non era disposto ad approvare una politica che veniva determinata col concorso di quelle

Land eine weitreichende Autonomie zu erreichen, brachte ihn in Gegensatz zur Politik der Südtiroler Volkspartei und Österreichs. Diese lehnten eine Zusammenarbeit mit Rom kategorisch ab, um nicht das Recht auf Selbstbestimmung zu präjudizieren. Doch Pichler war bereits im Sommer 1945 überzeugt, daß der Zug für die Selbstbestimmung abgefahren sei.

Die Zukunft des Landes sah er in einer Zusammenarbeit unter den Sprachgruppen in Südtirol und mit den Trentinern innerhalb eines regionalautonomistischen Rahmens. Je früher man deshalb ans Werk schritt, war er überzeugt, um so solider konnte eine solche Autonomie ausfallen.

Zu dieser Überzeugung hatte ihn in erster Linie seine idealisierte Vorstellung der Habsburgermonarchie als Vielvölkerstaat gebracht, in dem nach seiner Meinung die einzelnen Völker und Sprachgruppen über Jahrhunderte friedlich miteinander gelebt hatten. Der Nationalitätenstreit hingegen hätte der Monarchie das Grab geschaufelt. Eine solche Tragödie, die sich in den Zweiten Weltkrieg verlängerte, sollte sich nicht ein zweites Mal wiederholen.

Die jahrhundertelange Zusammengehörigkeit und Zusammenarbeit zwischen Tirolern und Trentinern war für ihn Ausgangspunkt für seine Überlegung, daß die Autonomie innerhalb eines regionalen Rahmens am besten aufgehoben sei. Eine Position, die auch von den Liberalen innerhalb der Volkspartei vertreten wurde.

Pichlers "naiver Kosmopolitismus" speiste sich vor allem aus seiner tiefen Religiosität. Die Überzeugung, daß Südtirol innerhalb des italienischen Staates seine Grundrechte ungetrübt werde ausüben können, stammte auch daher, daß er im katholischen Italien und im katholischen Ministerpräsidenten Alcide De Gasperi eine Gewähr dafür sah. Nicht mehr die Nationalstaaten sollten Bezugspunkt der Politik sein, sondern das Europa der Völker.

Mit ein Grund für diese seine Haltung dürfte auch gewesen sein, daß Österreich 1945 von den vier alliierten Mächten besetzt war, darunter auch von der Sowjetunion. 1945 war es noch nicht absehbar, ob Österreich in die Einflußsphäre der Sowjetunion fallen würde. Die Wahl zwischen einem kommunistischen Österreich und einem katholischen Italien stellte sich für Pichler überhaupt nicht.

La famiglia Pichler in una foto a Villa Teresia (Gries). Da sinistra a destra: Paul, Norbert, Peter, Gusti, Günther, Luis. Seduti i genitori Hermine e August Pichler.

Die Familie Pichler in einer Aufnahme in der Villa Theresia (Gries). Von links nach rechts: Paul, Norbert, Peter, Gusti, Günther, Luis. Sitzend die Eltern Hermine und August Pichler.

stesse persone che solo pochi mesi prima lo avrebbero volentieri spedito in un campo di concentramento tedesco.

La sua decisione di collaborare con lo stato italiano come rappresentante del Sudtirolo nella Consulta nazionale al fine di dare al suo paese un'ampia autonomia, lo mise in contrasto con la linea politica della SVP e dell'Austria, le quali respingevano categoricamente ogni forma di collaborazione per non pregiudicare il conclamato diritto all'autodeterminazione. Se non che già nell'estate del 1945 Pichler aveva maturato la convinzione che quel treno era ormai perduto.

Il futuro del suo paese non poteva fondarsi, a suo giudizio, che sulla collaborazione fra tutti i gruppi linguistici non solo dell'Alto Adige, ma anche del Trentino all'interno di una valida autonomia regionale. Era sua convinzione che quanto prima ci si fosse messi al lavoro in tal senso, tanto più solida sarebbe stata l'autonomia.

August Pichler mit seinem Sohn August auf dem Weg in ihre Rechtsanwaltskanzlei (50er Jahre)
August Pichler con il figlio August verso il loro studio legale (anni cinquanta).

Tale suo convincimento si fondava innanzi tutto su una visione abbastanza idealizzata della monarchia asburgica plurinazionale, nella quale, secondo lui, i popoli erano vissuti insieme per secoli pacificamente e che poi il conflitto nazionalistico aveva portato alla rovina. Una tragedia prolungatasi ancora nella seconda guerra mondiale, e che non doveva mai più ripetersi.

L'esperienza della secolare, pacifica convivenza e collaborazione fra tirolesi e trentini durante la monarchia stava alla base della sua convinzione che l'autonomia sarebbe stata meglio difesa in un ambito regionale. Una posizione questa condivisa anche dai liberali presenti nella SVP.

L'"ingenuo cosmopolitismo" di August Pichler traeva alimento soprattutto dalla sua profonda religiosità, ma vi influiva certamente anche la particolare situazione in cui si trovava l'Austria alla fine della guerra. Occupata dalle quattro potenze alleate, fra cui l'Unione sovietica, non era ancora chiaro nel 1945 se non sarebbe finita nella sfera d'influenza russa. Per Pichler la scelta fra un'Austria comunista e un'Italia cattolica non presentava dubbi e rafforzava la sua convinzione che il Sudtirolo avrebbe potuto godere dei suoi diritti fondamentali anche all'interno dello stato italiano, in un'Italia cattolica e guidata da un cattolico come De Gasperi. La politica non doveva più guardare agli stati nazionali, ma all'Europa dei popoli.

Le sue convinzioni religiose spiegano anche la sua adesione alla battaglia politica con la DC nelle elezioni del 1948. Il partito cattolico non poteva perdere nessun voto nel confronto con il Fronte popolare social-comunista. Concludere da questo che per la DC Pichler sia stato soltanto "un utile idiota" è ingiusto e sbagliato. In molte questioni concrete Pichler ha lealmente collaborato con la SVP e senza riguardo a considerazioni di bassa politica di partito, ha dato le dimissioni da vicesindaco di Bolzano, quando si accorse che la morale era sopraffatta da interessi clientelari, in cui erano coinvolti i partiti italiani, DC compresa. Con ciò egli dimostrava l'esistenza di una superiore idea della politica, che andava al di là dell'appartenenza a un gruppo linguistico.

Pichler fu uno dei primi sudtirolesi convinti della bontà di una politica interetnica, capace di abbracciare e risolvere tutte le

Seine tiefe Religiosität erklärt auch, daß Pichler bei den Parlamentswahlen von 1948 für die DC Werbung betrieben hat. Der katholischen Partei sollte im politischen Wettrennen mit der Volksfront keine Stimme verlorengehen.

Daraus zu schließen, daß Pichler ein "nützlicher Idiot" der DC gewesen sei, geht in die falsche Richtung. Pichler hat in vielen Sachfragen mit der SVP zusammengearbeitet und ohne Rücksicht auf parteipolitische Erwägungen sein Amt als Vizebürgermeister von Bozen zurückgelegt, als er merkte, daß die Moral in der Politik von klientelistischen Praktiken überlagert wurde. Pichler wollte damit aufzeigen, daß es neben der Zugehörigkeit zu einer Sprachgruppe eine übergeordnete Idee von Politik gibt.

Pichler war einer der ersten Südtiroler, der von einer sprachgruppenübergreifenden, interethnischen Politik überzeugt war. Die Zukunft des Landes sah er nicht in einer ethnisch getrennten Gesellschaft, sondern in der Zusammenarbeit unter den Sprachgruppen bei Wahrung und Achtung der jeweiligen Rechte. Deshalb glaubte er auch weniger an eine juristisch bis ins Detail ausgefeilte Norm-Autonomie, sondern eher an die normative Kraft des Faktischen und an den guten Willen der Sprachgruppen. Der unverbesserliche Optimist und praktizierende Katholik, der grundsätzlich an das Gute im Menschen glaubte, war seiner Zeit ein gutes Stück voraus.

Weil er aber an diese Zusammenarbeit unter den Sprachgruppen glaubte und nicht an ihre Trennung, wurde ihm vom politischen Establishment abgesprochen, ein Südtiroler zu sein. Besonders bitter muß für ihn gewesen sein, daß sich darunter auch jene befanden, mit denen er in der Zeit der Option gegen die Wahnsinnsideen der Nationalsozialisten gekämpft hatte, allen voran Kanonikus Michael Gamper.

Gamper steht für den anderen politischen Weg, den zu Pichler entgegengesetzten. Der Kanonikus forcierte die ethnische Integrations- und Volkstumspolitik und schüttete als erster die Gräben zwischen "Dableibern" und "Gehern" zu, auch wenn die Feindschaften unterschwellig bestehen blieben. Und er setzte einzig auf die Selbstbestimmung, selbst dann, als die Würfel längst zuungunsten Südtirols gefallen waren.

differenze esistenti nella popolazione: il futuro della sua terra non poteva essere una società etnicamente separata, ma la collaborazione dei gruppi linguistici per la difesa e lo sviluppo dei diritti di ognuno. Anche per questa ragione egli aveva scarsa fiducia in una normativa autonomistica da definirsi giuridicamente in ogni dettaglio, credeva piuttosto alla forza normativa dei fatti concreti e alla fondamentale buona volontà dei popoli. L'incorreggibile ottimista e il cattolico praticante, che credeva nella fondamentale bontà dell'uomo, dimostrava così di essere molto più avanti del suo tempo.

Poiché egli credeva alla collaborazione fra i gruppi linguistici e non alla loro segregazione, l'establishment politico allora dominante gli negò perfino il diritto di considerarsi un sudtirolese. Un rifiuto che per lui dovette essere particolarmente amaro, perché fra i suoi nuovi avversari si trovavano anche parecchi di coloro con cui al tempo delle opzioni aveva combattuto le folli idee dei nazisti, primo fra tutti Michael Gamper.

Gamper rappresentava l'altra via politica, opposta a quella di Pichler. Il canonico accelerava l'integrazione all'interno del gruppo tedesco e la politica etnica, colmando per primo la frattura tra "Dableiber" e "optanti", anche se i rancori covavano sotto la cenere. E puntava tutto sull'autodeterminazione, perfino quando i giochi erano già da tempo fatti a sfavore del Sudtirolo.

Egli impersonava la politica dello scontro con l'Italia e con gli italiani dell'Alto Adige, Pichler e con lui i "vecchi liberali" all'interno della Volkspartei la politica della cooperazione.

August Pichler in einer Aufnahme der 50er Jahre.
August Pichler in una foto degli anni cinquanta.

Gamper vertrat die Politik der Konfrontation mit Italien und mit den Italienern im Lande, Pichler und mit ihm die "Alt-Liberalen" in der Volkspartei eine Politik der Kooperation. Von den Befürwortern einer solchen Poilitik exponierte sich Pichler am stärksten.

Es braucht einen deshalb nicht zu wundern, daß August Pichler aus der Erinnerung der Südtiroler und Südtirolerinnen schon bald verdrängt wurde. Den damaligen heute noch lebenden Spitzenexponenten der SVP sagt der Name August Pichler so gut wie nichts. Daß überhaupt ein Südtiroler in der Consulta Nazionale vertreten war, ist völlig unbekannt. Und wer sich noch dunkel an Pichler erinnert, nennt ihn eine Randfigur der Südtiroler Politik. In der umfangreichen Literatur zur Südtirolfrage wird er in der Regel nur im Zusammenhang mit der Revision des Optionsabkommens zitiert.

Pichler war politisch gesehen ein unbequemer Mensch, weil er ein Querdenker war, der bei vielen eine intellektuelle Unruhe hervorrief. Die Reaktionen, die ihn zeitweise zum Außenseiter machten, waren dementsprechend. In dem von seinem Freund und Rechtsanwaltskollegen Josef Grasser verfaßten und am 20. April 1963 in den Dolomiten erschienenen Nachruf wird darauf hingewiesen, wenn dieser schrieb: "Mochten seine Ansichten und Wege von anderen nicht immer geteilt werden, zweifelte niemand an der Lauterkeit seiner Gesinnung. Im wechselvollen Zeitgeschehen seines Lebens blieb er der aufrechte, echt christliche Tiroler, der kein Hehl aus seinem Glauben machte."

Das offene Bekenntnis zu seiner Gesinnung bedeutete zugleich, daß sich der Mantel des Schweigens und Verdrängens über ihn legte. Doch am 100. Geburtstag von August Pichler ist es an der Zeit, dem Branzoller Rechtsanwalt seinen gebührenden Platz in der Geschichte Südtirols zuzuweisen.

Tra i fautori di tale politica Pichler fu quello che si espose più di ogni altro.

Non fa quindi meraviglia che ben presto Pichler sia stato emarginato dalla memoria collettiva dei suoi compatrioti. Per molti di coloro che erano stati gli esponenti di punta della SVP, ancora oggi viventi, il nome di August Pichler non dice quasi niente. Si ignora perfino che della Consulta abbia fatto parte anche un sudtirolese. Nell'ampia letteratura sulla questione altoatesina il suo nome compare di solito soltanto in relazione alla revisione dell'accordo sulle opzioni.

L' ultima foto di August Pichler, già segnato dalla malattia.

Letzte Aufnahme des bereits von der Krankheit gezeichneten August Pichler.

Dal punto di vista politico Pichler fu un uomo scomodo, perché era un uomo che pensava con la sua testa e ciò provocava in molti inquietudine intellettuale. Da ciò le reazioni che talvolta ne fecero un uomo isolato. Vi si allude nel necrologio che gli ha dedicato il suo amico e collega, avvocato Josef Gasser, apparso il 20 aprile 1963 nel Dolomiten, là dove si dice: "Anche se le sue convinzioni e le strade da lui percorse non sempre erano condivise dagli altri, nessuno ha mai dubitato dell'onestà delle sue intenzioni. Nelle alterne vicende del suo tempo e della sua vita egli rimase sempre un probo, autentico tirolese cristiano, che non ha mai nascosto la sua fede."

Con il pubblico riconoscimento dell'onestà dei suoi intenti si volle calare sulla sua figura politica l'ombra del silenzio e della rimozione. A cento anni dalla sua nascita è tempo di restituire all'avvocato di Bronzolo August Pichler il posto che giustamente merita nella storia della sua terra.

Literatur - Bibliografia

Camera dei Deputati, La Consulta Nazionale. 25 settembre 1945 - 1. giugno 1946, Roma 1948

Concretezza. Rivista politica quindicinale, anno VI, n. 18/1960

Helmut Alexander, Stefan Lechner, Adolf Leidlmair, Heimatlos. Die Umsiedlung der Südtiroler, hg. vom Tiroler Landesinstitut (Deuticke), Wien 1993

Michael Gehler, Verspielte Selbstbestimmung? Die Südtirolfrage 1945/46 in US-Geheimdienstberichten und österreichischen Akten. Eine Dokumentation (Schlern-Schriften 302) (Universitätsverlag Wagner), Innsbruck 1996

Klaus Eisterer - Rolf Steininger, Die Option. Südtirol zwischen Faschismus und Nationalsozialismus (Innsbrucker Studien zur Zeitgeschichte, Bd. 5), (Haymon-Verlag), Innsbruck 1989

Claus Gatterer, Im Kampf gegen Rom. Bürger, Minderheiten und Autonomien in Italien (Europa Verlag), Wien-Frankfurt-Zürich 1968

Josef Raffeiner, Tagebücher 1945-1948, hg. von Wolfgang Raffeiner, (edition sturzflüge), Bozen 1998

Rolf Steininger, Los von Rom? Die Südtirolfrage 1945/46 und das Gruber-De Gasperi-Abkommen (Innsbrucker Forschungen zur Zeitgeschichte, Bd. 2) (Haymon-Verlag), Innsbruck 1987

Leopold Steurer, Südtirol zwischen Rom und Berlin 1919-1939 (Europaverlag), Wien-München-Zürich 1980.

Leopold Steurer, Südtirol 1943 - 1946. Von der Operationszone Alpenvorland zum Pariser Vertrag (Referat bei der Tagung "Südtirol in der Stunde Null?/Alto Adige: Ora zero?" des Südtiroler Landtages vom 12.- 13.5. 1995, überarbeitetes und unveröffentlichtes Manuskript 1998)

Armando Vadagnini, Gli anni della lotta. Guerra, resistenza, autonomia (1940 - 1948), vol. II della Storia del Trentino contemporaneo (direzione di Ottavio Bari) (pubblicazioni di verifiche), Trento 1978

Friedl Volgger, Mit Südtirol am Scheideweg. Erlebte Geschichte (Haymon-Verlag), Innsbruck 1984

Danksagung

Für Gespräche danke ich den Geschwistern Pichler, insbesondere Paul Pichler, (Bozen). Weiters: Dr. Alfons Benedikter (Frangart), dott. Alcide Berloffa (Bozen), dott. Armando Bertorelle (Bozen), Martha Ebner (Aldein), Hartmann Lentsch (Branzoll), Dr. Silvius Magnago (Bozen), Dr. Rainer Seberich (Kastelruth), Dr. Leopold Steurer (Meran), Marianne Pasolli-Valle (Branzoll), † Dr. Friedl Volgger (Bozen), Dr. Franz von Walther (Bozen), Franz Widmann (Bozen).

Ein Dank geht an das Universitätsarchiv Innsbruck, an die Bibliothek der Abgeordnetenkammer in Rom, an das Archiv der Tageszeitung Dolomiten und an den Südtiroler Jagdverband.

Ringraziamenti

Per le informazioni ricevute ringrazio i fratelli Pichler, in special modo Paul Pichler. Inoltre: Dr. Alfons Benedikter (Frangarto), dott. Alcide Berloffa (Bolzano), dott. Armando Bertorelle (Bolzano), Martha Ebner (Aldino), Hartmann Lentsch (Bronzolo), Dr. Silvius Magnago (Bolzano), Dr. Rainer Seberich (Castelrotto), Dr. Leopold Steurer (Merano), Marianne Pasolli-Valle (Bronzolo), † Dr. Friedl Volgger (Bolzano), Dr. Franz von Walther (Bolzano), Franz Widmann (Bolzano).

Ringrazio l'Archivio dell'Università di Innsbruck, la Biblioteca della Camera dei Deputati, l'Archivio del quotidiano Dolomiten e l'Associazione Provinciale Caccia dell'Alto Adige, Bolzano.

LEOPOLD STEURER

Südtirol 1945-1948
Vom Kriegsende zum Ersten Autonomiestatut

Politischer Kompromiß

Wenn die Resistenza, der politische und militärische Widerstand und Befreiungskampf des italienischen Volkes 1943-1945 gegen die deutsche Besetzung und die mit dieser kollaborierende faschistische Regierung Mussolinis, im Selbstverständnis ihrer Akteure wie in der späteren Geschichtsschreibung oft als "secondo Risorgimento" bezeichnet wurde, so hat dies seinen guten Grund. Es war nämlich der Anspruch aller im Comitato di Liberazione Nazionale (CLN) zusammengeschlossenen fünf antifaschistischen Parteien (Liberale, Christdemokraten, Sozialisten, Kommunisten, Aktionspartei) gewesen, jene Fehler und Versäumnisse, die bei und nach der Gründung des Königreiches Italiens im 19. Jahrhundert gemacht worden waren, zu beseitigen und vor allem das Erbe der zwanzigjährigen faschistischen Diktatur durch eine grundlegende Erneuerung von Staat und Gesellschaft zu überwinden. Die tiefe Kluft zwischen der schmalen bürgerlich-liberalen Führungsschicht und den staatlichen Institutionen einerseits und der großen Mehrheit der Bürger andererseits aus der Zeit vor 1914 sowie die totale Pervertierung und Instrumentalisierung des italienischen Nationalbewußtseins in imperialistisch-rassistischem Sinne durch den Faschismus 1922-1943 sollten durch eine demokratische Reform aller gesellschaftlichen Bereiche und durch die Herausbildung eines demokratischen Patriotismus überwunden werden. Die Resistenza war gemessen an ihrer quantitativen Bedeutung zwar nicht gering, aber zweifellos nicht kriegsentscheidend gewesen. Ihr qualitativer Beitrag für ein neues moralisch-politisches Selbstverständnis Italiens nach 1945 war aber, wie es der katholische Antifaschist und spätere Jurist und Historiker Sergio Cotta formu-

LEOPOLD STEURER

Alto Adige 1945-1948
Dalla fine della guerra al primo statuto di autonomia

Compromesso politico

Se la Resistenza - come opposizione politico-militare e lotta di liberazione del popolo italiano dal 1943 al 1945 contro l'occupazione militare tedesca e il regime fascista di Mussolini che ad essa collaborava - fu spesso considerata, sia nella consapevolezza dei suoi protagonisti sia poi nella storiografia che ne derivò, quale un "secondo Risorgimento", ciò aveva le sue buone ragioni. Era infatti aspirazione di tutte le cinque forze politiche riunite nel Comitato di Liberazione Nazionale (CLN) - liberali, democratici cristiani, socialisti, comunisti, Partito d'azione - porre rimedio agli errori e correggere le deficienze che ereditavano dal Regno d'Italia fin dalla sua fondazione, ma soprattutto dalla ventennale dittatura fascista, mediante un profondo rinnovamento dello Stato e della società.

Si trattava di superare la profonda frattura esistente fra le istituzioni statali e il ristretto ceto politico borghese-liberale al potere, da un lato, e la grande maggioranza della popolazione italiana, dall'altro, ancora pressoché immutata fino al 1914, e poi il perverso e strumentale uso del sentimento nazionale in senso imperialista e razzista fattone dal fascismo (1922-1943), mediante una riforma democratica in tutti i settori sociali e con la promozione di un nuovo concetto in senso democratico della patria.

Anche se la Resistenza rispetto alla sua importanza quantitativa non fu di poco conto, non v'è dubbio che non fu di per sé decisiva rispetto alla fine della guerra. Ma il contributo qualitativo alla formazione di una nuova coscienza politico-morale dell'Italia dopo il 1945 fu, come si espresse Sergio Cotta, antifascista cattolico e poi

lierte, "enorm hoch". Denn, so Cotta, "dank der aktiven und ethisch motivierten Kriegsteilnahme Italiens an der Seite der Alliierten hat sich das italienische Volk die Freiheit in einer bewußten Willensentscheidung erobert."

Leo Valiani, prominenter Vertreter der Aktionspartei 1943-47, später Historiker und Senator auf Lebenszeit, hat die Motive und Zielsetzungen des Antifaschismus einmal folgendermaßen umschrieben:

"Ich glaube nicht fehl zu gehen, wenn ich behaupte, daß der Kampf gegen den zentralistischen Staat dem gesamten Antifaschismus gewissermaßen naturgemäß zugehörte, abgesehen von den programmatisch-ideologischen Vorstellungen und Zielsetzungen dessen einzelner Strömungen. Der Faschismus repräsentierte nämlich die schlimmste totalitäre Form des zentralistischen Polizeistaates. Die verschiedenen Vertreter des Antifaschismus mochten durchaus unterschiedlicher Meinung über die sozialen Ursachen und die 'Klassenbasis' des Faschismus sein, aber daß der Faschismus vor allem das Regime der Präfekten, des Innenministeriums, der Geheimpolizei und der Sondergerichte gewesen war, darüber konnte es bei keinem Antifaschisten irgendwelche Zweifel geben. Daraus erklärt sich, daß am Beginn und an der Wurzel des antifaschistischen Widerstandes, auch bei dessen Vertretern, die sich nicht auf eine solche parteipolitische Tradition berufen konnten, regionalistische und föderalistische Vorstellungen im Vordergrund standen."

Damit ist einer der Aspekte der Diskussion um den neuen Aufbau des Staates nach Kriegsende angedeutet, wie er schließlich in der Verfassung von 1948 seinen Niederschlag fand und für den die Resistenza wichtige Ansätze und Vorarbeiten geleistet hatte. Dies gilt nicht nur für Grenzregionen mit sprachlichen Minderheiten wie etwa Aosta oder die Venezia Giulia, mit deren antifaschistischem Widerstand das Comitato di Liberazione in Mailand 1944-45 verbindliche Vereinbarungen über die Wiederherstellung der vom Faschismus unterdrückten Rechte auf sprachlich-kulturellem Gebiet und über die Zusicherung einer Selbstverwaltung im Rahmen eines regionalistisch-dezentralisierten Staatsaufbaus abgeschlossen hatte. Auch die Formulierung der Artikel 114-133 der Verfassung über die

> **IL PRESIDENTE DEL CONSIGLIO DEI MINISTRI**
>
> MESSAGGIO PER I PATRIOTI E LA POPOLAZIONE DELLA VALLE D'AOSTA
>
> Desidero far giungere ai Patrioti e a tutta la fedele popolazione della Valle d'Aosta un vivissimo elogio per la lotta intelligente, aspra, tenace e continua che, a prezzo di enormi sacrifici, conducono a difesa della libertà e dell'unità della patria.
>
> Il Governo e il popolo italiano vi seguono con grande ammirazione e si adoperano per venire, comunque, in vostro aiuto.
>
> **Desidero anche assicurarvi fin d'ora garantita anche alla valle d'Aosta quella autonomia amministrativa e culturale ch'è nei programmi di tutti i partiti.**
>
> È sopra tutto grazie all'eroico contributo dei Patrioti e delle popolazioni dell'Italia ancora occupata, così come dei nostri valorosi soldati che combattono a fianco degli alleati, che l'Italia dovrà risorgere e risorgerà.
>
> Roma 16 dicembre 1944.   Firmato: BONOMI

Il Presidente del consiglio Ivanoe Bonomi si impegna a realizzare un'autonomia per la Valle d'Aosta (16 dicembre 1944).

Ministerpräsident Ivanoe Bonomi verpflichtet sich eine Autonomie für Aosta zu verwirklichen (16. Dezember 1944).

giurista e storico, "enormemente alto". Perché, così scrive Cotta, "grazie alla partecipazione attiva ed eticamente motivata dell'Italia alla guerra al fianco degli Alleati, il popolo italiano si è conquistata la libertà con un atto di consapevole decisione autonoma."

Leo Valiani, un rappresentante di spicco del Partito d'azione (1943-47) e più tardi storico e senatore a vita, ha così delineato i motivi e le finalità dell'antifascismo:

"Mi pare di non ricordare male se dico che il problema della lotta contro lo Stato accentrato era connaturato, al di là delle impostazioni programmatiche, a quasi tutto l'antifascismo. Il fascismo rappresentava di fatto l'esasperazione totalitaria dello Stato accentrato, poliziesco. Potevano divergere, gli antifascisti, nel giudizio sulle basi di classe, sulle origini sociali del fascismo. Ma che il regime fascista rappresentasse anzitutto i Prefetti, il Ministero dell'interno, l'OVRA, il Tribunale speciale, su questo nessun antifascista poteva avere dubbi. E questo spiega perché, all'inizio della Resistenza, i quadri antifascisti, anche quelli che non avevano nella storia del loro partito una ideologia federalista o regionalista, fossero inclini ad agire come se avessero un'ideologia del genere."

legislativen und administrativen Kompetenzen aller Regionen, Provinzen und Gemeinden war ein Ergebnis der von der Verfassunggebenden Versammlung (Costituente) 1946-47 aus der Tradition der Resistenza übernommenen Vorschläge und Ideen. An dieser grundlegenden Feststellung ändern die Tatsachen nichts

- daß die 1945-48 ausgearbeiteten Autonomien für Regionen mit Sonderstatut wie etwa im Falle Siziliens, Trentino-Südtirols und des Aostatales von seiten der Regierung und der Costituente auch unter dem Druck der Friedenskonferenz bzw. zur Abwehr separatistischer Bewegungen an den Grenzen des Staates erlassen wurden

- daß die Verwirklichung wichtiger Bestimmungen der Verfassung und der Autonomiestatute oft noch Jahrzehnte auf sich warten ließ oder

- daß im Zuge des Kalten Krieges sich der Streit um das Erbe der Resistenza immer mehr zwischen links und rechts polarisierte, damit der ursprüngliche antifaschistische Gründungsmythos zunehmend brüchiger wurde und seine integrative Kraft einer Art "Zivilreligion" mehr und mehr verlor.

Gingen in anderen Regionen Italiens bzw. Gegenden Europas aus dem antifaschistischen Widerstand also wichtige Impulse für die demokratische Nachkriegsordnung hervor, so war dem in Südtirol nicht so. Eine bewußte Distanzierung breiter Bevölkerungsschichten von den totalitären Systemen war bis Kriegsende in beiden Sprachgruppen nicht erfolgt, der aktive Widerstand umfaßte italienischerwie deutscherseits lediglich eine kleine Minderheit und war zudem in der Frage der künftigen territorialen Zugehörigkeit des Landes vollkommen unterschiedlicher Meinung.

Während die italienische Sprachgruppe Südtirols sich in einem pluralistischen Parteienspektrum organisierte und Bruno De Angelis, der erst im März 1945 im Auftrag des Mailänder CLN nach Bozen gekommen war, in seiner Doppelfunktion als Präsident des provinzialen CLN sowie als Präfekt problemlos von seiten der Alliierten Militärregierung (AMG) anerkannt wurde, gab sich die deutsche und ladinische Sprachgruppe mit der Gründung der Südtiroler Volkspartei die politische Form der ethnischen Sammelbewegung, deren Anerkennung und Forderung nach dem Selbstbestimmungsrecht

Con il problema del federalismo e delle autonomie regionali si tocca uno degli aspetti fondamentali della discussione intorno alla ricostruzione dello Stato dopo la fine della guerra, quale si concreta nella Costituzione del 1948 e alla quale gli uomini della Resistenza diedero un importante contributo di stimolo e di lavoro. Ciò non vale soltanto per le regioni di confine comprendenti minoranze linguistiche come la Valle d'Aosta e la Venezia Giulia, le quali tramite i loro rappresentanti nella lotta antifascista conclusero con il Comitato di Liberazione di Milano (1944-45) accordi impegnativi per il ripristino dei diritti conculcati nel campo linguistico-culturale, ottenendo l'assicurazione di un'autonomia amministrativa nell'ambito di una struttura regionalistica decentrata dello Stato. Anche la formulazione degli articoli 114-133 della Costituzione riguardanti le competenze legislative e amministrative di tutte le regioni, province e comuni, era un risultato nell'Assemblea costituente (1946-47) delle idee e proposte derivanti dalla tradizione della Resistenza. Questa constatazione di fondo non è inficiata dal fatto:

- che poi le autonomie regionali quali furono elaborate fra il 1945 e il 1948 con statuti speciali per la Sicilia, il Trentino-Alto Adige e la Valle d'Aosta, fossero concesse da parte dei governi e della Costituente anche sotto la pressione della Conferenza di pace e delle spinte separatiste,

- che la realizzazione di importanti norme della Costituzione e degli Statuti di autonomia si facesse aspettare spesso ancora per decenni o

- che nel corso della guerra fredda avvenisse una sempre più aspra polarizzazione fra destra e sinistra riguardo all'eredità della Resistenza, indebolendo così l'originario spirito che aveva animato la comune lotta resistenziale, la quale perdeva in tal modo quella funzione di "religione civile" che era stata la sua forza.

Se nelle altre regioni italiane ed europee la Resistenza antifascista aveva generato importanti impulsi per la formazione del nuovo ordine democratico, ciò non avvenne in Alto Adige. In ambedue i suoi gruppi etnici non si era avuta una consapevole presa di distanza dai rispettivi sistemi totalitari, la resistenza attiva non aveva visto, sia da parte italiana sia tedesca, che la partecipazione di picco-

Der erste Präfekt von Südtirol, Bruno De Angelis (links), im Gespräch mit dem alliierten Oberkommandierenden Arthur McBratney. De Angelis erwies sich mit der Zeit seiner schwierigen Aufgabe immer weniger gewachsen.

Il primo prefetto dell'Alto Adige, Bruno De Angelis (a sinistra), in colloquio con il comandante degli alleati a Bolzano, Arthur McBratny. Col passare del tempo De Angelis si rivelò sempre meno all'altezza del suo difficile compito.

vom AMG nur gebilligt wurde, weil die offiziellen Funktionen der Partei ausschließlich von Dableibern des Jahres 1939 besetzt waren.

In den Monaten vom Mai bis Dezember 1945 war die AMG in der Person des US-Obersten William E. McBratney bzw. des englischen Obersten S.W. Miller das oberste Kontrollorgan der Provinz, das in souveräner Machtbefugnis Anordnungen erließ, dessen primäre Funktion die Aufrechterhaltung der öffentlichen Ordnung und Sicherheit bis zur Entscheidung der Friedenskonferenz bzw. bis zur Übergabe der Provinz an die Verwaltung des italienischen Staates war und dem alle Beschlüsse kommunaler und provinzialer Organe zur Begutachtung und Genehmigung unterbreitet werden mußten.

le minoranze e per di più con una visione profondamente diversa nei due gruppi in merito alla futura appartenenza territoriale della regione.

Mentre il gruppo etnico italiano dell'Alto Adige si organizzava in una vasta pluralità di formazioni politiche e Bruno De Angelis, giunto nel marzo del 1945 a Bolzano su incarico del CLN, poteva senz'altro ottenere nella sua doppia funzione di presidente del CLN e di prefetto il riconoscimento del Governo militare alleato (AMG), il gruppo etnico tedesco e quello ladino fondando la Südtiroler Volkspartei nella forma politica di "partito di raccolta" col programma di promuovere e ottenere il diritto di autodecisione, non ebbero il riconoscimento ufficiale da parte dell'AMG se non quando le cariche del partito furono ricoperte esclusivamente da sudtirolesi "non optanti" nel 1939.

Nei mesi che vanno dal maggio al dicembre del 1945 l'AMG, nella persona del colonnello W.E. McBratney per gli USA e rispettivamente del colonnello S.W. Miller per l'Inghilterra, funse da organo superiore di controllo per tutta la Provincia, emanando con potere sovrano disposizioni la cui funzione primaria era il mantenimento dell'ordine pubblico e della sicurezza fintanto che la Conferenza di pace non avesse deciso quale sarebbe stata la sorte del territorio e cioè la sua restituzione all'amministrazione dello Stato italiano; allo stesso organo dovevano essere sottoposte per il controllo e l'approvazione anche tutte le delibere degli organismi comunali e provinciali.

Considerando la politica del Governo militare alleato di Bolzano nei suoi vari settori di intervento (riorganizzazione dell'amministrazione locale, assegnazione dei pubblici incarichi, disposizioni nel campo economico-sociale, adozione del bilinguismo, apertura di scuole, commissioni per l'epurazione, eccetera) si può senz'altro dire che svolse le sue funzioni come "equo arbitro" e che in generale l'azione dell'AMG in quei mesi del 1945 appare come una "fase di tregua protetta" fra i contrastanti interessi e intenzioni dei diversi gruppi etnici.

Il prefetto De Angelis, che nelle ultime settimane antecedenti la fine della guerra aveva dimostrato notevole capacità di iniziativa

Betrachtet man die Politik der Alliierten Militärregierung in Bozen in ihren verschiedenen Bereichen (Reorganisation der Verwaltung, Besetzung öffentlicher Stellen, Vorschriften im wirtschaftlich-sozialen Bereich, Handhabung der Zweisprachigkeit, Eröffnung von Schulen, Epurationskommission etc.), so verstand sie sich eindeutig als "gerechter Schiedsrichter", und generell kann man jene Monate des Jahres 1945 als eine Art von der AMG verordneten "Waffenstillstandes" zwischen den widerstreitenden Interessen und Zielsetzungen der beiden Sprachgruppen bezeichnen.

Präfekt De Angelis, der sich in den letzten Wochen vor Kriegsende als eine sehr durchsetzungsfähige Person erwiesen hatte, insofern es ihm dank seiner Kontakte zu den amerikanischen militärischen Stellen in Italien und in der Schweiz gelungen war, daß bei den Kapitulationsverhandlungen von Ende April/Anfang Mai ihm und nicht einem antinazistischen Vertreter der deutschen Sprachgruppe die Verwaltung der Provinz übergeben wurde, erwies sich in der Folge seiner schwierigen Aufgabe immer weniger gewachsen.

Abgesehen von seiner schwachen Rückendeckung durch die römischen Regierungskreise, vor allem von seiten des Außenministers De Gasperi, der ihm immer mehr mit Mißtrauen begegnete, hatte De Angelis auch innerhalb des politisch an sich wenig repräsentativen CLN auf provinzialer Ebene einen schwierigen Stand. Einerseits wegen seines autoritären Führungsstils (etwa bei der Auswahl seiner Mitarbeiter und bei manchen seiner Entscheidungen ohne Konsultation der CLN-Organe) und seiner oft allzu einseitig parteipolitischen Stellungnahmen als Exponent der Sozialistischen Partei und andererseits wegen seiner stark von persönlichen Ambitionen geprägten Politik gegenüber der Südtiroler Volkspartei. Was De Angelis bei seiner Politik der Gratwanderung anstrebte, war offenbar der Versuch einer Zusammenarbeit der moderaten Kräfte innerhalb der beiden Sprachgruppen im Sinne einer großzügigen Lösung der Frage der Autonomie und des Optantenproblems als Kompensation für die Anerkennung der Brennergrenze. Voraussetzung dafür wäre aber eine Überwindung bzw. Zurückdrängung der "maximalistischen" Positionen innerhalb beider Sprachgruppen gewesen: italienischerseits jener Kreise, die bereits die Gründung und Anerken-

Dal maggio al dicembre 1945 il governo alleato militare fu l'organo supremo di controllo della Provincia di Bolzano.

In den Monaten Mai bis Dezember 1945 war die Alliierte Militärregierung oberstes Kontrollorgan der Provinz Bozen. Im Bild eine US-Patrouille am Brenner (Mai 1945).

personale, riuscì, grazie ai suoi contatti con i comandi militari americani in Italia e in Svizzera ad ottenere che nelle trattative per la capitolazione di fine aprile e primi di maggio l'amministrazione della Provincia fosse affidata a lui anziché a una personalità antinazista del gruppo tedesco. De Angelis si rivelò poi sempre meno all'altezza nello svolgimento del suo difficile compito.

A prescindere dal debole sostegno di cui godeva nei circoli governativi romani e soprattutto da parte dello stesso ministro degli esteri Alcide De Gasperi, sempre più diffidente dei suoi confronti, il De Angelis si trovava in una difficile situazione anche a livello provinciale all'interno del locale CLN pure politicamente poco rappresentativo: da un lato, a causa del suo modo di fare autoritario (ad esempio nella scelta dei suoi collaboratori e per alcune decisioni prese senza consultare gli organismi del CLN), ma anche per via di certe sue prese di posizione fin troppo unilaterali come esponente

nung der SVP sowie deren Forderungen als einen Affront gegen die Interessen der italienischen Sprachgruppe empfunden hatten, und deutscherseits jener Positionen, die ausschließlich auf die Erreichung des Selbstbestimmungsrechts, auf den Wiederanschluß an Österreich setzten, ohne zur Zusammenarbeit über eine Autonomielösung bereit zu sein. So erschien De Angelis den einen also "zu deutsch", den anderen aber "zu italienisch", und an diesem seinen Versuch der Quadratur des Kreises ist er gescheitert, so daß er sich bereits vor seiner offiziellen, vor allem von De Gasperi geforderten Absetzung von Ende Dezember 1945, mit Rücktrittsabsichten trug.

Entscheidend für die weitere politische Entwicklung in und um Südtirol war aber die Diskussion um die Brennergrenze auf der diplomatischen Bühne und bei den Treffen der Außenminister der "Großen Vier" zur Vorbereitung der im April 1946 offiziell eröffneten Friedenskonferenz in Paris. Dabei hatte Italien gegenüber Österreich von Anfang an aus einer Reihe von Gründen die besseren Karten. Einer der wichtigsten Gründe war, daß die antifaschistische Regierung Italiens bereits seit Oktober 1944 infolge ihrer Anerkennung durch die Alliierten über reguläre diplomatische Beziehungen zu Washington, London, Moskau und Paris verfügte und somit Rom trotz der schweren Belastung durch das Erbe des faschistischen Regimes frühzeitig seinen Standpunkt für den künftigen Friedensvertrag darlegen und vertreten konnte. Der gemeinsame Kampf der angloamerikanischen Truppen in Italien an der Seite des königlichen Heeres und der Partisanenbewegung 1943-45 gegen Hitler-Deutschland und dessen faschistische Verbündete lieferte zusätzlich einen wichtigen Beitrag für die Entwicklung freundschaftlicher Beziehungen zwischen Italien und den Westmächten in der Nachkriegszeit.

Nachdem sich der amerikanische, englische und sowjetische Außenminister in der Moskauer Erklärung vom 1.11.1943 prinzipiell für die Wiederherstellung eines unabhängigen Österreich nach Kriegsende ausgesprochen hatten, gab es in den Nachkriegsplanungen des State Departments in Washington und des Foreign Office in London 1944 aber noch einflußreiche Persönlichkeiten, die die Wiederangliederung Südtirols an ein befreites Österreich als eine not-

del Partito socialista, e dell'altro, a causa della sua politica nei confronti della Südtiroler Volkspartei fortemente influenzata da personali ambizioni. Con i suoi equilibrismi politici egli mirava chiaramente ad una collaborazione fra le forze moderate all'interno dei due gruppi etnici nel senso di una generosa soluzione della questione autonomistica e del problema degli optanti come controparte all'accettazione da parte tedesca del confine italiano al Brennero. Premessa indispensabile a tale piano era però il superamento e la sconfitta delle posizioni "massimalistiche" all'interno dei due gruppi linguistici: da parte italiana di quei circoli che nella semplice fondazione e riconoscimento della SVP, per non parlare delle sue richieste, vedevano un affronto agli interessi italiani e, da parte tedesca, di quelle posizioni che puntavano esclusivamente al raggiungimento dell'autodeterminazione, al ricongiungimento all'Austria, indisponibili a collaborare per la soluzione del problema autonomistico. In tal modo il De Angelis non poteva che apparire agli uni "troppo tedesco" e agli altri "troppo italiano" e fallire in questo suo tentativo di raggiungere la quadratura del cerchio, tanto da essere indotto a meditare le dimissioni ancor prima della sua destituzione ufficiale alla fine del dicembre 1945, caldeggiata da De Gasperi.

Decisiva per gli ulteriori sviluppi politici in Alto Adige e per l'insieme delle questioni che esso poneva fu poi la discussione che si sviluppò a livello diplomatico internazionale sul confine del Brennero e nell'incontro dei ministri degli esteri dei "quattro Grandi" per la preparazione della conferenza di pace ufficialmente aperta a Parigi nell'aprile del 1946. In essa l'Italia disponeva fin dall'inizio e per tutta una serie di motivi delle carte migliori. Una delle più importanti derivava dal fatto che avendo il governo antifascista italiano ottenuto dagli Alleati il riconoscimento ufficiale fin dall'ottobre del 1944, intratteneva regolari relazioni diplomatiche con Washington, Londra, Mosca e Parigi; Roma quindi, nonostante le forti responsabilità ereditate dal regime fascista, aveva potuto tempestivamente far presente e difendere le sue posizioni in vista della conferenza di pace. La guerra combattuta al fianco delle truppe angloamericane, sia con contingenti regolari dell'esercito re-

wendige Wiedergutmachung des Unrechts von 1918 ansahen und zur Stärkung der Unabhängigkeit und Überlebensfähigkeit Österreichs sowie zur Bestrafung Italiens für dessen faschistischen Aggressionskrieg befürworteten. Selbst US-Präsident Franklin D. Roosevelt und der englische Premierminister Winston Churchill waren 1944 noch dieser Überzeugung.

Aber je näher das Kriegsende rückte und je mehr der beginnende Kalte Krieg zwischen West und Ost seine Schatten vorauswarf, um so deutlicher gab es in Washington und London ein Umdenken über die mögliche Rolle Österreichs und Italiens in einem zweigeteilten Europa und damit auch über Südtirol und die Brennergrenze.Das hieß aber, daß Italien allein schon auf Grund seiner geopolitischen und strategischen Position aus der Sicht der westlichen Außen- und Sicherheitspolitik unter allen Umständen gestärkt, unterstützt und als verläßlicher Bündnispartner für die Zukunft gewonnen werden mußte, während im Falle des besetzten und viergeteilten Österreich eine derartige Politik zwar ebenfalls angestrebt wurde, aber keinesfalls so problemlos zu realisieren war.

Der englische Botschafter in Rom, Sir Noel Charles, umschrieb diese Überlegungen in einem Brief an Premierminister Churchill vom 12.6.1945 mit den Sätzen: "Es gibt aus meiner Sicht mehr Gründe dafür, die Brennergrenze bei Italien zu belassen, einem Land, das sich sehr um unsere Freundschaft bemüht. Wenn Italien vor dem Kommunismus bewahrt werden soll, dann braucht es unsere ständige Hilfe und Unterstützung."

Und noch wenige Wochen bevor die Regierung Churchills Ende Juli 1945 durch die neue Labourregierung unter Clement Attlee/ Ernest Bevin abgelöst wurde, hatte der Außenminister der Konservativen, Anthony Eden, in einem Memorandum zum Thema "Rückgabe Südtirols" die künftige Position Londons festgehalten:

"Es geht bei dieser Entscheidung in der Tat um eine hochpolitische Angelegenheit, nämlich: Haben wir langfristig mehr zu gewinnen, wenn wir Italien weitere Demütigungen ersparen oder wenn wir die österreichischen Ansprüche befriedigen? Ich neige der ersteren Alternative zu. Man kann nicht sagen, daß der Gewinn Bozens absolut notwendig ist für ein 'freies und unabhängiges Österreich' -

gio sia con il movimento partigiano, contro la Germania di Hitler e il suo alleato fascista diede un ulteriore contributo allo sviluppo di rapporti amichevoli fra l'Italia e le forze alleate nel dopoguerra.

Dopo che i ministri degli esteri americano, sovietico e inglese. nella loro dichiarazione di Mosca in data 1.11.1943, avevano affermato in linea di principio l'intenzione di ricostituire dopo la vittoria finale lo stato indipendente dell'Austria, si fecero vive e sempre più numerose, in relazione ai progetti per il dopoguerra dello State Department di Washington e del Foreign Office di Londra del 1944, influenti personalità che sostenevano l'opportunità di restituire il Sudtirolo alla nuova libera Austria, sia come necessario risarcimento dell'ingiustizia inflittale nel 1918 e rafforzamento della sua indipendenza e sopravvivenza, sia come punizione dell'Italia per la sua partecipazione alla guerra di aggressione nazi-fascista. Lo stesso presidente americano Franklin D. Roosevelt e il premier inglese Winston Churchill condividevano fino al 1944 questa opinione.

Ma quanto più si avvicinava la fine della guerra e quanto più si addensavano le ombre della guerra fredda fra l'Est e l'Ovest, tanto più visibilmente si profilava una mutamento di posizioni sia a Washington sia a Londra sul possibile ruolo dell'Austria e dell'Italia in una Europa spaccata in due campi opposti, e di conseguenza anche sulla sorte del Sudtirolo e del confine del Brennero. Ciò significava per gli Alleati che l'Italia, già soltanto per la sua posizione geopolitica e strategica, doveva essere in ogni modo sostenuta e rafforzata, guadagnandola come sicuro partner di una futura alleanza occidentale, mentre per l'Austria, allora occupata e divisa fra le quattro potenze alleate, una analoga politica poteva e doveva sì essere perseguita, ma la sua realizzazione si presentava assai problematica.

L'ambasciatore inglese a Roma, Sir Noel Charles, così riassumeva tali considerazioni in una lettera al premier inglese Churchill del 12.6.1945: "Secondo me vi sono più motivi per lasciare il confine del Brennero all'Italia, un paese che aspira fortemente a guadagnarsi la nostra amicizia. Per salvaguardare l'Italia dal comunismo, essa abbisogna del nostro costante aiuto e appoggio." E ancora poche settimane prima che il governo Churchill fosse sostituito alla

auf das wir uns festgelegt haben -, es könnte andererseits aber zu einem Gefahrenherd werden, falls Österreich völlig unter russischen Einfluß gerät."

Ähnlich lauteten im Sommer 1945 die Überlegungen des amerikanischen Präsidenten und Außenministers, Harry Truman und James F. Byrnes, die dem italienischen Botschafter Alberto Tarchiani immer wieder versicherten, die USA werde gegenüber Italien nicht auf einem harten "Straf-Frieden" bestehen, sondern alles tun, um zu dessen innen- und außenpolitischer Stabilisierung beizutragen.

Damit war die Südtirolfrage, wie es der Historiker Rolf Steininger einmal formulierte, "frühzeitig in die Mühlen des Kalten Krieges geraten", aus denen es kein Entrinnen mehr gab.

Die SVP und der Tiroler Landeshauptmann Karl Gruber hatten ihre Forderung nach dem Selbstbestimmungsrecht für Südtirol schon im Sommer 1945 den Alliierten zur Kenntnis gebracht, und im Herbst 1945 fanden dann in Innsbruck und Wien die ersten großen Kundgebungen für Südtirol statt. Aber noch bevor die erst am 20. 10. 1945 von den Alliierten anerkannte provisorische Bundesregierung in Wien unter Karl Renner Anfang November ihr erstes offizielles Memorandum zu Südtirol den alliierten Siegermächten übergeben konnte, war bereits eine wichtige Vorentscheidung gefallen, die in der Folge nicht mehr abgeändert werden sollte. Bei der ersten Außenministerkonferenz der Großmächte in London Mitte September 1945 wurde nämlich auf amerikanischen Vorschlag hin zur Brennergrenze die folgende, vorerst nicht veröffentlichte Formel vereinbart:

"Die Grenze mit Österreich wird unverändert bleiben, mit der Ausnahme, jeden Fall zu hören, den Österreich für kleinere Grenzberichtigungen zu seinen Gunsten vorbringt."

Was unter diesen "minor rectifications" zu verstehen sei, wurde zwar auch in der Folge nie genau präzisiert, wie die italienische Diplomatie aber bald und in zuverlässiger Weise in Washington, Paris, London und Moskau in Erfahrung bringen konnte, sei darunter niemals das gesamte von Österreich geforderte Gebiet (nämlich ganz Südtirol einschließlich der vorwiegend ladinischsprachigen Gemeinden in den Provinzen Trient und Belluno) zu verstehen, sondern al-

fine di luglio del 1945 dal nuovo governo laburista guidato da Clement Attlee/ Ernest Bevin, il ministro degli esteri dei conservatori Anthony Eden in un suo memorandum dal tema "Restituzione del Sudtirolo" così definiva le linee della futura politica di Londra in proposito:

"Di fatto con tale decisione si tocca una questione di alto valore politico e cioè: in una visione di più ampio respiro abbiamo più da guadagnare risparmiando ulteriori umiliazioni all'Italia oppure soddisfacendo le aspirazioni dell'Austria? Io propendo per la prima alternativa. Non si può dire che l'acquisto di Bolzano sia assolutamente necessario per una "Austria libera e indipendente", quale è nelle nostre intenzioni, mentre potrebbe per altri aspetti rivelarsi come un focolaio di pericolose tensioni nel caso che l'Austria finisse nella sfera d'influenza russa."

Di analogo tenore erano nell'estate del 1945 le riflessioni del presidente e del ministro degli esteri americani Harry Truman e James F. Byrnes, che all'ambasciatore italiano Alberto Tarchiani continuavano ad assicurare che gli USA non avevano nessuna intenzione di imporre all'Italia una "pace punitiva", ma che al contrario avrebbero fatto tutto quanto era necessario per garantire la sua stabilizzazione politica sia nelle relazioni interne che in quelle internazionali. In tal modo la questione dell'Alto Adige veniva ad essere - come si esprime lo storico Rolf Steininger - "trascinata fin da subito nell'ingranaggio della guerra fredda", a cui non potrà più sottrarsi.

Già nell'estate del 1945 la SVP e il capitano del Tirolo Karl Gruber avevano fatto presente agli Alleati la loro richiesta di autodeterminazione per il Tirolo del Sud, mentre nell'autunno dello stesso anno avevano luogo a Innsbruck e a Vienna le prime grandi dimostrazioni a favore della riannessione della regione. Ma già prima che il nuovo governo provvisorio austriaco di Karl Renner, approvato dagli Alleati soltanto il 20.10.1945, presentasse ai vincitori nel novembre dello stesso anno il suo primo memorandum sulla questione sudtirolese, dagli Alleati era stata presa un'importante decisione che in seguito non potrà più essere modificata. Infatti nella prima conferenza dei Ministri degli Esteri delle Grandi Po-

lenfalls Grenzkorrekturen kleineren Ausmaßes am Reschen, am Toblacher Feld und bei Tarvis, wo nämlich die geographische Grenze der Wasserscheide nicht vollständig mit der bisherigen österreichisch-italienischen Grenze zusammenfiel.

Obwohl Österreich zur Entkräftung der italienischen Argumente für die Brennergrenze der Friedenskonferenz in Paris versicherte, daß es im Falle einer Rückgabe Südtirols zu großen Konzessionen und Kompensationen an Italien bereit wäre (weitere Nutzung der unter dem Faschismus errichteten Elektrizitätswerke, freie Wahl der Staatsbürgerschaft bzw. eine weitreichende Kulturautonomie für die im Lande lebenden Italiener, Entmilitarisierung und Unterstellung des Landes unter den Schutz der UNO, italienischer Freihafen an der Donau etc.), entschied die Friedenskonferenz am 30. 4. 1946 gegen die österreichische Forderung nach der Wiedergewinnung von ganz Südtirol. Die Enttäuschung darüber war in Nord- und Südtirol enorm, waren doch erst am 22.4.1946 in Innsbruck Bundeskanzler Figl jene ca. 155.000 Unterschriften, die in Südtirol selbst sowie unter den umgesiedelten Optanten in Österreich gesammelt worden waren, als authentischer Willensausdruck für das Selbstbestimmungsrecht des Südtiroler Volkes übergeben worden. Sowohl in Bozen wie in Innsbruck kam es in den darauffolgenden Tagen zu großen Protestdemonstrationen.

Mit der Begründung der für Österreich wichtigen direkten Straßen- und Eisenbahnverbindung zwischen Ost- und Nordtirol legte daraufhin Außenminister Gruber im Mai 1946 der Friedenskonferenz als österreichische Interpretation der "kleineren Grenzberichtigungen" die Forderung nach der Rückgewinnung des Pustertales und des oberen Eisacktales einschließlich der Stadt Brixen vor. Aber auch dieser österreichische Kompromißvorschlag wurde am 24.6.1946 von der Friedenskonferenz abgelehnt. Dafür ausschlaggebend waren

- daß Gruber auch für den Fall der Annahme dieser Forderung erklärt hatte, daß damit für die Zukunft keine endgültige österreichische Verzichtserklärung auf ganz Südtirol verbunden sei. Eine solche Erklärung war aber diplomatisch vollkommen ungeschickt, stand sie doch vollkommen in Widerspruch zu den bekannten Interessen der

tenze tenutasi in Londra a metà settembre del 1945, sulla questione dei confini del Brennero fu concordata, su proposta americana, la seguente formulazione, in un primo tempo non resa pubblica: "Il confine con l'Austria resterà immutato ad eccezione di eventuali minori correzioni di confine richieste a proprio favore dall'Austria e da esaminarsi caso per caso." Che cosa con l'espressione "minor rectifications" si volesse veramente intendere non fu mai esattamente precisato, nemmeno in seguito, ma come ben presto la diplomazia italiana poté accertare con sicurezza a Washington, Londra, Parigi e Mosca non era assolutamente da intendersi riferito al complesso del territorio rivendicato dall'Austria (e cioè tutto il Tirolo del Sud compresa la maggior parte dei comuni ladini nella provincia di Trento e di Belluno), ma eventuali correzioni confinarie di minor rilievo al Passo di Resia, nella zona di Dobbiaco e in quella di Tarvisio, dove in effetti il confine geografico lungo lo spartiacque alpino non coincideva esattamente con il confine italo-austriaco fino allora in vigore.

Il 22 aprile 1946 vennero consegnate al cancelliere austriaco Leopold Figl a Innsbruck 155.000 firme raccolte per l'autodeterminazione.
Am 22. April 1946 wurden in Innsbruck 155.000 Unterschriften für die Selbstbestimmung Südtirols an Bundeskanzler Leopold Figl übergeben.

westlichen Alliierten, die sich über einen von ihnen angestrebten österreichisch-italienischen Kompromiß in der Südtirolfrage zumindest eine dauerhafte und enge Freundschaft zwischen den beiden Ländern erhofften, um damit auch die noch ungewisse Zukunft Österreichs im Sinne einer stärkeren und leichteren Einbindung dieses Landes in die westliche Einflußzone beinflussen zu können

- daß die Sowjetunion zwar etwas übertrieben, aber doch nicht ganz zu Unrecht aus verschiedenen Gründen in Außenminister Gruber so etwas wie einen Agenten der amerikanisch-englischen Außenpolitik sah und deshalb gegen jedes Entgegenkommen an die österreichischen Forderungen in puncto Brennergrenze war. Diese sowjetische Haltung hatte freilich nichts mit einer prinzipiell gegen die Interessen der Südtiroler Minderheit gerichteten Position zu tun, sondern war vielmehr Konsequenz der gegen die Forderungen Titos und der Sowjetunion gerichteten Einstellung Grubers bei der territorialen, politischen und wirtschaftlichen Interessenabgrenzung im österreichisch-jugoslawisch-italienischen Grenzraum (Kärnten und dessen slowenische Minderheit, Hafen von Triest, Venezia Giulia etc.).

So stand die österreichische Südtirolpolitik Ende Juni 1946 vor einem Scherbenhaufen, und dies gleich in doppelter Hinsicht. Die "Pustertal-Lösung" war nämlich von Gruber ohne Absprache mit der SVP in Bozen und wichtigen Persönlichkeiten der Südtirolpolitik in Innsbruck der Friedenskonferenz vorgeschlagen worden. Diese kritisierten nunmehr das eigenmächtige Vorgehen Grubers, ja forderten in Wien sogar dessen Ersetzung als Außenminister durch eine Person aus den Reihen der Sozialistischen Partei, die mit einer Politik größerer Äquidistanz zwischen West und Ost die Wiederaufnahme eines Dialogs mit Jugoslawien und der Sowjetunion ermöglichen sollte. Für eine derartige Kehrtwendung der österreichischen Außen- und Südtirolpolitik war es jetzt allerdings zu spät - ganz abgesehen, daß diese zu einem wahrscheinlich unausweichlichen Zerwürfnis mit den Westmächten geführt hätte - und nunmehr mußte sich Gruber mit dem italienischen Botschafter in London, Nicolò Carandini, seit Juli 1946 zu Verhandlungen über eine Autonomielösung für Südtirol herablassen. Carandini war nämlich, in Anbetracht der bekann-

Benché l'Austria, per indebolire gli argomenti italiani a favore del mantenimento del confine al Brennero, assicurasse alla Conferenza di pace di Parigi che nel caso di una restituzione del Sudtirolo era disposta a grandi concessioni e risarcimenti per l'Italia (continuazione dello sfruttamento delle centrali elettriche costruite durante il fascismo, libera scelta della cittadinanza e un'ampia autonomia culturale per gli italiani della regione, la smilitarizzazione del territorio da porsi sotto la tutela dell'ONU, porto franco italiano sul Danubio, eccetera), la Conferenza di pace con la sua decisione presa il 30.4.1946 si espresse in senso contrario alle richieste dell'Austria per la riannessione del Sudtirolo. La delusione, sia nel Tirolo del Nord che del Sud, fu enorme, tanto più che pochi giorni prima, il 22.4.1946, a Innsbruck erano state consegnate al cancelliere federale Leopold Figl, quale autentica espressione della volontà di autodecisione della popolazione, le circa 155.000 firme raccolte nel Tirolo del Sud e fra gli optanti sudtirolesi residenti in Austria. Nei giorni successivi si ebbero sia a Bolzano che a Innsbruck grandi manifestazioni di protesta.

Motivandolo con la necessità di un collegamento diretto, stradale e ferroviario, fra il Tirolo del nord e quello orientale, il ministro degli Esteri austriaco Karl Gruber presentò nel maggio 1946 alla Conferenza di pace la richiesta, nello spirito delle "minori rettifiche di confine", che l'Austria ottenesse la Valle Pusteria e l'alta Valle dell'Isarco compreso Bressanone. Ma in data 24.6.1946 anche questa proposta di compromesso fu respinta dalla Conferenza di pace. Decisiva in proposito fu:

- la dichiarazione di Gruber secondo cui, anche nel caso in cui la proposta fosse stata accettata, ciò non avrebbe comportato la rinuncia anche per il futuro da parte dell'Austria alla rivendicazione di tutto il Sudtirolo. Una tale dichiarazione era dal punto di vista diplomatico assolutamente maldestra, in quanto in totale contrasto con i noti interessi degli Alleati occidentali, che dal compromesso italo-austriaco sulla questione sudtirolese da loro caldeggiato si aspettavano di ottenere almeno una stretta e duratura amicizia fra i due Paesi, in modo da poter esercitare anche un influsso sul destino ancora incerto dell'Austria nel senso di una sua più forte e facile inclusione nella zona di influenza occidentale;

Abreise zu den Pariser Friedensverhandlungen. Von links nach rechts: Österreichs Bundeskanzler Leopold Figl, Tirols Landeshauptmann Alfons Weißgatterer, SVP-Exponent Otto von Guggenberg und Völkerrechtsexperte Eduard Reuth-Nicolussi.

Partenza per la Conferenza di pace di Parigi. Da sinistra a destra: il cancelliere austriaco Leopold Figl, il presidente del Land Tirolo Alfons Weißgatterer, l'esponente della SVP Otto von Guggenberg e l'esperto di diritto internazionale Eduard Reuth-Nicolussi.

ten Tatsache, daß in London wegen der ausgesprochen südtirolfreundlichen Haltung der konservativen Oppositionspartei sowie des Großteils der öffentlichen Meinung, für Rom die größten Schwierigkeiten zu überwinden sein würden, von De Gasperi speziell mit der Behandlung der gesamten italienischen Südtirolpolitik betraut worden. Gespräche über eine Autonomie für Südtirol hatte Gruber bis dahin aber, trotz des entsprechenden Angebots Roms und trotz des entsprechenden Drängens aus Washington und London kategorisch abgelehnt, ja gegenüber seinen Gesprächspartnern sogar wiederholt zu verstehen gegeben, daß er eine Autonomie als die denkbar schlechteste aller Lösungen halte. So war es kein Wunder, daß die österreichischen Diplomaten bei den entscheidenden Verhandlungen in London von Ende August/Anfang September 1946 um den Pari-

- e inoltre il fatto che l'Unione Sovietica vedeva, certamente esagerando ma non del tutto ingiustamente, nel ministro degli esteri austriaco qualcosa come un agente della politica estera anglo-americana e quindi era contraria ad ogni concessione alle richieste austriache sulla questione del confine del Brennero. È certo che tale posizione sovietica contraria agli interessi della minoranza sudtirolese non derivava da una questione di principio, ma era piuttosto la conseguenza della posizione di Gruber contraria alle richieste di Tito e dell'Unione Sovietica in relazione alla delimitazione degli interessi territoriali, politici ed economici nelle zone di confine riguardanti l'Austria, la Iugoslavia e l'Italia (la Carinzia e la sua minoranza slovena, il porto di Trieste, la Venezia Giulia, eccetera).

In tal modo alla fine di giugno del 1946 la politica austriaca per il Sudtirolo si trovava ad aver accumulato soltanto un mucchio di cocci, e ciò in un duplice senso: la "soluzione Pusteria" era stata proposta da Gruber alla Conferenza di pace senza una preventiva consultazione della SVP di Bolzano e delle maggiori personalità interessate alla questione a Innsbruck. Queste ultime criticarono l'arbitraria iniziativa di Gruber, chiedendo addirittura a Vienna la sua sostituzione al Ministero degli Esteri con una persona del campo socialista per una politica di maggiore equidistanza fra Est ed Ovest al fine di una possibile ripresa del negoziato con la Iugoslavia e l'Unione sovietica. Ma era ormai troppo tardi per una tale inversione di rotta della linea politica estera austriaca in generale e sulla questione sudtirolese in particolare, a prescindere totalmente dal fatto che ciò avrebbe probabilmente provocato un insanabile contrasto con le potenze occidentali; a Gruber non restava altro che rassegnarsi a trattare, a partire dal luglio 1946, con l'ambasciatore italiano a Londra Nicolò Carandini per una soluzione concordata della questione sudtirolese.

A Carandini, infatti - poiché a Roma ci si aspettava sulla questione altoatesina di dover superare grandi difficoltà, ben conoscendo l'opinione favorevole ai sudtirolesi predominante nel partito conservatore inglese ora all'opposizione, ma anche in gran parte di quella opinione pubblica - De Gasperi aveva affidato lo specifico incarico di trattare la questione altoatesina nel suo comples-

ser Vertrag sich gegenüber ihren italienischen Unterhändlern in keiner günstigen Position mehr befanden. Sie mußten mehr oder weniger das annehmen, was Rom zu bieten bereit war, und auch dies wäre ohne eine entsprechende starke Rückendeckung seitens der Beamten des Foreign Office nicht zu erreichen gewesen.

Zwar war der Pariser Vertrag ein Kompromiß, für den auch Italien den Preis einer eingeschränkten Souveränität über das Territorium Südtirols bezahlen mußte und weshalb auch De Gasperi von verschiedener Seite heftig kritisiert wurde, aber insgesamt befanden sich dabei Österreich und die nach Paris entsandte SVP- Delegation in der schwächeren Position, denn sie waren in wichtigen Punkten des Abkommens zum Nachgeben gezwungen. Das wichtigste dabei war aber, daß in beiderseitigem Einvernehmen eine genaue Umschreibung des territorialen Geltungsbereichs der zu erlassenden Autonomie nicht vorgenommen wurde. Während die SVP-Delegation und Gruber vergeblich versuchten, diese Autonomie eindeutig nur auf das Gebiet Südtirols (der Provinz Bozen und des damals noch zur Provinz Trient gehörigen Unterlandes) zu beschränken, wünschten De Gasperi und Carandini umgekehrt die Festschreibung einer gemeinsamen Autonomie für die beiden Provinzen Trient und Bozen. Um die unter Zeitdruck stehenden Verhandlungen nicht scheitern zu lassen, einigte man sich eben auf den Kompromiß, daß die ursprünglich geplanten Worte "circumscription and structure" (territoriale Abgrenzung und inhaltliche Struktur) durch das neutralere Wort "frame" (Rahmen) ersetzt wurden, wobei bei der Festlegung dieses "Rahmens" durch die italienische Regierung auch Vertreter der Südtiroler Minderheit zu Rate gezogen werden sollten. Es war dies also jener bewußt nicht eindeutig formulierte Passus des Pariser Vertrages, der beiden Vertragspartnern zumindest vorläufig ermöglichte, gegenüber der Öffentlichkeit das Gesicht zu wahren, der aber in der Folge zu jahrelangen politischen, völkerrechtlichen und diplomatischen Diskussionen bei der Auslegung und Durchführung des Abkommens führen sollte.

Dabei waren es bereits im September 1946 verschiedene Diplomaten, so etwa jene der Sowjetunion und Englands, gewesen, die auf diesen Pferdefuß, diese Schwachstelle des Pariser Abkommens, hin-

so. Fino a quel momento però Gruber aveva categoricamente rifiutato ogni colloquio sulla questione, nonostante le offerte di Roma e le pressioni che gli venivano da Washington e da Londra, non solo, ma al suo partner aveva ripetutamente fatto capire che per lui l'autonomia era la peggiore delle soluzioni possibili. Non fa meraviglia quindi che poi i diplomatici austriaci, in occasione delle trat-

Stretta di mano tra il ministro degli esteri austriaco Karl Gruber (a destra) ed il Presidente del Consiglio italiano Alcide De Gasperi dopo la firma del Trattato di Parigi del 5 settember 1946.
Handschlag zwischen dem österreichischen Außenminister Karl Gruber (rechts) und Italiens Ministerpräsidenten Alcide De Gasperi nach Unterzeichnung des Pariser Vertrages am 5. September 1946.

wiesen: nämlich daß der territoriale Geltungsbereich der künftigen Autonomie offen gelassen worden sei und dabei der politischen Vertretung der Südtiroler wohl das Recht einer Konsultation, aber nicht einer bindenden Zustimmung vorbehalten sei. Auch wird aus dem Text des italienischen Friedensvertrages vom 10.2.1947 klar, daß es den westlichen Alliierten bei ihrer Befürwortung des Pariser Abkommens nicht bloß um den künftigen Schutz der Südtiroler Minderheit, nämlich um eine Autonomie als Kompensation für das nicht gewährte Selbstbestimmungsrecht, sondern mindestens ebensosehr um eine künftige Freundschaft und Zusammenarbeit zwischen Rom und Wien ging, um damit das noch viergeteilte und besetzte Österreich über einen "Anschluß nach dem Süden" (wie es der englische Außenminister Ernest Bevin schon im Juli 1946 formuliert hatte) in die westliche Einflußzone einzubeziehen. Zwar wurde das Pariser Abkommen auf Antrag der belgisch-holländischen Delegation als Annex dem italienischen Friedensvertrag beigelegt und damit von den alliierten Unterzeichnerstaaten "zur Kenntnis genommen", aber in den Artikel 10 des Vertragstextes selbst wurde explizit nur jener Passus des Abkommens aufgenommen (Art. 3, lit. c und d), der die Verpflichtung Italiens zum Abschluß eines Abkommens mit Österreich über den freien Personen- und Güterverkehr zwischen Nord-, Ost- und

Österreichs Außenminister Karl Gruber versicherte am 24. September 1946 SVP-Exponent Otto von Guggenberg (im Bild), die Ausdehnung der Autonomie auf das Trentino dürfe nicht ohne Zustimmung der SVP erfolgen. Dahinter (links) der Journalist Claus Gatterer.

Il 24 settembre 1946 il ministro degli esteri austriaco Karl Gruber in una lettera indirizzata all'esponente della SVP Otto von Guggenberg (nella foto) assicura che senza l'approvazione della SVP l'autonomia non potrà essere estesa al Trentino. Alle sue spalle (a sinistra) il giornalista Claus Gatterer.

tative conclusive svoltesi a Londra fra la fine di agosto e l'inizio di settembre del 1946 in vista del Trattato di pace di Parigi, venissero a trovarsi nei confronti del negoziatore italiano in una posizione tutt'altro che favorevole. Più o meno non restava loro che accettare quanto Roma era disposta a concedere, e anche questo forse non sarebbe stato del tutto sicuro senza la forte copertura da parte dei funzionari del Foreign Office.

Il Trattato di Parigi rappresentava certo un compromesso nel quale anche l'Italia pagava il prezzo di una sovranità limitata sull'Alto Adige, cosa per cui anche De Gasperi fu aspramente criticato da varie parti, ma nel complesso furono l'Austria e la delegazione della SVP a trovarsi nella posizione più debole, in quanto costrette a cedere su importanti punti dell'accordo. La cosa più importante in proposito fu che per comune consenso non si giunse a una delimitazione territoriale della prevista autonomia. Mentre la delegazione SVP e Gruber cercavano inutilmente di restringerne la validità al solo territorio del Sudtirolo (e cioè la Provincia di Bolzano e la Bassa Atesina allora appartenente alla Provincia di Trento), De Gasperi e Carandini, al contrario, miravano ad estenderla normativamente ad ambedue le Province di Trento e di Bolzano. Pressati dai limiti di tempo, per non far fallire le trattative, ci si accordò infine su un compromesso nel senso che all'originaria espressione "circumscription and structure" (delimitazione territoriale e struttura interna) si sostituisse la più neutra espressione "frame" (quadro), stabilendo che nella definizione di tale "quadro" da parte del governo italiano sarebbero stati consultati anche rappresentanti della minoranza sudtirolese. Si tratta insomma di quel passo del Trattato di Parigi volutamente formulato in modo non univoco, che permise, almeno provvisoriamente, ai due contraenti di salvare la faccia davanti alla pubblica opinione, ma che in seguito avrebbe dato luogo ad annose, interminabili discussioni diplomatiche, politiche e di diritto internazionale nella interpretazione e attuazione dell'Accordo. Vi furono subito, già nel settembre del 1946, vari diplomatici, fra cui quello dell'Unione Sovietica e dell'Inghilterra, che richiamarono l'attenzione su questa anomalia, questo punto debole dell'Accordo e cioè sul fatto che era stata lasciata indetermi-

Südtirol enthielt, so wie sie im "Accordino" von 1949 (unter Einbeziehung Vorarlbergs und des Trentino) auch verwirklicht wurde.

Wenn in der Folge Außenminister Gruber das Pariser Abkommen nicht dem Parlament zur Ratifizierung vorlegte, sondern vielmehr den außenpolitischen Ausschuß des Nationalrates beschließen ließ, daß damit keine endgültige Verzichtserklärung auf Südtirol ausgesprochen sei, und wenn er gegenüber der SVP in seinem Brief an Otto von Guggenberg vom 24.9.1946 versicherte, daß ohne ihre Zustimmung niemals eine Ausdehnung der Autonomie auf das benachbarte Trentino erfolgen dürfe, so waren dies mehr taktische Maßnahmen, um die massiv gegen ihn vorgebrachte Kritik zu entkräften, als wirklich gegebene Tatsachen.

Für De Gasperi, dem bereits damals von einigen italienischen Politikern und Diplomaten vorgeworfen worden war, der Abschluß des Pariser Abkommens sei strenggenommen für die Beibehaltung der Brennergrenze gar nicht mehr notwendig gewesen, waren hingegen für diesen Schritt verschiedene Gründe ausschlaggebend gewesen:

- er wollte sowohl aus tiefster persönlicher Überzeugung wie aus Prestigegründen gegenüber der Weltöffentlichkeit Italien als ein demokratisches und minderheitenfreundliches Land präsentieren, das es mit der Wiedergutmachung des vom Faschismus an den Südtirolern begangenen Unrechts ernst nahm

- er wollte auch "seinem" Trentino die unter Österreich genossenen, aber durch den Faschismus beseitigten Autonomierechte zurückgeben und damit gleichzeitig die als gefährliche Konkurrenz zur DC 1945 entstandene trentinische Autonomiebewegung des ASAR (Associazione Studi per l'Autonomia Regionale) überflügeln und ausschalten

- er wollte durch die Einbindung der Autonomie Südtirols in den größeren Rahmen der Region mit italienischer Mehrheit einem künftigen Südtiroler "Irredentismus" einen Riegel vorschieben

- er hoffte über diesen Schritt bei den befreundeten westlichen Alliierten eine für die Zukunft großzügige Unterstützung Italiens in der Triestfrage sowie bei der Behandlung der unter Jugoslawien verbliebenen italienischsprachigen Minderheit der Venezia Giulia zu er-

nata la definizione territoriale della futura autonomia e che alla rappresentanza politica della minoranza sudtirolese era concesso il diritto di consultazione ma non quello di un vincolante consenso.

Dal testo dal Trattato di pace con l'Italia del 10.2.1947 risulta chiaro inoltre che, appoggiando l'Accordo di Parigi, agli Alleati occidentali non interessava tanto la futura difesa della minoranza sudtirolese, e cioè la concessione di un'autonomia quale compenso per la mancata concessione del diritto di autodeterminazione, ma che stava loro a cuore almeno altrettanto lo stabilirsi di una futura amicizia e collaborazione fra Roma e Vienna, in modo da attrarre l'Austria, ancora divisa in quattro zone di occupazione, mediante questo "allacciamento con il Sud" (secondo la formulazione data dal ministro degli esteri inglese Ernest Bevin già nel luglio del 1946) nella sfera di influenza occidentale. È vero ancora che, su proposta della delegazione belga-olandese, l'Accordo di Parigi fu annesso al Trattato di pace con l'Italia e di conseguenza le potenze alleate firmatarie del Trattato "ne presero formalmente conoscenza", ma nell'articolo 10 del Trattato stesso fu accolto esplicitamente solo quel passo dell'Accordo (Art. 3, lett. c e d) che contiene l'impegno dell'Italia a stipulare con l'Austria un accordo atto a garantire la libera circolazione di persone e merci fra il Tirolo settentrionale e quello orientale e meridionale, come poi avvenne con l'Accordino del 1949 (coinvolgendo anche il Voralberg e il Trentino).

In seguito il ministro degli esteri Gruber non sottopose l'Accordo di Parigi all'approvazione del Parlamento, ma operò piuttosto per ottenere dalla commissione per gli affari esteri del Parlamento austriaco una dichiarazione secondo cui non sussisteva da parte dell'Austria alcuna definitiva rinuncia austriaca al Sudtirolo; e quando egli, in una sua lettera a Otto von Guggenberg del 24.9.1946, assicurava la SVP che mai senza la sua approvazione l'autonomia avrebbe potuto essere estesa anche al Trentino, si trattava piuttosto di manovre tattiche che di fatti concreti, al fine di difendersi dalle molte critiche che gli venivano mosse.

Per De Gasperi invece, a cui da parte di alcuni politici e diplomatici italiani era stato fatto criticamente notare che la stipula dell'Accordo di Parigi non era, a ben vedere, più necessaria per man-

reichen, so wie es schließlich im Londoner Abkommen von 1954 als reziproke Lösung für die italienische bzw. slowenische Minderheit zwischen Rom und Belgrad auch geschah.

Die Diskussion um die Autonomie

Mit dem Pariser Abkommen vom 5.9.1946 trat die Diskussion um eine Autonomie für Südtirol in eine vollkommen neue Phase. Begonnen hatte diese Diskussion in Rom, Trient und Bozen freilich schon viel früher, und autonomistische bis separatistische Bewegungen waren bereits vor Kriegsende bzw. unmittelbar danach außer in Südtirol und im Trentino auch in allen Grenzregionen von Sizilien über Sardinien bis Aosta und die Venezia Giulia entstanden. Obwohl von keiner ausländischen Macht offiziell unterstützt, war dabei der sizilianische Separatismus für die Regierung in Rom einige Zeit der gefährlichste gewesen, der nur mit der harten Faust des Polizeistaates (kurzzeitige Verhaftung der wichtigsten Vertreter des sizilianischen Separatismus, behördliche Auflösung der entsprechenden Organisationen etc.) bekämpft und schließlich mit dem Erlaß des Sonderstatuts für die Region Sizilien im Mai 1946 endgültig unterlaufen und zufriedengestellt werden konnte. Sizilien war freilich nicht das erste Autonomiemodell, denn schon im September 1945 hatte die Regierung ein ähnliches Autonomiestatut für die Region Aosta verabschiedet, wo ebenfalls bei Kriegsende eine starke und von Frankreich unterstützte separatistische Bewegung entstanden war. Die beiden Sonderstatute für Aosta und Sizilien waren im Vergleich zu den späteren, für Sardinien und Trentino-Südtirol erlassenen, in manchen Bereichen ihrer autonomen Kompetenzen weitreichender, was sie vor allem dem Umstand zu verdanken hatten, daß sie noch vor den Wahlen zur Verfassunggebenden Versammlung vom 2.6.1946 ausgearbeitet worden waren, als nämlich die innovatorischen Impulse der Resistenza, vor allem der regionalistische und autonomistische Geist des Partito d'Azione innerhalb der antifaschistischen Parteienlandschaft und Regierungskoalition noch ausgeprägter und stärker vorhanden gewesen waren.

In Trient hatte der autonomiepolitische Diskurs schon gleich nach Kriegsende begonnen, wobei sich alle verschiedenen Strömungen auf

tenere il confine del Brennero, erano state decisive invece altre motivazioni, e cioè:

- egli voleva, per profonda, personale convinzione, ma anche per motivi di prestigio, presentare l'Italia all'opinione pubblica mondiale come un paese democratico e amico delle minoranze, pronto a prendere sul serio l'impegno di risarcire l'ingiustizia che il fascismo aveva commesso a danno dei sudtirolesi;

- egli aspirava inoltre a restituire anche al "suo" Trentino quelle misure di autonomia di cui aveva goduto all'epoca della dominazione austriaca, ma che il fascismo aveva abolito, e con ciò mirava al tempo stesso a sorpassare ed emarginare il movimento autonomistico dell'ASAR (Associazione Studi per l'Autonomia Regionale) che, nata nel 1945, si presentava come un pericoloso avversario della DC;

- conglobando l'autonomia del Sudtirolo nel più vasto ambito della Regione a maggioranza italiana, egli pensava di elevare una barriera contro un possibile futuro "irredentismo" sudtirolese;

- con questo passo infine egli sperava di ottenere in futuro presso gli amici alleati occidentali un generoso appoggio all'Italia nella questione di Trieste, nonché nelle trattative per la difesa della minoranza di madre lingua italiana nelle zone della Venezia Giulia rimaste sotto il dominio jugoslavo, come in effetti avvenne con il Trattato di Londra del 1954 tra Roma e Belgrado quale soluzione reciproca per le minoranze italiana e slovena.

Il dibattito sull'autonomia

Con l'Accordo di Parigi del 5.9.1946 la discussione intorno all'autonomia dell'Alto Adige entrò in una fase del tutto nuova. Certamente essa era incominciata già molto tempo prima a Roma, a Trento e a Bolzano, e movimenti con aspirazioni autonomistiche o separatiste erano sorti già prima della fine della guerra o immediatamente dopo non solo in Alto Adige e nel Trentino, ma anche in tutte le regioni di confine, dalla Sicilia alla Sardegna, dalla Valle d'Aosta alla Venezia Giulia. Benché non fosse appoggiato ufficialmente da nessuna potenza straniera, il separatismo siciliano rap-

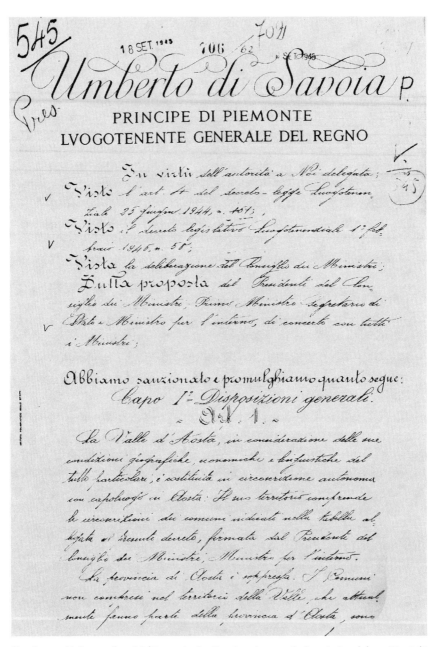

Bereits am 7. September 1945 wurde der Region Aosta mit Statthalterdekret Nr. 545 eine Verwaltungsautonomie eingeräumt.

Già il 7 settembre 1945 con il decreto luogotenenziale venne concessa un'autonomia amministrativa relativa alla Valle d'Aosta.

presentò per un certo tempo agli occhi del governo di Roma il movimento più pericoloso, che poté essere sconfitto soltanto facendo ricorso al pugno di ferro dello stato di polizia (arresto temporaneo dei principali rappresentanti del separatismo siciliano, scioglimento d'autorità delle rispettive organizzazioni, eccetera), e infine acquietandone e soddisfacendone le esigenze con l'emanazione nel maggio del 1946 di uno statuto speciale di autonomia per la Regione Sicilia. Quello siciliano non costituiva però il primo modello di autonomia, perché già nel settembre del 1945 era stato emanato un analogo statuto per la Valle d'Aosta, dove alla fine della guerra era sorto un movimento separatista simile, sostenuto dalla Francia. Ambedue gli statuti per la Valle d'Aosta e per la Sicilia prevedevano, in confronto con quelli poi concessi al Trentino-Alto Adige e alla Sardegna, più ampie competenze autonome in vari settori, cosa che si deve attribuire al fatto che essi furono elaborati prima delle elezioni per l'Assemblea Costituente del 2.6.1946, quando cioè si facevano ancora sentire più vivamente all'interno della coalizione antifascista al governo gli impulsi innovatori della Resistenza e specialmente del Partito d'azione di ispirazione regionalista e autonomista.

A Trento il dibattito politico sull'autonomia era cominciato già subito dopo la guerra e ognuno dei vari indirizzi poteva fare riferimento a precursori e teorie precedenti l'avvento del fascismo o rispettivamente della Resistenza antifascista. Dal punto di vista delle aspirazioni politiche per il futuro il Trentino era diviso in quattro campi:

1. i cinque partiti uniti nel CLN (DC, PLI, Partito d'azione, PSI, PCI) avevano dato vita già nel luglio del 1945 a un Centro Studi per le questioni dell'autonomia. Il progetto di autonomia elaborato poi dal liberale F. Menestrina su incarico del CLN fu pubblicato per la prima volta nel novembre del 1945. Esso muoveva da una concezione unitaria della Regione Trentino-Alto Adige e le affidava, analogamente a quanto era stato fatto per la Regione della Valle d'Aosta, ampie competenze legislative e amministrative. Ma prevedeva anche che le due Province di Trento e di Bolzano fossero sciolte, di modo che i diritti del gruppo linguistico tedesco e di

Vorläufer und Konzepte aus der vorfaschistischen Zeit bzw. der Periode des antifaschistischen Widerstandes 1943-45 berufen konnten. Von seiner politischen Zukunftsvision her war das Trentino in 4 politische Lager geteilt:

1. Die 5 im CLN (DC, PLI, Partito d'Azione, PSI, PCI) zusammengeschlossenen Parteien gründeten bereits im Juli 1945 ein Studienzentrum für Autonomiefragen. Dieses im Auftrag des CLN vom Liberalen Francesco Menestrina ausgearbeitete Autonomie-Projekt wurde erstmals im November 1945 publiziert. Es ging aus vom Konzept der Einheitsregion Trentino-Südtirol und übertrug der Region analog zum Beispiel von Aosta sehr weitreichende legislative und administrative Kompetenzen. Die beiden Provinzen Trient und Bozen sollten hingegen aufgelöst werden, so daß die Rechte der deutschen und ladinischen Sprachgruppe mehr oder weniger vollständig einer italienischen Mehrheit untergeordnet werden sollten. Als die autonomiefreundlichste politische Kraft im Trentino erwies sich die DC, deren Vertreter auf dem gesamtstaatlichen Parteitag der DC vom Sommer 1945 auch entsprechende Vorschläge eingebracht hatten. Die Kommunisten und Sozialisten hingegen befürchteten, eine allzu weitreichende Autonomie für das Trentino könnte zur Errichtung einer Art "klerikalen Alpenrepublik" führen und die von ihnen über das Instrument der Zentralregierung angestrebten gesellschaftspolitischen Veränderungen unter Umständen auch behindern.

2. Im August 1945 war die ASAR gegründet worden, die es innerhalb weniger Monate auf die Zahl von fast 100.000 Mitgliedern brachte und damit für kurze Zeit die numerisch stärkste autonomiepolitische Kraft des Trentino war. Ihre Anhänger kamen vorwiegend aus dem ländlich-bäuerlichen Bereich der Täler, und in der Brust der ASAR, die sich als "Bewegung" und nicht als Partei verstand, existierten mehrere sozialpolitisch-ideologische Seelen: neben den minoritären kommunistisch-sozialistischen Tendenzen vor allem christlich-soziale Strömungen alt-tirolischer und alt-österreichischer Prägung mit oft ausgeprägt antiitalienischen und - als Reaktion auf die negativen Erfahrungen mit der zwanzigjährigen faschistischen Herrschaft - vor allem gegen die süditalienischen Einwanderer und Beamten gerichteten, rassistisch-xenophoben Untertönen. Aus diesem

quello ladino venivano a sottostare più o meno completamente al beneplacito di una maggioranza italiana. Nel Trentino fu la DC a dimostrarsi la forza politica più favorevole all'autonomia e i suoi rappresentanti al Congresso Nazionale della DC nell'estate del 1945 presentarono in proposito delle proposte. I comunisti e i socialisti invece temevano che un'autonomia troppo ampia per il Trentino avrebbe potuto portare al costituirsi di una specie di "repubblica clericale alpina", la quale in determinate circostanze sarebbe stata in grado di impedire le riforme socio-politiche che essi intendevano introdurre ad opera del governo centrale.

2. Nell'agosto del 1945 era stata fondata a Trento l'ASAR (Associazione Studi per l'Autonomia Regionale) che nel giro di pochi mesi aveva raccolto quasi centomila adesioni e che di conseguenza fu, per breve tempo, il movimento autonomistico numericamente più consistente del Trentino. I suoi aderenti provenivano per la massima parte dal mondo agricolo delle vallate, ma all'interno dell'ASAR, che si definiva un "movimento" non un partito, esistevano svariati indirizzi socio-politici: accanto infatti alle minoritarie tendenze socialiste e comuniste, prevalevano le correnti cristiano-sociali di ispirazione vetero-tirolese e austriacanti, percorse spesso da forti tendenze antitaliane e, come reazione alle esperienze negative patite durante il regime fascista, anche con atteggiamenti razzisti e xenofobi diretti soprattutto contro gli immigrati e gli impiegati provenienti dall'Italia meridionale. Per queste ragioni l'ASAR fu fin dal suo nascere combattuta e anche diffamata dai partiti del CLN, che la bollarono come "antitaliana" e "separatista". In realtà, nella sua grande maggioranza, l'ASAR non era un movimento separatista, ma a causa dei suoi contatti trasversali con il "Movimento Separatista Trentino" e delle sue relazioni con SVP e con Innsbruck, di cui ben presto gli organi di polizia e le autorità statali ebbero conoscenza, venne in fama di esserlo. La estrema eterogeneità della sua composizione come "movimento", quasi cioè un "autoctono anti-partito del Trentino", spiega al tempo stesso la sua grande forza iniziale come - a prescindere dalla dura ostilità degli organi statali, di tutti gli altri partiti e della Chiesa - la sua debolezza interna che lo porterà dopo non molto ad una rapida decadenza.

Grund wurde die ASAR von allen CLN-Parteien als eine "antinationale" bzw. "separatistische" Bewegung von Anfang an bekämpft und diffamiert. Die ASAR war in ihrer großen Mehrheit zwar keine "separatistische Bewegung", aber auf Grund ihrer Querverbindungen zum "Movimento Separatista Trentino" sowie ihrer Kontakte zur SVP und zu Innsbruck, die den Polizeiorganen und staatlichen Behörden bald bekannt wurden, kam sie in den Geruch dieses Vorwurfs. Die extrem heterogene Zusammensetzung als "Bewegung", als sozusagen "autochthone Anti-Partei des Trentino", war zugleich die anfängliche Stärke der ASAR, so wie sie wenig später, abgesehen von der strikten Gegnerschaft von seiten der Organe des Staates, aller übrigen Parteien und der Kirche, zu ihrer inneren Schwäche und zu ihrem baldigem Zerfall beitrug.

Das politische Programm der ASAR war "un'autonomia integrale e regionale da Ala fino al Brennero entro i confini dell'Italia repubblicana e democratica", wobei der Ausdruck "integrale" im Sinne von "föderalistisch" zu verstehen war. Von föderalistischem Geist geprägt war denn auch das erste von Valentino Chiocchetti verfaßte ASAR-Autonomie-Projekt, das Ende Juli 1946 als Antwort auf das Innocenti-Projekt vom 30.6.1946 allen Parteien der Region als Diskussionsgrundlage vorgelegt wurde. Die dem Staat verbleibenden Sachbereiche (Justiz, Außenpolitik, Verteidigung etc.) wurden taxativ aufgezählt, während alle übrigen Angelegenheiten in die ausschließliche Kompetenz der Regionalversammlung fallen sollten. Sämtliche auf dem Territorium der Region liegenden Staatsdomänen (mit Ausnahme des Postwesens, der Eisenbahn und militärischer Einrichtungen) sollten in das ausschließliche Eigentum der Region übergehen, der Region oblag auch die Steuer- und Polizeihoheit, und über allfällige Kompetenzstreitigkeiten zwischen Staats- und Regionalgesetzen sollte ein paritätisch von Staat und Region beschickter Verfassungsgerichtshof entscheiden. Aber Valentino Chiocchetti war innerhalb des ASAR so wie sein Freund Remo Markt nicht nur ein Verfechter einer starken Region gegenüber dem Staat, er war ebenso ein überzeugter Vertreter der Einheitsregion auf Kosten der beiden Provinzen, so daß in seinem Statuts-Entwurf Verfahrensregeln zur Beilegung eventueller Konflikte zwischen den Provinzen bzw. zwi-

Il programma politico dell'A-SAR prevedeva "un'autonomia integrale e regionale da Ala fino al Brennero entro i confini dell'Italia repubblicana e democratica", dove l'espressione "integrale" era da intendersi in senso "federalistico". Allo spirito federalistico si ispirava anche il primo progetto di autonomia dell'ASAR elaborato da V. Chiocchetti, reso pubblico alla fine di luglio del 1946 come risposta al progetto Innocenti del 30.6.1946 presentato a nome di tutti i partiti della regione come base di discussione sui problemi dell'autonomia. Il progetto Chiocchetti elencava tassativamente i poteri dello Stato (giustizia, politica estera, difesa, ecc.), mentre per tutto il resto prevede il passaggio alla esclusiva competenza dell'Assemblea Regionale. Tutte le proprietà demaniali dello Stato che si trovavano entro il territorio della Regione (ad eccezione delle poste, delle ferrovie e degli impianti militari) divenivano proprietà esclusiva della Regione, alla quale si riconosceva anche totale competenza fiscale e di ordine pubblico, mentre sugli eventuali contrasti di competenza fra lo Stato e l'attività legislativa della Regione doveva decidere una Corte Costituzionale a composizione paritetica. Ma all'interno dell'ASAR V. Chiocchetti, così come il suo amico Remo Markt, non era soltanto un sostenitore di una Regione forte nei confronti dello Stato, ma anche un altrettanto convinto sostenitore dell'unità regionale a danno delle due Province, tanto è vero che il suo progetto di statuto non prevedeva quasi nessuna norma per la composizione di eventuali con-

L'ASAR, fondata nel 1945 a Trento, rivendicava una "autonomia integrale" da Ala al Brennero entro i confini dell'Italia repubblicana e democratica.

Die im August 1945 in Trient gegründete ASAR forderte eine "integrale Autonomie" von Ala bis zum Brenner innerhalb der Grenzen eines republikanischen und demokratischen Italien.

schen den Sprachgruppen kaum eingeplant bzw. vorhanden waren. Die sprachlich-kulturellen Rechte aller Bürger sollten durch die Errichtung eines paritätisch besetzten "comitato delle minoranze etniche" innerhalb der Regionalregierung garantiert werden, dem mit Stimmenmehrheit die alleinige Entscheidungsbefugnis über grundlegende Angelegenheiten der jeweiligen Sprachgruppe übertragen werden sollte.

Abgesehen von dieser starken Betonung der Kollektivrechte der einzelnen Sprachgruppen und des basisdemokratischen Elements von Volksbefragungen war dieses ASAR-Projekt kein juridisch ausgereifter Entwurf eines Autonomiestatuts, da es mehr von der Annahme einer quasi a priori und "naturgegebenen" gemeinsamen Autonomie-Vorstellung des "homo-alpinus-trentinus-tirolensis" ausging und vor allem eventuelle spezifische Probleme der Provinz Bozen bzw. der deutschen und ladinischen Sprachgruppe kaum berücksichtigte. Dies war denn letztlich auch die unüberwindliche Hürde, die trotz einer anfänglich beiderseits angestrebten Zusammenarbeit und Übereinstimmung in vielen Fragen eine endgültige gemeinsame Autonomiepolitik zwischen ASAR und SVP scheitern ließ.

3. Im Sommer 1945 wurde in einigen Tälern und kleineren Zentren des Trentino der "Movimento Separatista Trentino" (MST) gegründet. Von der sozialen Anhängerschaft ähnlich zusammengesetzt wie die ASAR standen vor allem Trentiner Adelskreise, die ein kommunistisches Italien befürchteten und die teilweise mit Gauleiter Franz Hofer 1943-45 zusammengearbeitet hatten, als die eigentlichen Organisatoren hinter dieser Bewegung. Das Vorbild des MST war die sizilianische Unabhängigkeitsbewegung von Andrea Finocchiaro-Aprile, und das Ziel war die Wiederherstellung der Einheit des "historischen Tirol". Unterstützt wurde der MST, der nur ein knappes Jahr lang offiziell bestand, vor allem von jenen französischen Militär- und Geheimdienstkreisen, die auch in Bozen offen die Forderung der SVP nach dem Selbstbestimmungsrecht befürworteten, und die 1944-45 in Zusammenarbeit mit monarchistischen und vatikanischen Kreisen noch kurzzeitig den Plan einer katholisch-habsburgischen Restauration im süddeutsch-österreichischen Raum verfolgten. Politische und finanzielle Förderung erhielt der MST bis An-

flitti fra le due Province e rispettivamente fra i vari gruppi etnici. I diritti linguistico-culturali di tutti i cittadini avrebbero dovuto essere garantiti da un "comitato delle minoranze etniche" a formazione paritetica all'interno del governo regionale, al quale lo Statuto attribuiva l'esclusiva competenza sulle fondamentali questioni dei singoli gruppi etnici, con decisioni da prendere a maggioranza.

A prescindere da questo forte accento posto sui diritti collettivi dei singoli gruppi etnici e dell'elemento democratico di base del referendum popolare, lo Statuto dell'ASAR non costituiva un progetto di autonomia giuridicamente maturo, in quanto muoveva dall'assunto quasi a priori e come fatto "naturale" dell'esistenza di una comune accezione autonomistica propria dell'homo alpinus-trentinus-tirolensis, e soprattutto perché non prendeva quasi per nulla in considerazione gli specifici problemi della Provincia di Bolzano e cioè dei gruppi linguistici tedesco e ladino. E questo, in ultima analisi, è stato anche l'insuperabile ostacolo che, nonostante l'intensa collaborazione iniziale e il consenso su molte questioni fra l'ASAR e la SVP, ha fatto fallire la possibilità di una definitiva stesura comune dello statuto di autonomia.

3. Nell'estate del 1945 fu fondato in varie valli e in alcuni centri minori del Trentino il "Movimento Separatista Trentino" (MST). La sua composizione sociale era analoga a quella dell'ASAR, con un particolare, che vi erano rappresentati soprattutto e ne erano i veri promotori certi circoli nobiliari trentini che temevano un'Italia comunista e che in parte avevano collaborato con il Gauleiter Franz Hofer (1943-45). Il modello a cui si ispirava il MST era il movimento indipendentista siciliano di Andrea Finocchiaro Aprile e si proponeva la ricostituzione dell'unità del "Tirolo storico". Il MST, che ufficialmente durò a mala pena un anno, fu appoggiato principalmente da quei circoli militari e dei servizi segreti francesi, che anche a Bolzano sostenevano apertamente il diritto all'autodeterminazione della SVP e che negli anni 1944-45 perseguivano in collaborazione con circoli monarchici e del Vaticano il piano di una restaurazione cattolico-asburgica nei territori della Germania meridionale e dell'Austria. Fino all'inizio del 1946 il MST ricevette sostegno politico e finanziario anche da Innsbruck, dove i contatti

> # Il Partito Separatista Trentino
>
> **Vuole:** Una **REPUBLICA ALPINA INDIPENDENTE**
> comprendete la provincia di **TRENTO**
>
> e un **PROTETTORATO AUSTRIACO TRENTINO**
> avente la più ampia Autonomia amministrativa.
>
> Per ottenere questo e però necessario che i **Trentini** lascino da parte quel certo senso di paura nell'esprimere i propri sentimenti, paura che in un regime di libertà non ha ragione di esistere e che giustamente può venir chiamata viltà.
>
> Tra poco si passerà di paese in paese alla raccolta autorizzata delle firme la cui per % di nostra tà si darà agli Alleati, la possibilità di raggiungere la meta. **Pergine** che sta ora all'avanguardia con l'85%, ci sia di esempio.
>
> Questo, o **Trentini**, è il momento di agire, di essere uniti e concordi per raggiungere con ogni mezzo l'ideale prefissato, onde non essere per sempre **oppressi**.
>
> **IL POPOLO TRENTINO**

17. Manifesto autonomistico diffuso dalla Democrazia cristiana di Trento (agosto 1945).
18. Manifesto del Partito Separatista Trentino (Primavera 1946).

Dem "Movimento Separatista Trentino" standen vor allem Trentiner Adelskreise vor, die ein kommunistisches Italien befürchteten.

A capo del "Movimento Separatista Trentino" erano soprattutto circoli notabili trentini che temevano un'Italia comunista.

fang 1946 auch aus Innsbruck, wobei diese Kontakte zwar mit Wissen und Billigung der offiziellen Stellen der Tiroler Landesregierung, aber ohne direkte Involvierung des Landeshauptmannes Karl Gruber erfolgten. Sowohl im Falle der Franzosen wie im Falle von Innsbruck war für diese Haltung ausschlaggebend, daß sie damit die italienische Regierungs- und Außenpolitik unter Druck setzen wollten, um dafür eventuelle Zugeständnisse im Falle von Aosta bzw. Südtirol zu erhalten. Seit dem Frühjahr 1946 traten die ehemaligen MST-Vertreter mehr oder weniger geschlossen der ASAR bei, um das Konzept einer gemeinsamen Regionalautonomie zu unterstützen.

4. Eine ausgesprochene Minderheit war im Trentino die kleine Gruppe innerhalb des PSI um die Familie Battisti. Ernestina Bittanti-Battisti hatte zunächst versucht, De Gasperi überhaupt für den Verzicht auf die Brennergrenze zu gewinnen. In der Folge traten die

erano sì conosciuti e approvati da ambienti ufficiali del governo locale, ma senza coinvolgimento diretto del capitano del Tirolo Karl Gruber. Sia per quanto riguarda i francesi sia per Innsbruck, le loro trame si spiegano con l'intenzione di esercitare in tal modo pressioni sulla politica interna ed estera italiana per ottenerne eventuali concessioni per la Valle d'Aosta e per il Sudtirolo. A partire dalla primavera del 1946 i rappresentanti del MST passarono più o meno compatti nelle file dell'ASAR per meglio affermare il comune concetto di autonomia regionale.

4. Nel Trentino esisteva una vera e propria minoranza all'interno del PSI, stretta intorno alla famiglia Battisti. In un primo tempo Ernestina Bittanti-Battisti aveva perfino tentato di convincere De Gasperi a rinunciare al confine del Brennero. In seguito invece il gruppo si pronunciò per una netta separazione fra le due Province di Trento e Bolzano e ciò al fine di garantire ai sudtirolesi l'esercizio della loro piena autonomia, mentre guardava con molto scetticismo alle richieste di una speciale autonomia per il Trentino, nelle quali credevano di scorgere nient'altro che i piani clericali per assicurarsi il potere. Secondo i socialisti "battistiani" una autonomia del Trentino era pensabile soltanto nel quadro di un generale decentramento amministrativo, come essi sostenevano, dello Stato italiano a tutte le sue Regioni. Ma in seguito alla prematura morte di Gigino Battisti nel dicembre del 1946 anche la linea dei "battistiani" all'interno del partito socialista trentino perdette praticamente ogni importanza e la voce della vedova Ernesta Bittanti-Battisti, che già aveva definito lo statuto di autonomia del 1948 "un ibrido e forzato connubio fra Trento e Bolzano", divenne sempre più negli anni successivi e fino alla sua morte una nobile ma solitaria "voce nel deserto" contro gli sviluppi neocentralisti, restauratori in senso antidemocratico e ostili alle minoranze dei governi DC a livello nazionale.

Il 30.6.1946 veniva presentato il primo progetto ufficiale di autonomia elaborato da Silvio Innocenti, che nel gennaio del 1946, dopo il passaggio dell'amministrazione della Provincia di Bolzano dall'AMG al governo italiano di De Gasperi, era stato incaricato della direzione della prefettura di Bolzano e di preparare un pro-

"Battistianer" für eine gänzliche Trennung der beiden Provinzen Trient und Bozen ein, um den Südtirolern ihre vollen Autonomierechte zu gewährleisten, während sie einer Sonderautonomie für das Trentino mit großer Skepsis gegenüberstanden, da sie darin bloß die Pläne einer klerikalen Machtpolitik zu erkennen glaubten. Eine Autonomie stand in der Überzeugung der "battistianischen" Sozialisten dem Trentino nur im Rahmen einer allgemeinen und von ihnen befürworteten administrativen Dezentralisierung des italienischen Staates wie allen übrigen Regionen zu. Mit dem frühzeitigen Tod von Gigino Battisti im Dezember 1946 verlor die "battistianische" Linie innerhalb der Trentiner Sozialisten praktisch vollkommen an Bedeutung, und die Stimme der Witwe Ernestina Bittanti-Battisti, die schon das Autonomiestatut von 1948 als einen "ibrido e forzato connubio tra Trento e Bolzano" bezeichnete, wurde in den folgenden Jahren bis zu ihrem Tod immer mehr zur zwar noblen, aber einsamen Ruferin in der Wüste gegen alle neozentralistischen, restaurativ-antidemokratischen und minderheitenfeindlichen Entwicklungen unter den DC-Regierungen auf gesamtstaatlicher Ebene.

Am 30.6.1946 legte Silvio Innocenti, der im Jänner 1946 nach der Übergabe der Verwaltung der Provinz Bozen aus den Händen der AMG an die italienische Regierung von De Gasperi mit der Leitung der Bozner Präfektur und der Ausarbeitung eines Autonomieprojektes beauftragt worden war, seinen ersten Autonomieplan vor. Die Grundlinien dieser künftigen Autonomie hatte De Gasperi selbst in seiner programmatischen Rede vor der Consulta am 21.1.1946 vorgezeichnet, und die Überlegungen, die ihn dabei leiteten, waren im wesentlichen folgende:

- es sollte eine für die beiden Provinzen Trient und Bozen gemeinsame, regionale Autonomie sein, wobei der Provinz Bozen angesichts der Existenz der deutschsprachigen Minderheit eine Art "Subautonomie" zur Wahrung der spezifischen, sprachlich-kulturellen Rechte der Südtiroler garantiert werden sollte

- das Zusammenleben zwischen Deutschen und Italienern in einer gemeinsamen regionalen Autonomie sollte eine Vorbildfunktion für das künftige geeinte Europa haben

- mit dieser Lösung einer Anbindung an Bozen sollte es trotz der

getto di statuto di autonomia. Le linee di base della futura autonomia erano state precedentemente indicate dallo stesso De Gasperi nel suo discorso programmatico alla Consulta del 21.1.1946, e i criteri che lo guidavano possono nella loro essenza essere così riassunti:

- doveva essere un'autonomia regionale comune ad ambedue le Province di Trento e Bolzano, mentre per la Provincia di Bolzano, in vista dell'esistenza di una minoranza linguistica tedesca, si riconosceva una specie di "subautonomia" a tutela e garanzia degli specifici diritti linguistici e culturali della popolazione di lingua tedesca;

- il collegamento con Bolzano avrebbe reso possibile, nonostante opinioni contrarie negli altri partiti, la concessione anche al Trentino dell'autonomia che gli era stata sottratta dal fascismo;

- la convivenza tra tedeschi e italiani in una autonomia regionale comune avrebbe dovuto avere una funzione di modello per la futura Europa unita;

- in tal modo sarebbero state definitivamente soddisfatte e tacitate le tendenze separatiste sia del Trentino che dell'Alto Adige.

Nella elaborazione del suo progetto Innocenti si attenne strettamente alle indicazioni del suo committente, ispirandosi anche in alcuni punti, per quanto riguardava le future competenze del governo regionale del Trentino-Alto Adige, agli Statuti già in vigore della Valle d'Aosta e della Sicilia. Nel suo complesso il testo tradiva l'opera di un abile esperto di diritto costituzionale e amministrativo. Come tutti gli altri progetti di autonomia

Gigino Battisti, figlio di Cesare Battisti, al suo ritorno dall'esilio in Svizzera (maggio 1945). Egli si pronunciò per una completa separazione delle Province di Trento e Bolzano.

Cesare Battistis Sohn Gigino sprach sich für eine völlige Trennung der beiden Provinzen Trient und Bozen aus. Im Bild bei seiner Rückkehr aus dem Schweizer Exil.

gegenteiligen Auffassung in anderen Parteien möglich sein, auch dem Trentino die ihm zustehende und unter dem Faschismus beseitigte Autonomie wiederzugeben

- damit sollten alle separatistischen Tendenzen sowohl im Trentino wie in Südtirol endgültig unterlaufen und zufriedengestellt werden.

Innocenti hielt sich bei der Ausarbeitung seines Projekts getreulich an die Vorgaben seines Auftraggebers und er hielt sich auch, was die künftigen Kompetenzen der Regionalregierung für Trentino-Südtirol betrifft, in manchen Punkten an die bereits vorliegenden Autonomiestatute von Aosta und Sizilien. Insgesamt verriet der Text die Hand des gewieften Experten auf dem Gebiet des Verfassungs- und Verwaltungsrechts. Wie alle übrigen im Trentino 1945-1947 ausgearbeiteten Autonomie-Projekte war auch jenes von Innocenti völlig "Region-zentriert", ja es sah sogar explizit die Auflösung der beiden Provinzen vor. Die im Art. 15 aufgezählten insgesamt 24 der Region vorbehaltenen legislativen Kompetenzen umfaßten durchaus wichtige Sachbereiche (wie etwa die Nutzung der öffentlichen Gewässer, das Schulwesen, Urbanistik und Wohnbau, Industrie, Fremdenverkehr und Handel, die Landwirtschaft, das Forstwesen, das Kreditwesen, eine beschränkte Steuer- und Polizeihoheit etc.), und selbst wenn all diese Befugnisse nur im Rahmen der Verfassung sowie der grundlegenden Reformgesetze des Staates ausgeübt werden konnten, so war der autonomistische Inhalt des Innocenti-Statuts nicht unbedingt gering. Es war selbstverständlich kein föderalistisches, aber immerhin ein stark regionalistisches Konzept. Ein politischer Pferdefuß lag allenfalls in der starken Position des staatlichen Regierungskommissärs und dessen Kontrollfunktion gegenüber der Regionalregierung. Auch wenn als die amtliche Sprache der Region das Italienische vorgesehen war, so war den deutschsprachigen Bürgern doch der Gebrauch ihrer Muttersprache in der öffentlichen Verwaltung explizit erlaubt. Der eigentliche Schwachpunkt des Innocenti-Projekts lag aber (nicht anders als beim ASAR-Entwurf von Ende Juli 1946) wahrscheinlich in der Einrichtung eines paritätisch von beiden Sprachgruppen besetzten "Minderheiten-Komitees", das über allfällige, spezifische Angelegenheiten einer Sprachgruppe zu entscheiden haben sollte.

elaborati nel Trentino degli anni 1945-47 anche quello Innocenti era totalmente "incentrato sulla Regione", prevedendo in modo esplicito addirittura lo scioglimento di ambedue le Province. Le competenze legislative regionali elencate nell'art.15 (complessivamente 24) comprendevano settori senz'altro molto importanti (quali lo sfruttamento delle acque pubbliche, la scuola, l'urbanistica e l'edilizia, l'industria, il turismo e il commercio, l'agricoltura, le foreste, il credito, una limitata competenza fiscale e di ordine pubblico, ecc.) e per quanto esse non potessero essere esercitate se non nell'ambito della Costituzione e delle leggi fondamentali dello Stato, bisogna dire che il contenuto autonomistico dello Statuto Innocenti non era di scarsa importanza. Naturalmente non si trattava di una concezione federalistica, ma pur sempre fortemente regionalistica. Un suo punto debole dal punto di vista autonomistico poteva essere visto nella forte posizione assegnata al Commissario del Governo di nomina statale e nella sua funzione di controllo del governo regionale. Anche se come lingua ufficiale della Regione era previsto l'italiano, ai cittadini di madre lingua tedesca era esplicitamente concesso nella pubblica amministrazione l'uso della loro lingua materna. Tuttavia il vero punto debole del progetto Innocenti stava probabilmente (in modo non diverso in questo da quanto previsto dal progetto ASAR della fine luglio 1946) nella istituzione di un "comitato delle minoranze" a composizione paritetica dei due gruppi etnici italiano e tedesco con competenza decisionale su tutte le questioni specifiche di ciascun gruppo.

Nel Trentino la reazione al progetto Innocenti fu di vario tipo. L'ASAR si espresse decisamente contro, in quanto non corrispondeva alla sua concezione federalistica e presentò subito - come abbiamo sopra ricordato - un suo proprio progetto. Un giudizio positivo come buona base di discussione ne diedero invece i democristiani e i liberali. I socialisti e comunisti assunsero per motivi tattici un atteggiamento di scettica attesa, ma spostandosi sempre più verso una linea favorevole all'autonomia, non volendo, dopo la deludente prova nelle elezioni comunali del marzo 1946 e in quelle per la Costituente del 2.6.1946, venire a trovarsi schiacciati con la loro specifica posizione autonomistica fra la DC e l'ASAR.

Im Trentino war die Reaktion der Parteien auf das Innocenti-Projekt unterschiedlich. Die ASAR sprach sich strikt dagegen aus, da es ihren föderalistischen Vorstellungen nicht entsprach, und sie legte - wie oben kurz erwähnt - sofort ein eigenes Projekt vor, die DC und die Liberalen bewerteten es hingegen positiv als gute Diskussionsgrundlage. Die Sozialisten und Kommunisten verhielten sich aus taktischen Gründen skeptisch abwartend und gingen zunehmend auf eine stärker autonomiefreundliche Linie, da sie nach den enttäuschenden Ergebnissen der Kommunalwahlen vom März 1946 und den Wahlen zur Costituente vom 2.6.1946 mit ihren eigenen Autonomievorstellungen nicht zwischen DC und ASAR aufgerieben werden wollten.

Die große offene Frage war die Reaktion der SVP, an deren Adresse das Innocenti-Projekt in erster Linie gerichtet war und um deren Mitarbeit an der Autonomiediskussion der Präfekt seit Jänner 1946 vergeblich geworben und gedrängt hatte. Vor allem unter dem Aspekt der SVP-Politik und der österreichischen Südtirolpolitik war der Zeitpunkt der Veröffentlichung dieses mehr oder weniger "regierungsamtlichen" Autonomieprojekts von Innocenti aus mehreren Gründen taktisch ausgesprochen klug gewählt worden. Nach der eigenmächtigen Vorlage der "Pustertallösung" durch Außenminister Gruber und deren Ablehnung durch die Friedenskonferenz in Paris befand sich die Südtirolpolitik zwischen Bozen, Innsbruck und Wien in einem Zustand größter Konfusion, Zerstrittenheit und Perspektivlosigkeit. Die SVP hatte bis dahin Verhandlungen mit Rom über eine Autonomielösung strikt abgelehnt, um die Forderung nach dem Selbstbestimmmungsrecht nicht zu präjudizieren. Aber über die zu verfolgende Linie war es seit Anfang 1946 innerhalb der Partei immer mehr zu einer harten Zerreißprobe zwischen den "fundamentalistischen Hardlinern", die alles nur auf die Karte Selbstbestimmung und Wiederangliederung an Österreich setzten, und den "moderaten Realpolitikern", die als notwendigen Kompromiß auch eine Autonomielösung in Betracht zogen, gekommen. Zwar waren auch die Realpolitiker Erich Amonn und Josef Raffeiner der Meinung, daß eine Autonomielösung für Südtirol nicht bloß auf innenpolitischer Ebene zwischen Bozen und Rom, sondern womöglich abgesichert auf

Il grande problema che restava aperto riguardava piuttosto la reazione della SVP, al cui indirizzo il progetto Innocenti era prioritariamente rivolto e da cui il Prefetto aveva inutilmente fin dal gennaio del 1946 sollecitato e fatto pressione per ottenere la collaborazione alla sua discussione e stesura. Il momento scelto per la pubblicazione di questo progetto in certo modo "ufficialmente governativo" era stato colto molto abilmente soprattutto in relazione alla crisi in cui si trovava allora la politica della SVP e quella sudtirolese dell'Austria. Dopo l'arbitraria "soluzione pusterese" avanzata dal ministro degli esteri Gruber, respinta poi dalla Conferenza di pace di Parigi, le relazioni fra Bolzano, Innsbruck e Vienna in merito alla questione sudtirolese si trovavano in uno stato di grande confusione, di forti contrasti, prive di prospettive. Fino a quel momento la SVP aveva rigorosamente respinto l'offerta di trattative con Roma in merito all'autonomia per non compromettere il sempre rivendicato diritto all'autodecisione. Ma a partire dall'inizio del

CITTADINI DEL TRENTINO E DELL'ALTO ADIGE!

Vogliamo la più ampia e reale autonomia della Regione che si stende da ALA al BRENNERO e di tutti i vecchi Comuni ivi compresi!

Vogliamo fatti e non parole!

Vogliamo restituite le antiche libertà ereditate dai nostri avi e riconosciute dallo stesso Governo Nazionale con Decreto 26 settembre 1920 N. 1322; libertà calpestate e soppresse dal Regime Fascista!

Non vogliamo essere trattati da minorenni o da minorati!

Vogliamo Sindaci e Rappresentanze Comunali e Provinciali eletti dal Popolo. E subito! Non tolleriamo amministrazioni Comunali nominate con sistemi che puzzano di fascismo a grande distanza!

Vogliamo che nelle amministrazioni Comunali e Provinciali non ci sia più posto per le canaglie, per i ladri e per i profittatori di qualunque colore.

CITTADINI DEL TRENTINO E DELL'ALTO ADIGE!

Uniti e concordi arriveremo alla meta

La Valle d'Aosta ci precede con l'esempio!

PARTITO DELLA DEMOCRAZIA CRISTIANA
Comitato Provinciale di Trento

Nell'agosto 1945 la DC diffuse un volantino nel quale si pronunciava a favore di un'autonomia regionale, richiamandosi al precedente della Valle d'Aosta.
Im August 1945 verbreitete die Democrazia Cristiana ein Flugblatt, in dem sie sich für eine regionale Autonomie ausspract und auf die Vorreiterrolle Aostas hinwies.

Josef Raffeiner, erster Generalsekretär der SVP und enger Freund von August Pichler, vertrat eine Politik der Kooperation mit den autonomistisch gesinnten Italienern. Im Bild von links nach rechts: Josef Raffeiner, Peter Brugger und Silvius Magnago (9. 11. 1955)

Josef Raffeiner, primo segretario generale della Südtiroler Volkspartei e stretto amico di August Pichler, era per una politica di cooperazione con i gruppi autonomistici italiani. Nella foto da sinistra a destra: Josef Raffeiner, Peter Brugger e Silvius Magnago (9. 11. 1955)

außenpolitischer Ebene durch eine bilaterale Vereinbarung zwischen Rom und Wien bzw. über den italienischen Friedensvertrag erreicht werden sollte, aber sie waren der Überzeugung, daß dieser Weg rechtzeitig beschritten werden müßte, bevor es dafür zu spät war. Zu dieser Auffassung waren sie nicht zuletzt auf Grund ihrer Einschätzung der internationalen Lage sowie der vielen Gespräche mit Vertretern der AMG in Bozen und der Alliierten Kommission in Rom gekommen. Gegen eine derartige Linie waren aber bis Juni 1946 sowohl die verantwortlichen Personen der Südtirolpolitik in Innsbruck und Wien wie auch die Mehrheit des Zentralausschusses der SVP, insbesondere die sogenannte "Brixner Nebenregierung" um Bischof Josef Geisler und Generalvikar Alois Pompanin, gewesen.

Mitte Juni war in Bozen und Meran von einem kleinen deutsch-

1946 si era giunti, riguardo alla linea da seguire, a un duro confronto all'interno del Partito fra gli intransigenti, per così dire "fondamentalisti", che puntavano tutto sulla carta dell'autodeterminazione e la riaggregazione all'Austria, e i "moderati", favorevoli a una politica realistica, disposti a prendere in considerazione, quale necessario compromesso, anche una soluzione autonomistica. Fra i realisti Erich Ammon e Josef Raffeiner erano tuttavia dell'opinione che la soluzione autonomistica non poteva essere ricercata solo a livello di politica interna con trattative fra Roma e Bolzano, ma doveva, per quanto possibile, trovare una sua garanzia a livello internazionale mediante un accordo bilaterale fra Roma e Vienna in relazione al Trattato di pace; erano peraltro convinti che i passi a ciò necessari dovessero essere tempestivamente intrapresi, prima che fosse troppo tardi. A tale convinzione erano giunti soprattutto in base a una valutazione della situazione internazionale, nonché dei molti colloqui che avevano avuto con rappresentanti dell'AMG di Bolzano e della Commissione Alleata a Roma. Contro una tale linea si battevano invece, almeno fino al mese di giugno 1946, sia gli uomini responsabili della politica sudtirolese di Innsbruck e Vienna, sia anche la maggioranza del comitato centrale della SVP e specialmente il cosiddetto "governo ombra" di Bressanone stretto intorno al vescovo Josef Geisler e al vicario generale Alois Pompanin.

Alla metà di giugno un piccolo gruppo di persone di lingua

Erich Amonn, primo presidente della SVP, rappresentava per il gruppo attorno al canonico Michael Gamper una spina nel fianco. Nonostante August Pichler non si iscrisse alla SVP, cooperò attivamente con Amonn.

Erich Amonn, erster Obmann der Südtiroler Volkspartei, war der Gruppe um Kanonikus Michael Gamper wegen seiner bürgerlich-liberalen Linie ein Dorn im Auge. Obgleich August Pichler nicht der SVP beitrat, arbeitete er mit Amonn in vielen Fragen eng zusammen.

Kanonikus Michael Gamper, Vertreter der ethnischen Integrations- und Volkstumspolitik.
Il canonico Michael Gamper, rappresentante della politica etnica intransigente.

sprachigen Personenkreis der "Südtiroler Demokratische Verband" (SDV) gegründet worden, der über sein Organ, das "Südtiroler Wochenblatt", die SVP heftig angriff: In der SVP hätten wieder die ehemaligen Nazis weitgehend die Macht übernommen, die strikte Ablehnung jedes Gesprächs mit Rom über eine Autonomie und die ausschließliche Orientierung auf Österreich und die Selbstbestimmung werde Südtirol ein zweites Mal wie 1939 in eine Sackgasse führen. Zwar war es auch Personen wie Amonn und Raffeiner bewußt, daß es sich beim SDV weitgehend um eine von der Bozner Präfektur und römischen Regierungskreisen "ferngesteuerte" Gründung handelte mit dem Ziel, die bisher einheitliche politische Organisation der Südtiroler Minderheit aufzubrechen, aber für so vollkommen unbegründet hielten sie allein deshalb die Kritik und Vorschläge des SDV noch nicht. Denn diese Kritiken und Vorschläge enthielten einiges, was sie im Hinblick auf die öffentliche Meinung im Lande wie wegen der Unmöglichkeit einer öffentlichen Desavouierung der Südtirolpolitik von Außenminister Gruber selbst und direkt nicht aussprechen wollten und konnten.

Dazu kam ein weiterer wichtiger Grund, der Ende Juni 1946 den moderat-realpolitischen SVP-Führungskreis um Amonn und Raffeiner zu einem Überdenken der bisher verfolgten politischen Linie führte. Im Februar 1946 hatte sich nämlich die SVP gegenüber Präfekt Innocenti bereit erklärt, an einer Kommission zur Diskussion und Lösung des sogenannten "Optantenproblems" mitzuarbeiten. Die rechtlich nicht eindeutige und politisch umstrittene Staatsbürgerschaft der in Südtirol verbliebenen "Deutschland-Optanten" des

tedesca aveva fondato a Bolzano e Merano il "Südtiroler Demokratischer Verband" (SDV), il quale mediante il suo organo di stampa "Südtiroler Wochenblatt", attaccava aspramente la SVP, affermando che nel partito andavano di nuovo prendendo il sopravvento gli ex nazisti, che il rigido rifiuto di ogni colloquio con Roma sull'autonomia e l'esclusivo orientamento verso l'Austria e l'autodeterminazione avrebbe portato per la seconda volta il Sudtirolo in una situazione senza via d'uscita, come già nel 1939. Certamente, uomini come Amonn e Raffeiner erano consapevoli che la fondazione del SDV era stata per buona parte manovrata a distanza dalla Prefettura di Bolzano e dai circoli governativi romani, ma non perciò ritenevano del tutto infondate le critiche e inutili i suggerimenti rivolti alla SVP. Tali critiche e proposte infatti contenevano elementi che essi, data la pubblica opinione fra la popolazione tedesca e l'impossibilità di sconfessare pubblicamente la politica sudtirolese del ministro degli esteri Gruber, non potevano né volevano affermare direttamente.

A ciò si aggiunse poi un altro importante motivo che alla fine di giugno del 1946 indusse il gruppo dei moderati all'interno della direzione della SVP intorno ad Ammon e Raffeiner a ripensare la linea politica finora perseguita. Nel febbraio del 1946 infatti la SVP aveva comunicato al Prefetto Innocenti la sua disponibilità a collaborare nella commissione nominata per la discussione e soluzione del cosiddetto "problema degli optanti". Si trattava della questione giuridicamente non chiara e oggetto di politica contesa relativa alla cittadinanza italiana degli "optanti per la Germania" dell'anno 1939, ma rimasti in Alto Adige, fossero essi naturalizzati o meno, che fino allora era pesata come una cappa di piombo sulla politica della SVP e che avrebbe rappresentato un insolubile problema sia in caso di elezioni, sia in quello di un eventuale referendum popolare concesso dalle forze alleate. Tuttavia alla fine di giugno del 1946 si era arrivati all'interno di tale commissione a un progetto di "legge per i rioptanti", accettabile anche da parte della SVP, la quale però lo disdisse il 20.9.1946 al mutare della situazione politica dopo l'Accordo di Parigi, in quanto riteneva che future trattative dirette fra Roma e Vienna avrebbero potuto portare a migliori risultati.

Jahres 1939, der eingebürgerten, aber auch der nichteingebürgerten, hatte nämlich bis dahin wie ein Bleigewicht die SVP-Politik belastet und wäre sowohl im Falle von Wahlen wie im Falle einer allenfalls von den alliierten Siegermächten zugestandenen Volksabstimmung zu einem ungeklärten Problem geworden. Bis Ende Juni 1946 war es aber innerhalb dieser Kommission zu einem Ergebnis über ein "Reoptantengesetz" gekommen, das auch für die SVP akzeptabel war, das allerdings nach der durch das Pariser Abkommen neu entstandenen Situation am 20.9.1946 von der SVP aufgekündigt wurde, da sie der Meinung war, künftige direkte Verhandlungen zwischen Rom und Wien würden zu einem günstigeren Ergebnis führen.

Jedenfalls hatten Amonn und Raffeiner Anfang Juli 1946 gegenüber Präfekt Innocenti erklärt, daß sie nunmehr auch zu Gesprächen über eine Autonomie bereit wären, wobei das "Innocenti-Projekt" vom 30.6.1946 aber von ihnen keineswegs als eine bereits definitive Lösung angesehen wurde. Dieser Schritt war zwar eine kurzzeitige Abkoppelung der SVP von der Südtirolpolitik Wiens gewesen, der aber in der Folge durch den Abschluß des Pariser Abkommens vom 5.9.1946 überholt wurde. Seit diesem Zeitpunkt verstärkten sich innerhalb der SVP jene Stimmen, die von einer allfälligen Zusammenarbeit mit dem Trentino von Anfang an und aus prinzipiellen Gründen nichts wissen wollten und die nur eine ausschließlich für die Provinz Bozen geltende Autonomie anstrebten. Bestätigt sahen sie sich dabei in der durch Außenminister Gruber gegebenen Interpretation des Abkommens, nämlich daß den Südtirolern ohne ihre freie Zustimmung eine gemeinsame Autonomie mit dem Trentino nicht aufgezwungen werden könne. De Gasperi hingegen beharrte auf seinem rechtlich gesehen unanfechtbaren Standpunkt, daß Rom nur über den Punkt 3 des Pariser Abkommens (Reoptantengesetz, Studientitelanerkennung und freier Personen- und Warenverkehr zwischen Ost- und Nordtirol) zu direkten Gesprächen mit Wien verpflichtet sei, während bei der Festlegung des Inhalts und des Geltungsbereichs der künftigen Autonomie die Südtiroler zwar konsultiert werden müßten, diese Kompetenz ansonsten aber ausschließlich der Verfassunggebenden Versammlung zustünde.

In ogni modo all'inizio del luglio 1946 Amonn e Raffeiner avevano dichiarato al Prefetto Innocenti di essere pronti anche a incontri sul tema dell'autonomia, con la precisazione peraltro che il "progetto Innocenti" del 30.6.1946 non poteva in nessun modo essere considerato definitivo. Il passo rappresentava un temporaneo distacco della SVP dalla politica sudtirolese di Vienna, superato tuttavia poco dopo dalla firma dell'Accordo di Parigi del 5.9.1946. Da questo momento in poi si rafforzarono all'interno della SVP le voci di coloro che fin dall'inizio e per motivi di principio rifiutavano ogni eventuale collaborazione con il Trentino e che aspiravano ad ottenere una distinta autonomia per la Provincia di Bolzano. Trovavano conferma di questa loro impostazione nella interpretazione dell'Accordo che ne dava il ministro degli esteri Gruber, secondo cui non poteva essere imposta ai sudtirolesi, senza il loro libero consenso, nessuna forma di autonomia comune con il Trentino. Da parte sua, invece, De Gasperi insisteva nella propria interpretazione, giuridicamente inattaccabile, secondo cui Roma, in base al punto 3 dell'Accordo di Parigi (legge per i rioptanti, riconoscimento dei titoli di studio e libera circolazione delle persone e delle merci fra il Tirolo del Nord e dell'Est), era tenuta a colloqui diretti con Vienna, mentre per la definizione della validità territoriale dell'autonomia si dovevano, sì, consultare i sudtirolesi, ma ogni decisione era di esclusiva competenza dell'Assemblea Costituente.

I progetti di autonomia a raffronto

Alla fine del 1946 l'atteggiamento politico italiano era profondamente cambiato sia riguardo alla creazione di regioni a statuto speciale, sia per le autonomie regionali in genere, e all'euforia e consenso di un tempo era succeduto uno scetticismo sempre maggiore fino all'aperto rifiuto. La spettacolare sconfitta elettorale del Partito d'azione nelle elezioni del 2.6.1946 ne fu l'espressione più evidente e significativa. I sostenitori più accaniti del nuovo centralismo furono, con poche eccezioni, i liberali, che dal dicembre del 1945 erano i più importanti partners del governo di coalizione De Gasperi, i quali in un forte decentramento vedevano un pericolo per lo Stato unitario da essi fondato.

Die Autonomieprojekte im Vergleich

Bis Ende 1946 hatte sich die allgemeine politische Stimmung Italiens gegenüber den zu errichtenden Regionen mit Sonderstatut wie gegenüber den Regionalautonomien generell bereits gründlich geändert, und der früheren Euphorie und Zustimmung waren immer mehr Skepsis bis offene Ablehnung gewichen. Die spektakuläre Niederlage des Partito d'Azione bei den Wahlen vom 2.6.1946 war dafür nur der optisch sichtbarste Ausdruck gewesen. Die engagiertesten Befürworter eines neuen Zentralismus waren dabei mit wenigen Ausnahmen die Liberalen, die seit Dezember 1945 die wichtigsten Koalitionspartner De Gasperis waren und die in einer zu starken Dezentralisierung eine Gefahr für den von ihnen geschaffenen Einheitsstaat erblickten.

In der Costituente war es die 2. Unterkommission (die sogenannte "Kommission der 75") unter dem Vorsitz des Kommunisten Umberto Terracini, die sich seit September 1946 mit dem administrativen Aufbau des neuen Staates zu beschäftigen hatte. Dabei waren es nur mehr isolierte Stimmen, wie etwa jene der Vertreter des Partito d'Azione bzw. der Sozialistischen Partei, Emilio Lussu, Tristano Codignola und Lucio Luzzatto und des ehemaligen Führers des sizilianischen Separatismus, Andrea Finocchiaro-Aprile, die sich offen für eine autonome Region Bozen bzw. gegen eine gemeinsame Regionalautonomie für die beiden Provinzen Trient und Bozen aussprachen.

Von einer wirksamen Unterstützung Wiens in der Autonomiefrage hatte die SVP aber in all den Monaten vom September 1946 bis Ende 1947 nur wenig zu erwarten. Die entsprechenden Interventionen Grubers bzw. des österreichischen Botschafters in Rom, Johannes Schwarzenberg, bei De Gasperi waren weit mehr untertänige Bitten, die Regierung bzw. die zuständigen Kommissionen mögen mit der SVP Konsultationen aufnehmen, als konkrete Forderungen nach einer inhaltlich und gebietsmäßig ausschließlich auf Südtirol beschränkten Autonomie. Dies wohl aus dem einfachen Grunde, daß sich auch Wien selbst bewußt war, daß von einer direkten Verhandlungskompetenz Österreichs bei der Autonomiefrage im Pariser Ver-

Nella Costituente fu la 2. sottocommissione (la "Commissione dei 75") presieduta dal comunista Umberto Terracini ad occuparsi dal settembre 1946 della struttura amministrativa del nuovo Stato. In essa si levavano ormai solo voci isolate, come quella dei rappresentanti del Partito d'azione e del Partito socialista, Emilio Lussu, Tristano Codignola e Lucio Luzzato, nonché di Andea Finocchiaro Aprile un tempo leader del separatismo siciliano, a dichiararsi apertamente per la creazione di un'autonoma regione di Bolzano o contro una comune regione di Trento e Bolzano.

Nei mesi che vanno dal settembre del 1946 alla fine del 1947 la SVP aveva poco da aspettarsi anche da Vienna in fatto di difesa di una propria autonomia. Gli interventi in proposito del ministro degli esteri austriaco Gruber e del suo ambasciatore a Roma Johannes Schwarzenberg presso De Gasperi avevano piuttosto il tono di ossequiose preghiere affinché il governo o rispettivamente le commissioni competenti volessero avviare consultazioni con la SVP, piuttosto che quello di concrete richieste di un'autonomia specifica per contenuti e limitata per territorialità all'Alto Adige. E questo per la semplice ragione che anche Vienna ben sapeva che nell'Accordo di Parigi non si faceva parola di alcun diritto dell'Austria a partecipare direttamente alle trattative per l'autonomia. Pesava inoltre il fatto che la politica estera di Gruber era soprattutto impegnata nelle trattative per il Trattato di pace e che nei rapporti bilaterali con Roma aveva il primo posto, accanto alle questioni economiche e di politica commerciale fra i due Pae-

Il socialista Lucio Luzzato, esperto della questione sudtirolese, prese posizione contro una regione autonoma comune per Bolzano e Trento.

Der Sozialist und Südtirolexperte Lucio Luzzato sprach sich gegen eine gemeinsame Regionalautonomie zwischen Bozen und Trient aus.

trag keine Rede war. Zudem war die Außenpolitik Grubers auf internationaler Ebene vor allem auf die Verhandlungen zu einem Staatsvertrag konzentriert, und in den bilateralen Beziehungen zu Rom stand neben wirtschaftlichen und handelspolitischen Fragen zwischen beiden Ländern in erster Linie die Aushandlung eines neuen Reoptantengesetzes im Vordergrund. Aber auch hier kam es erst am 22. November 1947 zu einem diesbezüglichen österreichisch-italienischen Einvernehmensprotokoll, in dem die rechtlichen und wirtschaftlichen Modalitäten der Wiederverleihung der italienischen Staatsbürgerschaft an die in Südtirol lebenden bzw. die Rückkehrmöglichkeiten der ausgewanderten Optanten geregelt werden konnten. Dieses schließlich im Februar 1948 gleichzeitig mit dem Autonomiestatut für die Region Trentino-Südtirol verabschiedete "Optantendekret" war freilich kaum besser als jenes, das im Sommer 1946 zwischen SVP und Präfekt Innocenti ausgehandelt und dann im September 1946 von der SVP aufgekündigt worden war. Was sich allerdings inzwischen negativ ausgewirkt hatte, waren

- der enorme Zeitverlust, mit dem dieses Ergebnis schließlich erneut erkauft werden mußte

- die verschiedenen Nachteile, die viele Optanten selbst infolge der fehlenden Staatsbürgerschaft inzwischen hatten in Kauf nehmen müssen (in Südtirol z.B. Entlassungen aus dem öffentlichen Dienst, Verweigerung der Ausübung von bestimmten Berufen etc.)

- sowie die Tatsache, daß Rom schließlich die Verabschiedung dieses Optantendekrets dazu benutzte, um Wien zu einer offiziellen Erklärung zu bewegen, in der bestätigt wurde, daß die erlassene Regionalautonomie mit dem Pariser Abkommen voll in Einklang stehe.

Im März 1947, wenige Wochen nach der Unterzeichnung des italienischen Friedensvertrages, übertrug De Gasperi die Aufgabe der Erarbeitung des Autonomiestatuts für Trentino-Südtirol einer eigenen Kommission, die aus ihrem Präsidenten, dem ehemaligen Ministerpräsidenten Ivanoe Bonomi, 4 Abgeordneten der Costituente (Luigi Einaudi, Gaspare Ambrosini, Tomaso Perassi, Giovanni Uberti) und 2 Experten (Silvio Innocenti und Antonio Sorrentino) zusammengesetzt war. Allein schon die Auswahl der Personen dieser "Siebener-Kom-

si, la trattativa per una legge a favore dei rioptanti. Ma anche in tal campo solo il 22 novembre 1947 si giunse alla firma di un protocollo d'intesa italo-austriaco che regolava le modalità giuridiche ed economiche per la riassegnazione della cittadinanza italiana agli optanti residenti in Alto Adige e le possibilità di ritorno per quelli che erano emigrati. Il rispettivo "decreto per gli optanti", varato infine nel febbraio 1948 unitamente allo Statuto di autonomia per la Regione Trentino-Alto Adige, era di ben poco migliore rispetto a quello nato nell'estate del 1946 dalle trattative fra la SVP e il prefetto Innocenti e poi, nel settembre, disdetto dalla SVP. Ciò che nel frattempo sembrava aver portato un peggioramento delle situazione era:

- l'enorme perdita di tempo con cui il risultato era stato di nuovo ottenuto;

- i numerosi svantaggi che molti optanti, proprio per essere privi della cittadinanza, avevano dovuto nel frattempo subire (in Alto Adige, ad esempio, l'allontanamento dai pubblici uffici, l'impossibilità di esercitare determinate professioni, ecc.);

- e infine il fatto che Roma utilizzasse la concessione del decreto per indurre Vienna a rilasciare una dichiarazione ufficiale con la quale si riconoscesse che la concessa autonomia regionale corrispondeva pienamente a quanto previsto dall'Accordo di Parigi.

Nel marzo del 1947, poche settimane dopo la firma del Trattato di pace con l'Italia, De Gasperi affidò il compito della elaborazione di uno statuto di autonomia per la Regione Trentino-Alto Adige a una speciale commissione composta dall'ex Presidente del Consiglio dei ministri Ivanoe Bonomi, come presidente, da quattro deputati della Costituente (Luigi Einaudi, Gaspare Ambrosini, Tomaso Perassi, Giovanni Uberti), e da due esperti (Silvio Innocenti e Antonio Sorrentino). Già dalla scelta dei componenti di questa "Commissione dei sette", tutti politicamente provenienti da ambienti piuttosto di destra, stava a indicare che, nonostante le loro convinzioni in parte diverse sui problemi delle autonomie regionali, lo statuto che avrebbero dovuto approntare per l'ottobre del 1947 non poteva essere particolarmente favorevole all'autonomia e alle minoranze linguistiche. I giuristi Uberti e Ambrosini (questi

mission", die alle durchwegs aus dem politisch eher rechten Umfeld kamen, deutete darauf hin, daß trotz ihrer teilweise unterschiedlichen Einstellung zum Problem der Regionalautonomien das von ihnen bis Oktober 1947 ausgearbeitete Projekt eines Statuts nicht besonders autonomie- und minderheitenfreundlich ausfallen würde.

Die Juristen Uberti und Ambrosini (der spätere Präsident des Verfassungsgerichtshofes) waren Christdemokraten, Einaudi war führender Exponent der Liberalen, der Verfassungsrechtler Perassi gehörte der Republikanischen Partei an, und Bonomi kam von der kleinen Splittergruppe der ehemaligen Sozialdemokraten, nämlich den "Demo-Labouristen". Sorrentino und Innocenti hatten eine Karriere als Beamte in der Zivilverwaltung des faschistischen Innenministeriums hinter sich gebracht, und zusammen mit Perassi waren sie seit 1944 beim Ministerratspräsidium auch mit der Südtirolfrage beschäftigt, wobei sie durch ihre restriktive und minderheitenfeindliche Interpretation der Staatsbürgerschaftsfrage der Südtiroler Optanten aufgefallen waren. Sie waren von ihrer politischen Kultur her gesehen zweifellos weitaus mehr Befürworter des zentralistischen Einheitsstaates als Verfechter weitgehender Regionalautonomien.

In der Frage der Umsetzung des Pariser Abkommens und der künftigen Autonomie Südtirols waren Perassi, Sorrentino und Innocenti so wie Ambrosini und Uberti getreue Gefolgsleute De Gasperis, nämlich Vertreter einer starken Einheitsregion mit einer beschränkten Subautonomie für die Provinz Bozen.

Einaudi gehörte nicht zuletzt auf Grund seiner antifaschistischen Vergangenheit zu jener Minderheitengruppe innerhalb der Liberalen Partei, die einer Dezentralisierung des Staates im Sinne einer notwendigen Überwindung des faschistisch-bürokratisch-zentralistischen Systems positiv gegenüberstand. 1944 hatte Einaudi in seinem Schweizer Exil seinen berühmten Artikel "Via i prefetti!" geschrieben, in dem er die Allgewalt des dem Innenministerium unterstehenden Präfekten als das Hauptübel des italienischen Staates und das größte Hindernis für die Entwicklung einer freiheitlichen auf der direkten Beteiligung der Bürger beruhenden Demokratie bezeichnete. Diese Kritik Einaudis deckte sich damals mehr oder weniger mit jener weiter Kreise des Antifaschismus, vor allem aus dem Lager der

in seguito diverrà presidente della Corte Costituzionale) erano democristiani, Einaudi era un eminente esponente dei liberali, il giurista costituzionale Perassi apparteneva al Partito repubblicano e Bonomi proveniva da un gruppuscolo di stampo socialdemocratico, i "Demo-laburisti". Sorrentino e Innocenti avevano alle spalle una carriera di funzionari del ministro degli interni sotto il passato regime fascista, e insieme a Perassi erano stati incaricati fin dal 1944 presso la Presidenza del Consiglio dei Ministri di occuparsi anche della questione altoatesina, dove si erano distinti per la loro impostazione restrittiva e ostile alle minoranze nella questione degli optanti sudtirolesi. Senza dubbio, per la loro formazione politico-culturale, essi erano piuttosto sostenitori dello stato centralistico che fautori di ampie autonomie regionali.

Nelle questioni relative all'attuazione dell'Accordo di Parigi Perassi, Sorrentino e Innocenti, come pure Ambrosini e Uberti erano fedeli seguaci di De Gasperi, fautori cioè di una forte Regione unitaria con una limitata sub-autonomia per la Provincia di Bolzano. Einaudi per altro apparteneva, anche per il suo passato antifascista, a quella minoranza all'interno del Partito Liberale che guardava favorevolmente al decentramento dei poteri dello Stato come superamento del sistema burocratico-centralistico proprio del fascismo. Nel 1944 Einaudi aveva pubblicato dal suo esilio in Svizzera il famoso articolo "Via i prefetti!" nel quale denunciava lo strapotere dei prefetti, emanazione del ministero degli interni, a suo giudizio uno dei principali mali dello Stato e massimo impedimento allo sviluppo di una democrazia liberale, fondata sulla diretta partecipazione dei cittadini.

La sua critica era in gran parte la stessa sviluppata da vari circoli dell'antifascismo, soprattutto in campo socialista, in quello dei meridionalisti e del Partito d'azione, anch'essi favorevoli a una riforma radicale della futura struttura dello Stato, nella quale vedevano la premessa indispensabile per lo sviluppo di una coscienza nazionale nello spirito della nuova costituzione. Egli tuttavia, quando nel 1946 divenne governatore della Banca d'Italia e consigliere economico di orientamento neoliberale di De Gasperi, propugnò un decentramento soltanto amministrativo dello Stato, mentre guar-

Sozialisten, der Meridionalisten und des Partito d'Azione, die ebenfalls in einer grundlegenden Reform des künftigen Staatsaufbaus die notwendige Voraussetzung für die Entwicklung eines verfassungspatriotischen Nationalbewußtseins beim italienischen Volk gesehen hatten. Doch seitdem Einaudi 1946 zum Chef der Banca d'Italia und zum neoliberalistisch orientierten Wirtschaftsexperten De Gasperis geworden war, wollte er die Dezentralisierung des Staates vorwiegend nur mehr auf den administrativen Bereich beschränkt sehen, während er einer legislativen Kompetenz der Regionen etwa auf den Gebieten der Steuer-, Finanz- und Wirtschaftspolitik mit großer Skepsis gegenüberstand.

Kein überzeugter Verfechter von Regionalautonomien war vor allem auch der Präsident der "Siebener Kommission", Ivanoe Bonomi, selbst. Kurz nach der Berufung in dieses Amt umschrieb er in einem Brief an die Witwe Ernesta Bittanti-Battisti im April 1947 seine Vorstellungen folgendermaßen:

" Personalmente sono contrario al regime regionalistico che si vuole introdurre in Italia. Temo che un Paese dove l'unità politica è recente ed è stata faticosamente raggiunta, i parlamenti regionali possano far risorgere i particolarismi e i municipalismi che furono un vecchio male italiano. Credo che nell'Assemblea Costituente il progetto dei 75 non avrà su questo punto totale vittoria".

Trentiner Vertreter der Costituente hatte De Gasperi, obwohl die Wahlen vom 2.6.1946 in der Provinz Trient im Unterschied zur Provinz Bozen stattgefunden hatten, bewußt nicht in diese "Siebener Kommission" berufen. Dies aus einem dreifachen Grund:

1. Er wollte damit den parteipolitischen Streit des Trentino um die verschiedenen Autonomiekonzeptionen nicht direkt in die Kommission hineintragen, die die Aufgabe hatte, aus den in Trient und Bozen bereits vorliegenden Projekten einen neuen Kompromißvorschlag zu erarbeiten

2. Er konnte damit indirekt auf administrativem Wege leichter die autonomiepolitischen Positionen der Linken und des ASAR neutralisieren und den eigenen, parteipolitischen Vorstellungen, die auf eine Zusammenarbeit und einen Kompromiß mit der SVP abzielten, zum Durchbruch verhelfen

Karl Tinzl elaborò nel 1947 insieme a Josef Raffeiner un progetto di automia che rappresentava un compromesso tra le due diverse anime all'interno della SVP, quella liberale borghese e cittadina e quella di orientamento clericale e contadino.

Karl Tinzl arbeitete 1947 gemeinsam mit Josef Raffeiner einen Autonomieentwurf aus, der ein Kompromiß zwischen der städtisch-bürgerlich-liberalen und der bäuerlich-ländlich-klerikal orientierten Linie innerhalb der SVP war.

dava con grande scetticismo alle competenze legislative delle regioni, specialmente in campo tributario, finanziario ed economico.

Per nulla convinto sostenitore delle autonomie regionali era soprattutto lo stesso presidente della "Commissione dei sette" Ivanoe Bonomi. Poco dopo la sua nomina così esponeva le sue convinzioni in una lettera alla vedova Bittanti-Battisti: "Personalmente sono contrario al regime regionalistico che si vuole introdurre in Italia. Temo che un paese dove l'unità politica è recente ed è stata faticosamente raggiunta, i parlamenti regionali possano far risorgere i particolarismi e i municipalismi che furono un vecchio male italiano. Credo che nell'Assemblea Costituente il progetto dei 75 non avrà su questo punto totale vittoria."

3. Er wollte damit der SVP präventiv keinen Vorwand zur späteren Kritik geben, daß sie nicht in dieser Kommission vertreten sei bzw. nicht zu direkten Konsultationen beigezogen würde, sondern wie alle anderen interessierten Parteien eben auch nur in schriftlicher Form ihre Vorschläge einbringen könne.

Nach mehreren inoffiziellen Kontaktgesprächen mit Silvio Innocenti, der im Oktober 1946 zum Leiter des "Ufficio per le zone di confine" beim Ministerratspräsidium ernannt und damit zum eigentlichen Gehirn der italienischen Südtirolpolitik geworden war, wurde Mitte April 1947 erstmals eine Delegation der SVP von De Gasperi empfangen. Dabei wurde ihm der von Karl Tinzl und Josef Raffeiner ausgearbeitete Autonomie-Entwurf übergeben. Dieser Entwurf war ein Kompromiß zwischen den beiden unterschiedlichen autonomiepolitischen Seelen innerhalb der SVP, nämlich

- der städtisch-bürgerlich-liberalen Führungsgruppe um Amonn-Raffeiner, die bei und nach einer korrekten und einvernehmlichen Abgrenzung zwischen den Kompetenzen der beiden Provinzen Trient und Bozen aus historischen, wirtschaftlichen und politischen Überlegungen heraus zu einer künftigen Kooperation mit dem Trentino bereit war und diese auch für sinnvoll hielt

- dem vor allem bäuerlich-ländlich-klerikal orientierten Flügel der Partei, der von einer Verbindung mit dem Trentino allein schon aus ethnopolitischen Gründen heraus nichts wissen wollte.

Dieser SVP-Autonomie-Entwurf vom April 1947 war auch ein "Rückgriff" auf jenen des Deutschen Verbandes von 1920, der ebenfalls Karl Tinzl als Mitverfasser gehabt hatte, er war freilich in Anbetracht der inzwischen eingetretenen Veränderungen (die Anwesenheit einer numerisch starken italienischsprachigen Minderheit etc.) weitaus "gemäßigter" und realistischer. Er könnte andererseits aber auch als ein "Vorgriff" auf das zweite Autonomiestatut von 1972 verstanden werden, insofern er einige von dessen Aspekten und Bestimmungen vorwegnahm. Hier kurzgefaßt seine wichtigsten Bestimmungen:

1. Der SVP-Entwurf ging wie jener des ASAR im Trentino von föderalistischen Vorstellungen aus, d.h. die Zuteilung der Kompetenzen erfolgte von der Peripherie, von der Region her an die Zentral-

Volutamente De Gasperi non chiamò nella "Commissione dei sette" nessun rappresentante dei trentini, benché nella provincia di Trento, a differenza che in quella di Bolzano, si fossero già tenute le elezioni del 2.6.1946, e ciò per un triplice motivo:

1. non voleva che nella Commissione fossero portati direttamente i termini della contesa politica intorno alle diverse concezioni dell'autonomia, in quanto la Commissione stessa aveva il compito di elaborare, alla luce dei progetti di autonomia già esistenti di Trento e Bolzano, una nuova proposta di compromesso;

2. in tal modo poteva meglio neutralizzare per via indiretta mediante strumenti amministrativi le posizioni della sinistra e dell'ASAR e far meglio valere la sua impostazione volta a ottenere la collaborazione e un compromesso con la SVP;

3. voleva già in via preventiva non offrire occasione alle successive critiche da parte della SVP, in quanto non direttamente presente nella Commissione o rispettivamente per non essere stata direttamente consultata, mentre poteva, come tutti gli altri partiti interessati, presentare in forma scritta le proprie proposte.

Dopo diversi contatti non ufficiali con Silvio Innocenti, che nell'ottobre del 1946 era stato nominato direttore dell'"Ufficio per le zone di confine" presso la Presidenza del Consiglio ed era quindi la vera mente della politica italiana anche sulla questione altoatesina, per la prima volta, a metà aprile del 1947, una delegazione della SVP fu ricevuta da De Gasperi. Nell'occasione gli fu consegnato il progetto di autonomia elaborato da Karl Tinzl e Josef Raffeiner, un progetto che rappresentava un compromesso fra le due diverse anime autonomistiche della SVP, e cioè:

- quella del gruppo dirigente di ispirazione liberale, borghese e cittadina intorno ad Amonn e a Raffeiner, i quali, con una precisa e consensuale delimitazione delle competenze delle due Province di Trento e di Bolzano, erano disposti a una futura collaborazione con il Trentino, che per ragioni storiche, economiche e politiche ritenevano opportuna;

- quella dell'ala del partito di orientamento clericale, contadino, radicata nella campagna, che già solo per ragioni etno-politiche non voleva aver niente a che fare con il Trentino.

regierung. Insgesamt wurden 16 Bereiche aufgezählt, in denen dem Staat die ausschließliche bzw. zumindest weitgehende souveräne Befugnis eingeräumt wurde (Verfassung, System des Wahlrechts und der Grundrechte, Regelung der Beziehungen zu den Religionsgemeinschaften, Außenpolitik, Verteidigung, Justiz, Haushalt, Verkehrswesen, Währung etc.).

2. Trient und Bozen wurden bei gleichzeitiger Auflösung der jeweiligen Präfekturen als autonome Regionen konstituiert, wobei der Provinz Bozen selbstverständlich das "Südtiroler Unterland" (die Gemeinden zwischen Branzoll und Salurn) und gemäß der Beschlüsse der dortigen Gemeinderäte auch die ladinischen Gemeinden der Provinz Belluno (Ampezzo, Colle S. Lucia und Livinallongo) angegliedert werden sollten.

3. Der Regionalversammlung bzw. -regierung als der Summe der beiden Landtage von Trient und Bozen war eine Reihe von wichtigen Kompetenzen vorbehalten (Friedensrichter, Grundbuch, Sanitätswesen, Jagd und Fischerei, Handel und Industrie, öffentliche Sicherheit und Polizeiwesen, Sozialversicherung, Gemeindeordnung etc.). Gemeinsam für beide Regionen zuständig sein sollte auch ein Verfassungsgerichtshof, bestehend aus je 3 vom Staat und 3 von der Region ernannten Richtern, der über Kompetenzstreitigkeiten zwischen Regional- und Staatsgesetzen sowie über allfällige Verletzungen von sprachlich-kulturellen Rechten der drei Sprachgruppen in der Region Südtirol zu entscheiden haben sollte.

4. Den beiden autonomen Regionen sollte der gesamte auf ihrem Territorium gelegene Staatsbesitz (öffentliche Gewässer, Wälder, Bergbau etc.) mit Ausnahme der militärischen Anlagen sowie des Nachrichten- und Verkehrsnetzes als Eigentum übertragen werden. Auch sollte beiden Regionen die volle Steuerhoheit zustehen. Die Zusammensetzung der Landesregierung der Region Südtirol hatte proportional zur numerischen Stärke der drei Sprachgruppen zu erfolgen, und dem Regierungskommissär stand ein Aufsichtsrecht über die administrative und legislative Tätigkeit der gewählten Organe zu.

5. Als spezifische Rechte der in der Region Südtirol lebenden deutschen und italienischen Sprachgruppe (und in eingeschränktem

Tale progetto della SVP può essere visto anche come un "sguardo all'indietro", una ripresa dello statuto elaborato nel 1920 dal Deutscher Verband, alla cui stesura Karl Tinzl aveva pure allora collaborato; dati i mutamenti nel frattempo intervenuti (la presenza di una minoranza italiana numericamente forte, ecc.), esso si presentava notevolmente più "moderato" e realistico. Ma al tempo stesso può essere considerato anche come uno "sguardo in avanti" in quanto anticipava vari caratteri e norme che compariranno nel secondo statuto di autonomia del 1972. Eccone in sintesi alcuni degli aspetti più importanti:

1. come il progetto dell'ASAR trentino anche quello della SVP muoveva da una concezione federalistica per cui l'attribuzione delle competenze muoveva dalla periferia, dalla regione al governo centrale. Complessivamente vi si enumeravano 16 ambiti nei quali viene riconosciuta allo Stato competenza esclusiva o almeno molto ampia (costituzione, sistema elettorale e dei diritti fondamentali, regolazione dei rapporti fra le confessioni religiose, politica estera, difesa, giustizia, bilancio, comunicazioni, finanze, ecc.).

2. Trento e Bolzano, sciolte le rispettive prefetture, si costituiscono in regioni autonome, mentre alla provincia di Bolzano viene naturalmente aggregata la Bassa Atesina sudtirolese (e cioè i comuni fra Bronzolo e Salorno) e in forza delle decisioni dei rispettivi consigli comunali anche i comuni ladini della provincia di Belluno (Ampezzo, Colle S.Lucia e Livinallongo).

3. All'assemblea e al governo regionali come somma dei due consigli regionali locali era riservata tutta una serie di importanti competenze (giudici di pace, libro fondiario, sanità, caccia e pesca, commercio e industria, sicurezza e ordine pubblico, previdenza sociale, ordinamento comunale, ecc.). Vi era prevista anche una corte costituzionale unitaria per ambedue le regioni, composta di 3 membri nominati dallo Stato e 3 dalla regione, competente a dirimere i conflitti fra le leggi della regione e quelle dello Stato, nonché a giudicare di ogni eventuale violazione dei diritti linguistico-culturali dei tre gruppi etnici presenti nel Sudtirolo.

4. In proprietà di ambedue le regioni sarebbero dovuti passare tutti i beni del demanio statale presenti nel rispettivo territorio

Maße auch für die Ladiner) wurden festgehalten: das Recht auf den Gebrauch der Muttersprache bei allen Ämtern der öffentlichen Verwaltung, die Besetzung der öffentlichen Stellen im Verhältnis zur numerischen Stärke der Sprachgruppen, das Recht auf den Unterricht in der Muttersprache mit der Verpflichtung zur Erlernung der zweiten Landessprache für beide Sprachgruppen, die Garantie der unbeschränkten Pflege von Sprache und Kultur auf dem Gebiet der Presse und des Vereinswesens. Bei allfälliger, angenommener Verletzung der Rechte der Bürger wegen ihrer ethnischen Zugehörigkeit war eine separate Abstimmung nach Sprachgruppen vorgesehen, wobei die Mehrheit der Abgeordneten der betroffenen Sprachgruppe den Ausschlag geben sollte bzw. der zuständige Verfassungsgerichtshof zu entscheiden hatte.

6. Als Ergänzung zur Gesetzesinitiative der beiden Landtage wurde das basisdemokratische Element des abrogativen und propositiven Referendums bei einer Unterschriftenzahl von 5.000 Wahlberechtigten vorgesehen.

Der SVP-Entwurf vom April 1947 war nicht nur ein juridisch ausgereiftes und demokratisches Konzept eines Autonomiestatuts, sondern es war auch insofern ein kluger Kompromiß, als darin einerseits die im Pariser Abkommen erwähnten Rechte kultureller, sozialer und wirtschaftlicher Natur der deutschen und ladinischen Minderheit nochmals explizit festgeschrieben waren, andererseits aber auch die Türen einer künftigen loyalen Kooperation mit dem Trentino bewußt offen gelassen wurden. Für die Umsetzung dieses SVP-Entwurfs fehlten 1947 allerdings die nötigen politischen Voraussetzungen sowohl in Trient wie in Rom. Wer sich, zwar nicht offiziell, aber noch am ehesten damit identifizierte, waren die Sozialisten und Kommunisten in Trient und Bozen. Zum einen weil sie einer eigenen, weitgehenden Autonomie für das Trentino mit einer gewissen Skepsis gegenüberstanden, da sie damit verbunden eine von Rom abgeschottete, "hegemoniale und klerikale Herrschaft der DC" befürchteten, zum anderen weil sie von der Notwendigkeit der Gewährung einer spezifischen Autonomie für die deutsche und ladinische Minderheit und damit für die Provinz Bozen überzeugt waren. Die Parteizentralen der Sozialisten und Kommunisten in Rom wa-

(acque pubbliche, foreste, miniere, ecc.) ad eccezione degli impianti militari e della rete di comunicazione informativa e stradale. Di piena competenza delle due regioni avrebbe dovuto essere anche l'ordinamento tributario. La composizione del governo della regione Sudtirolo avrebbe dovuto essere proporzionale alla forza numerica dei tre gruppi etnici, mentre al Commissario del Governo centrale si riconosceva il diritto di supervisione dell'attività amministrativa e legislativa degli organi elettivi.

5. Vi erano affermati quali specifici diritti dei gruppi etnici di madre lingua italiana e tedesca (e in misura minore per quelli di lingua ladina) il diritto all'uso della propria madre lingua in tutti gli uffici della pubblica amministrazione, l'accesso ai posti di lavoro pubblici in proporzione dell'entità numerica dei singoli gruppi linguistici, il diritto all'insegnamento nella propria madre lingua con l'obbligo dell'apprendimento della seconda lingua per ambedue i gruppi maggiori, la garanzia della piena libertà di tutelare i propri interessi linguistici e culturali nel campo delle pubblicazioni a stampa e dell'associazionismo. Prevedeva inoltre una speciale forma di votazione separata per gruppi etnici nel caso di riconosciute violazioni dei diritti del cittadino in quanto appartenente a un gruppo etnico, nella quale era determinante la maggioranza dei consiglieri del gruppo etnico interessato, con possibilità di ricorso, nel caso di mancato riconoscimento, alla Corte costituzionale.

6. A complemento dell'iniziativa legislativa delle due assemblee regionali era previsto, come elemento di democrazia diretta, il referendum abrogativo e propositivo con la firma di almeno 5.000 elettori.

Il progetto della SVP del 1947 rappresentava non soltanto una concezione matura e democratica di statuto autonomistico, ma costituiva anche un accorto compromesso nel senso che, da un lato, sanciva di nuovo ed esplicitamente i diritti culturali, sociali ed economici delle minoranze tedesca e ladina previsti dall'Accordo di Parigi, mentre, dall'altro, lasciava aperta la porta a una futura leale collaborazione con il Trentino. Per la sua attuazione mancavano purtroppo nel 1947, sia a Trento che a Roma, le premesse politiche

ren jedoch mit wenigen Ausnahmen für eine Einheitsregion Trentino-Südtirol. Wer innerhalb der Linken bis zuletzt für eine getrennte Autonomie für Bozen und Trient kämpfte, waren in Rom der Sozialist Lucio Luzzatto, in Trient die Witwe Ernesta Bittanti-Battisti und in Bozen der deutschsprachige Kommunist Silvio Flor, der wegen dieser Meinungsverschiedenheit mit der Parteizentrale in Rom 1946 aus der Partei austrat.

In der Verfassunggebenden Versammlung in Rom gab es 1947 jedenfalls keine einzige Partei, die einem derart föderalistischen Autonomiekonzept wie jenem der SVP zuzustimmen bereit war. Ganz im Gegenteil waren sogar schon immer mehr kritische Stimmen über

Ernesta Bittanti-Battisti, die Witwe Cesare Battistis, setzte sich bis zuletzt für eine autonome Region Südtirol ein. Im Bild mit dem Sozialisten und Humanisten Gaetano Salvemini in Bellamonte (1949).

Ernesta Bittanti-Battisti, vedova di Cesare Battisti, si battè fino all'ultimo per una regione autonoma del solo Sudtirolo. Nella foto, insieme al socialista ed umanista Gaetano Salvemini a Bellamonte (1949).

indispensabili. Chi più prontamente, seppure in forma non ufficiale, fece proprio quel progetto furono i socialisti e i comunisti trentini, sia perché nutrivano un certo scetticismo nei confronti di una ampia autonomia del Trentino, in quanto temevano che Roma la favorisse al fine di assicurarvi "un egemonico potere clericale della DC", sia, d'altro lato, perché erano sinceramente convinti della necessità di una specifica autonomia per la provincia di Bolzano a garanzia delle minoranze tedesca e ladina. A Roma, invece, gli organi centrali del partito socialista e comunista erano a favore, tranne poche eccezioni, di una regione unica del Trentino-Alto Adige. All'interno della sinistra lottarono fino in fondo per un autonomia separata delle province di Trento e Bolzano Lucio Luzzatto a Roma, la vedova Ernesta Bittanti-Battisti a Trento e a Bolzano il comunista di madre lingua tedesca Silvio Flor, che proprio per questa divergenza di idee con gli organi centrali romani del suo partito, lo abbandonò nel 1946.

Nell'Assemblea Costituente del 1947 a Roma non v'era d'altronde un solo partito che fosse disposto a votare un progetto di autonomia federalistica quale era quello presentato dalla SVP. Anzi, al contrario aumentavano di giorno in giorno le voci critiche nei confronti delle troppo ampie competenze degli Statuti della Valle d'Aosta e della Sicilia - e questo sia fra i partiti di sinistra sia di destra, pur con motivazioni in parte diverse. A Trento furono soprattutto i liberali e i democristiani ad opporsi al progetto SVP. Quando dopo l'incontro della delegazione SVP con De Gasperi del 17.4.1947 si sparse la voce che la "Commissione dei sette" avrebbe approvato una autonomia separata per Trento e Bolzano, si alzò a Trento un'ondata di indignazione. Sempre nel Trentino vi furono nel maggio e giugno del 1947, organizzate dai cinque partiti del CLN, grandi dimostrazioni a favore di una autonomia regionale unitaria. Tuttavia i timori dei trentini erano infondati: già in data 21.3.1947, in risposta a una interrogazione critica della vedova Ernesta Bittanti-Battisti, il segretario generale del PCI Palmiro Togliatti scriveva che non per ultimo per "motivi nazionali" e cioè il pericolo di un irredentismo sudtirolese, il suo partito avrebbe votato per la regione unitaria. Anche il successore di Gigino Battisti

die zu weit gehenden Statuten für Aosta und Sizilien - und zwar sowohl aus dem linken wie aus dem rechten Lager mit zum Teil unterschiedlichen Begründungen - laut geworden. In Trient waren es vor allem die Liberalen und die DC, die gegen den SVP-Entwurf opponierten. Als sich nach dem Empfang der SVP-Delegation bei De Gasperi vom 17.4.1947 Gerüchte breit machten, die "Siebener Kommission" würde allenfalls einer getrennten Autonomie für Bozen und Trient zustimmen, erhob sich in Trient ein Sturm der Entrüstung. Im Mai und Juni 1947 kam es in Trient, veranstaltet von den ehemaligen fünf CLN-Parteien, zu großen Kundgebungen für eine autonome Einheitsregion. Die Befürchtungen der Trentiner waren allerdings unbegründet. Palmiro Togliatti, der Generalsekretär des PCI, hatte auf eine entsprechende kritische Anfrage der Witwe Ernesta Bittanti-Battisti hin schon am 21.3.1947 in seinem Antwortbrief geschrieben, daß seine Partei nicht zuletzt auch aus "nationalen Gründen", nämlich um der Gefahr eines Südtiroler Irredentismus zu begegnen, für die Einheitsregion Trient-Bozen votieren werde. Auch der Nachfolger von Gigino Battisti in der Costituente, der Trentiner Sozialist Danilo Paris, sprach sich in diesem Sinne aus, und bei den Christdemokraten hatte es sowohl in Rom wie in Trient und Bozen nie einen Zweifel darüber gegeben. Einen letzten Vermittlungsversuch zwischen den entgegengesetzten Vorstellungen der SVP und den Trentiner CLN-Parteien startete im Mai 1947 die ASAR mit der Vorlage eines überarbeiteten Autonomie-Entwurfs, in dem sowohl den Interessen und Bedenken der SVP wie jenen der Trentiner Linksparteien Rechnung getragen werden sollte. Zwar wurde an der Einheitsregion von Ala bis zum Brenner festgehalten, und das Statut basierte wiederum auf dem föderalistischen Prinzip, aber in verschiedenen Punkten war eine stärkere Berücksichtigung der Interessen der deutschen und ladinischen Minderheit vorgesehen:

- nunmehr wurden auch die Ladiner offiziell als dritte Sprachgruppe mit gewissen Rechten anerkannt

- die Hälfte der Mitglieder der Regionalregierung sollte der deutschen und ladinischen Minderheit angehören

- die Besetzung der Stellen im öffentlichen Dienst sollte proporzmäßig nach der numerischen Stärke der Sprachgruppen erfolgen

alla Costituente, il socialista trentino Danilo Postal si pronunciò nello stesso senso. Nessun dubbio, invece, sulla unitarietà della istituenda regione ebbero mai, né a Roma né a Trento o a Bolzano, i democratici cristiani.

Un ultimo tentativo di mediazione fra le opposte concezioni della SVP e dei partiti trentini del CLN fu quello dell'ASAR che nel maggio del 1947 presentò una rielaborazione del proprio originario progetto di autonomia, nel quale si teneva conto sia degli interessi e preoccupazioni della SVP, sia di quelli dei partiti della sinistra trentina. Vi si confermava, è vero, il concetto di regione unitaria da Ala al Brennero, ma lo statuto faceva propria la concezione federalistica e in vari punti prestava una più viva attenzione agli interessi delle minoranze tedesca e ladina. Eccone alcuni punti significativi:

- anche i ladini venivano ufficialmente riconosciuti come terzo gruppo etnico;
- la metà dei componenti il governo regionale doveva appartenere alle minoranze tedesca e ladina;
- i posti negli uffici e servizi pubblici dovevano essere assegnati in base alla proporzione etnica, cioè alla consistenza numerica dei tre gruppi;
- la tutela dei diritti linguistico-culturali (scuola, associazionismo, folklore, stampa, teatro, ecc.) di ogni singolo gruppo era demandata alla istituzione di "Curie etniche" all'interno dell'Assemblea regionale con potere legislativo autonomo per ognuno dei tre gruppi nelle materie specificate.

Si trattava certo di un notevole sforzo per venire incontro alle esigenze della SVP, ma il punto dolente e in ultima analisi determinante era che anche questo secondo progetto dell'ASAR non suddivideva fra le due province l'insieme dei beni del pubblico demanio e del gettito delle imposte, che restavano invece alla regione unitaria. Per altro si veniva incontro anche alle esigenze dei socialisti e comunisti nel senso che il progetto prevedeva esplicitamente che ai lavoratori e alle loro organizzazioni dovevano essere riconosciute anche nella regione autonoma Trentino-Alto Adige i di-

- die Wahrung der kulturell-sprachlichen Rechte (Schule, Vereinswesen, Brauchtumspflege, Presse, Theater etc.) jeder Sprachgruppe sollte durch die Einrichtung von "ethnischen Kurien" innerhalb des Regionalrates gesichert werden, denen die ausschließliche legislative Kompetenz in diesen spezifischen Bereichen zustand.

Dies war ein relativ großes Entgegenkommen an die Forderungen der SVP, der bedenkliche und letztlich entscheidende Punkt war aber, daß auch in diesem ASAR-Entwurf das gesamte öffentliche Vermögen und Steueraufkommen nicht auf die beiden Provinzen aufgeteilt, sondern der Einheitsregion vorbehalten blieb.

Als Entgegenkommen an Sozialisten und Kommunisten war es zu verstehen, wenn im ASAR-Entwurf explizit erwähnt wurde, daß den Arbeitern und deren Organisationen auch in einer autonomen Region Trentino-Südtirol die in den angrenzenden Regionen geltenden Rechte eingeräumt werden sollten und daß die regionale Gesetzgebung zur Beachtung der gesellschaftspolitischen Reform- und Rahmengesetze des Staates verpflichtet sei.

Der ASAR-Vermittlungsversuch vom Mai 1947 hatte freilich nicht die erhoffte Wirkung, und zwar nicht nur wegen der Ablehnung der SVP, die auf ihrem eigenen Autonomie-Entwurf beharrte, sondern weil er sowohl von den Trentiner CLN-Parteien wie von der "Siebener Kommission" nicht akzeptiert wurde.

Die Einheitsregion Trentino-Südtirol

Am 27.6.1947 beschloß die für die Ausarbeitung der Verfassung zuständige 2. Unterkommission der Costituente die Errichtung einer Einheitsregion Trentino-Südtirol, und die "Siebener Kommission" unter dem Vorsitz von Ivanoe Bonomi ging nun auf der Basis der bisher vorgelegten Autonomie-Entwürfe an die Erarbeitung eines definitiven Textes, der am 1.11.1947 in Trient und Bozen allen Parteien zur Stellungnahme innerhalb von 14 Tagen übergeben wurde. Die Reaktion war sowohl in Trient wie in Bozen bei allen Parteien ablehnend, über die weitere Vorgangsweise gingen freilich die Vorstellungen auseinander. Während in Trient die Kommunisten, Sozialisten, Republikaner, Sozialdemokraten und die ASAR das Bonomi-Projekt en

ritti per essi valevoli nelle altre regioni finitime e che la legislazione regionale era tenuta all'osservanza delle grandi riforme socio-politiche e delle rispettive leggi quadro. Il tentativo di mediazione dell'ASAR del maggio 1947 non ebbe lo sperato successo, non solo a causa del rifiuto da parte della SVP che insistette nel difendere il proprio progetto, ma anche per quello dei partiti trentini del CLN e della "Commissione dei sette".

La regione unitaria Trentino - Alto Adige

In data 27.6.1947 la seconda sottocommissione della Costituente, competente per la elaborazione della struttura costituzionale dello Stato, deliberò l'istituzione di una Regione unitaria del Trentino-Alto Adige, mentre la "Commissione dei sette" sotto la presidenza di Ivanoe Bonomi procedette alla elaborazione del testo definitivo sulla base delle proposte fino allora presentate, progetto che venne poi inviato in data 1.11.1947 a tutti i partiti di Trento e Bolzano affinché entro 15 giorni esprimessero il loro parere in merito. La reazione di tutti i partiti, sia a Trento che a Bolzano, fu di unanime rifiuto, ma naturalmente differenti furono poi le linee che intendevano seguire per il futuro. Mentre a Trento socialisti, comunisti, repubblicani e l'ASAR avevano respinto in blocco e senza prestarsi a discussioni il progetto Bonomi, la DC e i liberali si mostrarono più disponibili alla trattativa, in quanto temevano che, in vista dei lavori già molto avanzati per la Costituzione, lo statuto di autonomia non avrebbe potuto essere tempestivamente varato dall'Assemblea Costituente e che di conseguenza la questione sarebbe passata al Parlamento che sarebbe stato eletto nella primavera del 1948. Più delusa di tutti dal progetto Bonomi fu naturalmente la SVP, la quale non solo criticava le scarse competenze attribuite all'autonomia, ma anche la loro ripartizione fra le province di Trento e di Bolzano.

Dal confronto analitico degli statuti di autonomia a favore della Valle d'Aosta e della Sicilia, già elaborati prima delle elezioni del 2.6.1946 per l'Assemblea costituente, e dello stesso progetto "governativo" del prefetto Innocenti del 30.6.1946, con quello della "Commissione dei sette" risulta chiaramente quale profondo muta-

bloc und ohne Kommentar zurückwiesen, zeigten die DC und die Liberalen Gesprächsbereitschaft und machten Verbesserungsvorschläge, da sie befürchteten, daß ansonsten das Autonomiestatut angesichts der bereits fortgeschrittenen Arbeiten nicht mehr rechtzeitig von der Costituente verabschiedet werden könnte und daher an das im Frühjahr 1948 zu wählende Parlament delegiert werden würde. Am meisten enttäuscht vom Bonomi-Projekt war verständlicherweise die SVP, da sie nicht bloß die insgesamt viel zu geringen Kompetenzen der vorgesehenen Autonomie kritisierte, sondern auch deren Aufteilung zwischen den Provinzen Trient und Bozen.

Im Vergleich zu den bereits vor den Wahlen zur Costituente vom 2.6.1946 erarbeiteten Autonomiestatuten für Aosta und Sizilien, aber selbst verglichen mit dem "regierungsamtlichen" Autonomie-Entwurf von Präfekt Innocenti für Trentino-Südtirol vom 30.6.1946 wird aus einer Analyse des Projekts der "Siebener Kommission" klar, welches Umdenken in bezug auf Regionalismus und Dezentralisierung inzwischen auf höchster politischer Ebene in Rom stattgefunden und inwieweit Skepsis und Mißtrauen gegen allzu große Kompetenzen für die Regionen mit Normal- bzw. mit Sonderstatut Platz gegriffen hatte:

- die an sich bereits geringen legislativen Kompetenzen primärer und sekundärer Natur der Einheitsregion Trentino-Sütirol waren weitgehend beim Regionalrat mit Sitz in Trient konzentriert

- den beiden Provinzen waren legislative Kompetenzen in lediglich elf, dazu noch in wirtschaftlich, politisch und kulturell weitgehend unbedeutenden Bereichen übertragen

- das Südtiroler Unterland sollte geteilt und nur mit Ausnahme der Gemeinden Salurn und Neumarkt der Provinz Bozen angegliedert werden

- weder der Region noch den beiden Provinzen wurde nennenswertes öffentliches Eigentum übertragen. Vor allem der wichtigste Aktivposten, nämlich die öffentlichen Gewässer, verblieben beim Staat bzw. bei den monopolistischen Elektroindustrie-Gesellschaften, die nur zur Lieferung einer beschränkten Menge verbilligten Stroms für die lokalen Bedüfnisse (private Haushalte, Handwerk und Landwirtschaft) verpflichtet waren

mento fosse nel frattempo intervenuto al massimo livello politico in Roma riguardo ai problemi del regionalismo e del decentramento, e di quanto in generale fosse aumentato lo scetticismo e la diffidenza nei confronti delle regioni a statuto normale o speciale. Vi si poteva rilevare in ispecie che:

- le di già scarse competenze legislative sia primarie che secondarie della Regione unitaria Trentino-Alto Adige erano concentrate per la gran parte nel consiglio regionale con sede a Trento;

- alle due province erano attribuite competenze legislative soltanto in undici campi e per di più di ben scarsa importanza dal punto di vista economico, politico e culturale;

- la Bassa Atesina doveva sì essere divisa, ma la parte aggregata alla provincia di Bolzano mancava di Egna e Salorno;

- né alla regione e tanto meno alle due province erano trasferiti beni pubblici di un certo valore. Soprattutto la voce attiva più importante e cioè le acque pubbliche sarebbero rimaste allo Stato ovverosia al monopolio delle società dell'industria elettrica, coll'impegno di concedere a prezzo ridotto solo una minima parte della produzione occorrente per i bisogni locali (usi domestici, artigianato e agricoltura);

- mentre per le scuole in lingua tedesca della provincia di Bolzano era obbligatorio l'apprendimento della lingua italiana, lo stesso non era invece previsto per l'apprendimento del tedesco nelle scuole in lingua italiana;

- il trasferimento fiscale avveniva dallo Stato alla regione, alla quale spettava poi la ripartizione fra le due province;

- al Commissario del governo era attribuita la vigilanza sull'attività legislativa della regione, delle due province e dei comuni, nonché il mantenimento dell'ordine pubblico;

- la garanzia dei diritti linguistico-culturali delle minoranze era affidata solo alla possibilità dell'uso della lingua materna nella scuola e nei pubblici uffici, alla composizione secondo la proporzionale etnica del governo regionale e rispettivamente di quello provinciale a Bolzano, nonché alla possibilità di votazione separata per gruppi linguistici nel consiglio regionale e in quello provinciale;

- während in den deutschsprachigen Schulen der Provinz Bozen auch die obligatorische Erlernung der italienischen Sprache vorgeschrieben wurde, war dasselbe umgekehrt für die italienischsprachigen Schule nicht vorgesehen

- die vom Staat überwiesenen Steuereinnahmen wurden der Region übertragen, die ihrerseits über die Aufteilung auf die beiden Provinzen zu beschließen hatte

- dem Regierungskommissär war die Aufsicht über die legislative Tätigkeit der Region, der beiden Provinzen und der Gemeinden sowie die Aufrechterhaltung der öffentlichen Ordnung und Sicherheit übertragen

- die sprachlich-kulturellen Minderheitenrechte sollten durch das Recht auf den Gebrauch der Muttersprache in der Schule und bei den öffentlichen Ämtern, durch eine dem ethnischen Proporz entsprechende Zusammensetzung der Regionalregierung bzw. der Landesregierung in der Provinz Bozen sowie durch die Möglichkeit einer nach Sprachgruppen getrennten Abstimmung im Regionalrat und im Südtiroler Landtag gewährleistet werden

- Gesetze der autonomen Region bzw. der beiden Landtage von Bozen und Trient konnten wegen angenommener Verletzung der Verfassung, des Autonomiestatuts oder des Gleichheitsprinzips zwischen den Sprachgruppen nicht nur von der Zentralregierung, sondern auch von 50 Abgeordneten des Parlaments bzw. von 10.000 Wahlberechtigten auf gesamtstaatlicher Ebene vor dem Verfassungsgerichtshof angefochten werden. Damit wäre eine wirklich autonome Gesetzgebung vollkommen illusorisch geworden. Umgekehrt konnten Staatsgesetze aus denselben Gründen hingegen nur vom Regionalratspräsidenten auf Grund eines entsprechenden Beschlusses des Regionalrates angefochten werden.

Angesichts dieser Sachlage war es mehr als verständlich, daß die SVP Alarm schlug und protestierte. Die hektischen Gespräche zwischen SVP, ASAR und DC von Anfang November 1947 über eine eventuelle bessere Verteilung der Kompetenzen zwischen der Region und den beiden Provinzen sowie eine ganztägige Autonomie-Diskussion in Bozen unter dem Vorsitz von Erich Amonn mit Vertretern aller Parteien der Region am 16.11.1947 erbrachten insgesamt

- le leggi emanate dalla regione autonoma e dai due consigli provinciali di Trento e Bolzano potevano essere impugnate davanti alla Corte costituzionale nel caso di presunta violazione della Costituzione, dello Statuto di autonomia o del principio di eguaglianza fra i gruppi etnici, non solo da parte del governo centrale, ma anche da 50 deputati al Parlamento oppure di 10.000 elettori di tutto il territorio nazionale. Una tale norma rendeva del tutto illusorio l'esercizio di una potestà legislativa veramente autonoma. Al contrario le leggi dello Stato non potevano per gli stessi motivi essere impugnate se non dal presidente del consiglio regionale su delibera del consiglio stesso.

Così stando le cose apparivano più che comprensibili l'allarme e le proteste da parte della SVP. Le febbrili consultazioni fra la SVP, l'ASAR e la DC dei primi di novembre del 1947 per ottenere una eventuale migliore ripartizione delle competenze fra la regione e le due province, nonché la giornata d'incontro e discussione del 16.11.1947 sotto la presidenza di Erich Amonn fra i rappresentanti di tutti i partiti della regione, non portarono, tutto sommato, né a un avvicinamento delle diverse posizioni, né a un accordo sulla tattica da adottare per il futuro. Mentre soprattutto l'ASAR chiamava a raccolta la popolazione per una massiccia protesta contro il pericolo di un nuovo centralismo romano, la DC di Trento e di Bolzano si proponeva invece sempre più chiaramente come forza politica statale, che dopo l'esclusione delle sinistre dal governo nella primavera del 1947 e in vista delle posizioni di potere dei suoi amici di partito a Roma, cercava in ogni modo di evitare ogni collisione con il governo, pronta a subordinare sempre più le proprie aspirazioni autonomistiche agli interessi di partito.

In una tale situazione divenne sempre più chiaro anche per il gruppo dirigente della SVP intorno ad Amonn e Raffeiner, in linea di massima disponibile a una collaborazione con il Trentino, che al momento non restava altro da fare che battere una propria via solitaria, senza sperare nella collaborazione dei partiti trentini, se voleva difendere e promuovere il riconoscimento dei fondamentali diritti e interessi della minoranza tedesca in un provincia veramente autonoma. Come sostegno morale delle richieste della SVP il "Do-

weder eine Annäherung der unterschiedlichen Standpunkte noch eine Einigung über die einzuschlagende Taktik. Während vor allem die ASAR zu massiven Protestkundgebungen gegen die Gefahr des neuen "römischen Zentralismus" aufrufen wollte, erwies sich die DC von Trient und Bozen immer deutlicher als jene "staatstragende" politische Kraft, die seit dem Ausschluß der Linken aus der Regierung vom Frühjahr 1947 und angesichts der dominierenden Position ihrer Parteifreunde in Rom jeden Kollisionskurs mit der Regierung vermeiden wollte und ihre autonomiepolitischen Forderungen immer mehr parteipolitischen Erwägungen unterzuordnen bereit war.

In dieser Situation wurde es nunmehr auch der bisher grundsätzlich zu einer Zusammenarbeit mit dem Trentino bereiten SVP-Führungsgruppe um Amonn-Raffeiner immer mehr klar, daß sich die SVP im Augenblick auf einen "Sonderweg" ohne Unterstützung durch Trentiner Parteien zurückziehen mußte, wenn sie die fundamentalen Rechte und Interessen der deutschsprachigen Minderheit in einer möglichst autonomen Provinz Bozen erreichen und verteidigen wollte. Zur moralischen Unterstützung der SVP-Forderungen veröffentlichten die "Dolomiten" am 16.12.1947 den Brief von Außenminister Gruber an Otto von Guggenberg vom 24.9.1946, in dem dieser zugesichert hatte, daß im Sinne seiner Vereinbarungen mit De Gasperi in Paris die Südtiroler eine gemeinsame Autonomie für die gesamte Region ohne ihre explizite Zustimmung niemals akzeptieren müßten. Die Ergebnisse der Interventionen bei Außenminister Gruber in Wien, beim österreichischen Botschafter in Rom, Johannes Schwarzenberg, sowie bei der britischen Botschaft in Rom um eine authentische Interpretation des Pariser Abkommens waren allerdings deprimierend und belehrten die SVP im Dezember 1947 freilich eines Besseren: nunmehr hieß es, der von der Costituente festgelegte territoriale Rahmen der Autonomie müsse nolens volens akzeptiert werden, was man aber zu erreichen versuchen müsse und könne, seien Verbesserungen bei der Gewährung und Aufteilung der Kompetenzen.

Wie bereits im April berief sich die SVP also nun wiederum auf den Pariser Vertrag und ersuchte in Telegrammen an De Gasperi und Bonomi um eine direkte Aussprache mit der "Siebener Kommis-

lomiten" pubblicava il 16.12.1947 la lettera inviata dal ministro degli esteri austriaco Gruber a Otto von Guggenberg in data 24.9.1946, nella quale si assicurava che, in base agli accordi di Parigi con De Gasperi, non era possibile costringere i sudtirolesi ad accettare, in assenza del loro esplicito consenso, un'autonomia comune con i trentini in una unica regione. Tuttavia i risultati degli incontri con Gruber a Vienna, nonché a Roma con l'ambasciatore austriaco Johannes Schwarzenberg e con quello britannico, furono piuttosto deprimenti e nel dicembre del 1947 insegnarono alla SVP che da allora in poi, volente o nolente, non le restava che accettare la definizione territoriale dell'autonomia decisa dall'Assemblea costituente e che tutto ciò che si doveva e poteva cercare di ottenere era un miglioramento della concessione e ripartizione delle competenze.

Come già in aprile, la SVP, richiamandosi all'Accordo di Parigi, chiese con telegrammi a De Gasperi e a Bonomi di avere un incontro diretto con la "Commissione dei sette". Da ambedue ebbe risposta negativa, con la motivazione che la consultazione prevista dall'Accordo aveva già avuto luogo in aprile con la consegna del progetto di autonomia. Il 15.12.1947 Bonomi consegnava ufficialmente il progetto di statuto della "Commissione dei sette" al presidente del consiglio De Gasperi per il suo inoltro alla "Commissione dei 18", che come sottocommissione dell'Assemblea costituente era incaricata del coordinamento fra il progetto della costituzione stessa e le autonomie speciali per la Sicilia, Sardegna, Aosta e Trentino-Alto Adige. Fu in seguito a tutto questo che si giunse a Bolzano al famigerato "assalto alla prefettura" e all'invio di telegrammi di protesta della SVP al presidente della Repubblica Enrico De Nicola.

Nel dicembre del 1947 il segretario generale della SVP Josef Raffeiner si era recato due volte a Roma per contatti esplorativi: in colloqui non ufficiali con membri della "Commissione dei sette" (Innocenti, Bonomi, Ubaldi), con la "Commissione dei 18" e con i deputati del Trentino alla Costituente, nonché con gli ambasciatori austriaco e britannico a Roma, aveva cercato di far valere le critiche e le preoccupazioni della SVP in merito al detto progetto di

sion". Die Antwort war in beiden Fällen negativ mit der Begründung, daß die vorgesehene, Konsultation durch die Überreichung des Autonomie-Projekts vom April bereits stattgefunden hätte. Am 15.12.1947 überreichte Bonomi offiziell den Statuts-Entwurf der "Siebener Kommission" Ministerpräsident De Gasperi zur Weiterleitung an die "18er Kommission" unter dem Vorsitz von Tomaso Perassi, die als Unterkommission der Verfassunggebenden Versammlung die Aufgabe der Koordination zwischen dem Verfassungsentwurf und den Sonderautonomien für Aosta, Sizilien, Sardinien und Trentino-Südtirol hatte. Daraufhin kam es in Bozen zum berüchtigten "Sturm auf die Präfektur" und zu Protesttelegrammen der SVP an Staatspräsident Enrico De Nicola.

Generalsekretär Josef Raffeiner war im Dezember 1947 im Auftrag der SVP zweimal zu Sondierungsgesprächen nach Rom gefahren. Bei seinen inoffiziellen Aussprachen mit einigen Mitgliedern der "Siebener Kommission" (Innocenti, Bonomi, Ubaldi), der "18er-Kommission" und Trentiner Abgeordneten in der Costituente sowie seinen Interventionen bei der österreichischen und britischen Botschaft in Rom, hatte er versucht, die Bedenken und Kritiken der SVP gegen das vorliegende Autonomiestatut vorzubringen. Er stellte fest, daß die bisherigen Aussprachen zwischen SVP und Regierung nicht als "Konsultationen" im Sinne des Pariser Vertrages angesehen werden könnten. Vor allem kritisierte Raffeiner aber die absurde Situation, daß in der "18er Kommission" unter anderem wohl Vertreter der Trentiner (die DC-Abgeordnete Elisabetta Conci, eine Tochter des ehemaligen Reichsratsabgeordneten der Trentiner Popolari in Wien, und Enrico Conci als Vollmitglieder sowie die Abgeordneten der DC und des PSI, Luigi Carbonari und Danilo Paris, mit beratender Stimme) anwesend seien, während die Südtiroler Minderheit, deretwegen der Pariser Vertrag und der vorliegende Autonomie-Entwurf ja letztendlich abgeschlossen bzw. diskutiert wurden, unter dem fadenscheinigen Hinweis der nichterfolgten Wahlen vom 2.6.1946 in der Provinz Bozen, darin nicht vertreten sei.

Raffeiner wurde von allen Gesprächspartnern übereinstimmend mitgeteilt, daß an der Tatsache der Einheitsregion für Trentino-Südtirol nicht mehr zu rütteln sei und daß am vorliegenden Text bei

statuto. Egli faceva rilevare che i contatti fino allora intervenuti fra la SVP e il governo non potevano essere considerati come "consultazioni" ai sensi dell'Accordo di Parigi; fra l'altro, egli criticava soprattutto l'assurdità della situazione per cui nella "Commissione dei 18" erano sì presenti i rappresentanti del Trentino (Elisabetta Conci, deputata della DC, il cui padre era stato deputato per i Popolari Trentini al parlamento viennese, ed Enrico Conci, come membri a pieno diritto, nonché i deputati della DC e del PSI Luigi Carbonari e Danilo Paris a titolo consultivo), mentre, con il pretesto che in Alto Adige non si erano avute le elezioni per la Costituente del 2.6.1946, era assente proprio la minoranza sudtirolese in relazione alla quale era stato stipulato l'Accordo di Parigi e si approntava ora il relativo statuto di autonomia.

In tutti i suoi colloqui Raffeiner ottenne naturalmente la conferma unanime che se la regione unitaria Trentino-Alto Adige era ormai un dato che non poteva in alcun modo essere cambiato, miglioramenti al testo proposto si potevano ottenere sia in sede di discussione della "Commissione dei 18", sia poi nel plenum dell'Assemblea costituente. E di questo tenore fu anche l'unico consiglio che Gruber poté dare a una delegazione della SVP recatasi a Vienna ai primi di gennaio del 1948, mentre inviava una sua lettera personale a De Gasperi con la preghiera di voler ottenere un incontro fra la SVP e la "Commissione dei 18". La richiesta venne accolta e il 10.1.1948 una delegazione della SVP, composta da Friedl Volgger, Karl Tinzl, Erich Amonn, Otto von Guggenberg e Josef Raffeiner si recava a Roma. Nei venti giorni successivi si ebbero ripetuti incontri fra la delegazione della SVP e rappresentanti dei vari partiti nonché della stessa "Commissione dei 18", giungendo infine alla formulazione di compromesso del testo definitivo dello statuto di autonomia. Nell'occasione Silvio Innocenti dette prova di essere stato in tutto lo sviluppo della questione il vero esperto e l'uomo di fiducia del governo. In quanto ai colloqui fra la SVP e la "Commissione dei 18" sotto la presidenza di Tomaso Perassi, De Gasperi volle naturalmente che essi figurassero solo come frutto di un atteggiamento di benevolenza di Roma e non come "trattative ufficiali".

dessen bevorstehender Diskussion in der "18er Kommission" und schließlich im Plenum der Costituente lediglich noch Verbesserungen erreicht werden könnten. Dies war denn auch der einzige Rat, den Außenminister Gruber Anfang Jänner 1948 einer nach Wien entsandten SVP Delegation geben konnte, und in diesem Sinne ersuchte Gruber in einem persönlichen Brief an De Gasperi um eine Aussprache zwischen SVP und "18er Kommission".

Dieser Bitte wurde entsprochen, und am 10.1.1948 traf die SVP-Delegation, bestehend aus Friedl Volgger, Karl Tinzl, Erich Amonn, Otto von Guggenberg und Josef Rafffeiner, in Rom ein. In den folgenden 20 Tagen im Laufe wiederholter Treffen der SVP-Delegation mit Vertretern der verschiedenen Parteien und der "18er Kommission" selbst wurde schließlich als Kompromiß der endgültige Text des Autonomiestatuts erarbeitet. Silvio Innocenti erwies sich dabei als der eigentliche Experte und Vertrauensmann der Regierung. De Gasperi bestand freilich darauf, daß die Aussprachen zwischen SVP und "18er Kommission" unter dem Vorsitz von Tomaso Perassi lediglich als eine "Goodwillhaltung" Roms und nicht als "offizielle Verhandlungen" zu verstehen seien.

Wenngleich schlußendlich das von der Costituente Ende Jänner 1948 verabschiedete Autonomiestatut für Trentino-Südtirol in manchen Punkten weitaus weniger Kompetenzen enthielt als etwa jenes für Aosta und Sizilien, so bedeuteten die Änderungen, die die "18er Kommission" am "Siebener Entwurf" vorgenommen hatte, doch substantielle Verbesserungen, die die SVP dazu bewogen, diesem Kompromiß zuzustimmen. Dafür ausschlaggebend war vor allem auch die Tatsache, daß man nicht Gefahr laufen wollte, andernfalls würde der Erlaß eines Autonomiestatuts für Trentino-Südtirol an das am 18.4.1948 erstmals zu wählende Parlament übergehen und könne damit möglicherweise auf vollkommen unbestimmte Zeit verschoben werden, sowie der entsprechende eindringliche Rat von seiten Außenminister Grubers und der britischen Freunde, die beide im Interesse einer gutnachbarlichen Beziehung zwischen Östereich und Italien dazu drängten.

Die erreichten Verbesserungen bedeuteten nicht nur eine Erweiterung der autonomen Rechte der Einheitsregion insgesamt, sondern

Pur essendo, infine, le competenze previste dallo statuto di autonomia per il Trentino-Alto Adige, poi approvato come legge costituzionale alla fine di gennaio del 1948, in più punti notevolmente inferiori a quella concesse, ad esempio, alla Sicilia e alla Valle d'Aosta, i sostanziali miglioramenti introdotti dalla "Commissione dei 18" indussero la SVP ad accettare il compromesso. A tale decisione contribuì in misura determinate anche il timore che in caso contrario la questione dello statuto per la regione Trentino-Alto Adige sarebbe stata rinviata al nuovo Parlamento, la cui elezione era prevista per il 18.4.1948, con il pericolo che in tal modo la soluzione della vertenza venisse rinviata alle calende greche; ma vi contribuirono anche i consigli in tal senso del ministro degli esteri Gruber e degli amici britannici, i quali per parte loro avevano vivo interesse a stabilire buone relazioni di vicinato fra l'Austria e l'Italia.

I miglioramenti ottenuti non rappresentavano soltanto un ampliamento delle competenze autonomistiche della regione unitaria, ma, al suo interno, anche un rafforzamento dei poteri legislativi e amministrativi per le due province e ciò principalmente nei seguenti campi:

1. Bolzano e Trento costituivano due distinti collegi elettorali e per l'esercizio del diritto di voto alle elezioni regionali era previsto avere la residenza in regione da almeno tre anni (a differenza dei 10 anni previsti dal progetto SVP e di un solo anno previsto dalla "Commissione dei sette");

2. tutta la Bassa Atesina, ivi comprese Egna e Salorno, veniva annessa alla provincia di Bolzano;

3. le norme, veramente assurde, previste nel progetto della "Commissione dei sette", riguardo all'impugnazione delle leggi provinciali e allo scioglimento del consiglio provinciale erano in buona parte annullate o rispettivamente affidate al commissario del governo, al quale spettava oltre alla vigilanza sull'attività degli organi locali anche gran parte delle funzioni un tempo del prefetto, la cui figura veniva abolita. Restava tuttavia al potere centrale il diritto di impugnare in qualsiasi momento davanti alla Corte costituzionale le leggi regionali e provinciali nel caso di violazione del-

innerhalb derselben vor allem eine Verstärkung der legislativen und administrativen Befugnisse der beiden Provinzen von Trient und Bozen, und zwar auf folgenden Gebieten:

1. Bozen und Trient bildeten zwei getrennte Wahlkreise, und für die Ausübung des Wahlrechts bei den Regionalwahlen sollte eine dreijährige Ansässigkeit gelten (im Unterschied zu einem Jahr des "Siebener Entwurfs" und den zehn Jahren des SVP-Entwurfs)

2. das gesamte Unterland (einschließlich Salurn und Neumarkt) wurde der Provinz Bozen angegliedert

3. die im "Siebener Entwurf" noch enthaltenen, wahrlich absurden Möglichkeiten der Anfechtung von Landesgesetzen bzw. der Auflösung des Landtages wurden weitgehend aufgehoben bzw. dem Regierungskommissär übertragen, der neben der Überwachung der Tätigkeit der Lokalkörperschaften auch die meisten Funktionen des nunmehr abgeschafften Präfekten übernahm. Allerdings verblieb der Zentralregierung das Recht, jederzeit Regional- und Landesgesetze wegen Verletzung der Verfassung bzw. des Gleichheitsgrundsatzes zwischen den Sprachgruppen vor dem Verfassungsgerichtshof anfechten zu können, während umgekehrt eine Anfechtung von Staatsgesetzen wegen Verletzung des Autonomiestatuts nur dem Regionalratspräsidenten nach entsprechendem Beschluß der Regionalregierung zustand.

4. die Provinz Bozen erhielt eine etwas verbesserte Schulautonomie: primäre Gesetzgebungskompetenz für Fortbildungs- und Fachschulen und sekundäre Gesetzgebungskompetenz für Schulfürsorge sowie Volks- und Mittelschulen; die Lehrkräfte, der Schulamtsleiter, die Direktoren und Inspektoren der deutsch- bzw. italienischsprachigen Schulen mußten der Muttersprache der Schüler angehören; während die deutschsprachigen Schüler zum Erlernen der zweiten Landessprache bzw. der Staatssprache verpflichtet wurden, galt analog das Umgekehrte freilich nicht für die italienischsprachigen Schüler. Die Verwaltung, der Haushalt und die Aufsicht der Schulen in der Region verblieben jedoch weiterhin beim Staat

5. zwar blieb die staatliche Steuer- und Finanzhoheit insofern bestehen, als die Festlegung und Einhebung der Steuern weiterhin durch die Zentralregierung erfolgte. Den beiden Provinzen wurde

la Costituzione o del principio di eguaglianza fra i gruppi etnici, mentre l'impugnazione delle leggi statali per la violazione dello statuto di autonomia era ancora riservata al solo presidente della regione dietro rispettiva delibera del governo regionale;

4. alla provincia di Bolzano veniva riconosciuta una migliore autonomia scolastica: competenza legislativa primaria per le scuole di avviamento e di formazione professionale; secondaria invece per l'assistenza scolastica, la scuola elementare e media; gli insegnanti, il provveditore agli studi (rispettivamente il vice-provveditore), i direttori scolastici e gli ispettori sia delle scuole in lingua italiana che tedesca dovevano appartenere al rispettivo gruppo linguistico; tuttavia, mentre per la scuola in lingua tedesca vigeva l'obbligo dell'apprendimento dell'altra lingua, in quanto lingua di Stato, la norma non valeva reciprocamente per il tedesco nella scuola in lingua italiana. Inoltre, l'amministrazione economica e la vigilanza sulle scuole della regione restavano di competenza dello Stato;

5. anche l'ordinamento finanziario e tributario rimaneva di esclusiva competenza dello Stato in quanto l'imposizione e la riscossione delle imposte restava appannaggio del governo centrale. Alle due province venivano devoluti i nove decimi dei tributi diretti riscossi nel loro territorio (imposte erariali sui terreni e fabbricati, sui redditi agrari, imposta sui redditi di ricchezza mobile), nonché una quota proporzionale delle entrate regionali;

6. una clausola di tutela provvedeva a impedire la messa in minoranza del gruppo di lingua tedesca da parte italiana nel varo della legge di bilancio regionale, richiedendo per la sua validità l'approvazione da parte di almeno la metà dei consiglieri di madre lingua tedesca. Tuttavia, nel caso in cui fosse impossibile trovare un accordo, l'ultima decisione era affidata al ministro dell'interno e non, come proponeva la SVP, a una commissione paritetica;

7. alla regione venivano trasferite le foreste demaniali dello Stato, nonché altri beni immobili statali (ad eccezione di quelli a carattere militare), costituendo così la più importante voce di patrimonio attivo, mentre le province continuavano a rimanerne prive;

8. come era da attendersi, il più vivace motivo di contrasto sia all'interno della "Commissione dei 18" sia poi nella discussione per

aber die Überlassung von 9/10 des auf ihrem Territorium eingehobenen direkten Steueraufkommens (Grund-, Gebäude-, Bodenertrags- und Einkommenssteuer) sowie ein verhältnismäßiger Anteil an den Einkünften der Region zugesichert

6. eine Majorisierung der deutschsprachigen Minderheit durch die italienischsprachige Mehrheit bei der Verabschiedung des Regionalhaushalts wurde durch die Schutzklausel verhindert, daß dafür die Zustimmung von mindestens der Hälfte der deutschsprachigen Abgeordneten notwendig war. Allerdings sollte im Falle einer nicht erfolgten Einigung der Innenminister und nicht, wie von der SVP gefordert, eine paritätische Kommission darüber endgültig entscheiden

7. der Region wurden die auf ihrem Territorium gelegenen Staatsforste sowie das unbewegliche Staatsgut (mit Ausnahme der militärischen Einrichtungen) übertragen und bildeten somit den wichtigsten aktiven Vermögensposten, während die beiden Provinzen weiterhin über keinerlei eigenes Vermögen verfügten

8. für die heftigste Diskussion sowohl innerhalb der "18er Kommission" wie bei der Verabschiedung des Autonomiestatuts in der Costituente hatte, wie nicht anders zu erwarten gewesen war, das Problem des wichtigsten vermögensrechtlichen Aktivpostens der Region, nämlich der Wasserkräfte, gesorgt. Während bei den Autonomiestatuten von Sardinien und Sizilien die Wasserkräfte fast ausschließlich in die Kompetenz und das Vermögen der Region übergingen, war dies bei der Region Trentino-Südtirol nicht der Fall. Der Grund dafür war ein doppelter: zum einen weil die großen Konzerne der Elektroenergie, die in den 20er und 30er mit großen Investitionen die Ausbeutung der Südtiroler Wasserkräfte in Angriff genommen hatten, sich nicht auf kaltem Wege "enteignen" lassen wollten und sie deshalb schon bei der Friedenskonferenz in Paris als eine starke „pressure-group" für die Beibehaltung der Brennergrenze aufgetreten waren; zum anderen stellte die in der Provinz Bozen erzeugte Elektroenergie ca. 12 % der italienischen Gesamtproduktion dar und war daher neben den Staatsbahnen vor allem für die oberitalienische Schwerindustrie von vitaler Bedeutung. So endete der Streit um die Wasserkräfte mit einem Kompromiß, der weitgehend auf Kosten der Provinz Bozen ging. Die im "Siebener-Entwurf" noch

l'approvazione dello Statuto di autonomia da parte dell'Assemblea costituente fu quello accesosi intorno al destino delle centrali idroelettriche, la più importante voce attiva della regione. Mentre negli statuti delle regioni della Sicilia e della Sardegna era stato previsto il passaggio delle centrali idroelettriche quasi esclusivamente alla competenza e al patrimonio della regione, ciò non accadde per lo statuto della regione Trentino-Alto Adige. Due erano stati i motivi di questa decisione: il primo, portato avanti dai grandi monopoli produttori di energia elettrica, che avendo negli anni '20 e '30 intrapreso con notevoli investimenti lo sfruttamento delle possibilità idroelettriche offerte dall'Alto Adige, temevano di trovarsi a bocca asciutta a causa dell'espropriazione e quindi erano intervenuti come potente gruppo di pressione, già nella fase della elaborazione del Trattato di pace, battendosi per il mantenimento del confine del Brennero; l'altro motivo era che, rappresentando l'energia elettrica prodotta nella provincia di Bolzano circa il 12% dell'intera produzione italiana, conservarne la piena disponibilità era di vitale importanza, oltre che per le ferrovie dello Stato, soprattutto per l'industria pesante dell'Italia settentrionale.

Così il conflitto per assicurarsi le centrali idroelettriche si concluse con un compromesso a danno soprattutto della provincia di Bolzano. Il 10% della produzione di energia elettrica della Provincia come fornitura gratuita a fini locali, previsto dal "Progetto dei Sette", fu ora ridotto al solo 6%, mentre venivano fissate altre quantità di energia elettrica a prezzo di costo per i bisogni elementari privati (usi domestici, artigianato, agricoltura); gli impianti idroelettrici delle ferrovie dello Stato furono invece esonerati da ogni fornitura, ottenendo inoltre l'esenzione dalle imposte. D'altra parte la Provincia di Bolzano non costituiva in questo caso un' eccezione, poichè anche la Regione autonoma aostana dovette subire la stessa regolamentazione. Il passaggio di tutte le acque pubbliche nell' esclusiva proprietà della regione, previsto dai progetti di statuto del 1945-1947 venne soppresso dallo statuto definitivo aostano, emanato alla fine di gennaio del 1948. In base ad esso era previsto, come già per l'Alto Adige, il trasferimento di proprietà riguardo solo quelle minime quantità di energia elettrica per il fab-

vorgesehenen 10 % von unentgeltlicher Lieferung der in der Provinz produzierten Elektroenergie für die lokalen öffentlichen Bedürfnisse wurden auf 6 % reduziert, weitere Mengen elektrischen Stroms zum reduzierten Selbstkostenpreis für elementare lokale Bedürfnisse (Haushalte, Handwerk, Landwirtschaft) wurden ebenfalls festgelegt, die Staatsbahnbetriebe hingegen wurden von jeglicher Lieferungspflicht befreit und erhielten zudem noch Steuerfreiheit. Die Provinz Bozen bildete bei dieser Regelung freilich keine Ausnahme, denn ganz ähnlich erging es auch der autonomen Region Aosta. Die in den ursprünglichen Autonomie-Entwürfen für Aosta von 1945 - 1947 vorgesehene Übertragung aller öffentlichen Gewässer in das ausschließliche Eigentum der Region wurde bei der Verabschiedung des aostanischen Autonomiestatuts Ende Jänner 1948 ebenfalls aufgehoben. Nunmehr wurde wie im Falle Südtirols festgelegt, daß dies nur jene geringen Mengen an elektrischer Energie für den dringenden lokalen Bedarf und alle neu zu vergebenden Konzessionen betreffe, während alle bis zum September 1945 errichteten Elektrizitätswerke Eigentum der privaten Konzerne bzw. unter der politischen Verfügungsgewalt des Staates verblieben.

9. der öffentliche Wohnbau und die öffentlichen Nutzungsrechte, die im "Siebener Entwurf" noch ausschließliche Kompetenz der Region waren, wurden nunmehr zur primären Gesetzgebungskompetenz der beiden Provinzen erklärt

10. neben der Zusammensetzung der Regionalregierung in Trient und der Landesregierung in Bozen entsprechend der Anzahl der Abgeordneten nach Sprachgruppen wurde nunmehr auch die Besetzung der Stellen im öffentlichen Dienst nach dem Prinzip des ethnischen Proporzes vorgesehen, allerdings nur für jene der lokalen Körperschaften (Region, Land, Gemeinden), aber nicht für jene des Staates (z.B. Post, Eisenbahn, etc.)

11. die administrativen Befugnisse der Einheitsregion sollten gegenüber den beiden Provinzen und den Gemeinden laut Art. 14 des Autonomiestatuts analog zur Verfassung (Art. 118) wie jene des Staates gegenüber den Regionen mit Normalstatut dezentralisiert werden. Dieser berühmt-berüchtigte Artikel 14, über den die SVP hoffte, zumindest in allen Verwaltungsangelegenheiten eine gewisse

bisogno urgente locale e tutte le nuove concessioni da assegnare, mentre tutte le centrali idroelettriche costruite prima del settembre 1945 rimasero proprietà di gruppi privati oppure sotto il potere discrezionale dello Stato;

9. l'edilizia pubblica e i diritti d'uso pubblici, che nel "progetto dei sette" erano stati assegnati alla competenza esclusiva della regione, venivano ora attribuiti alla competenza primaria delle due province;

10. oltre che alla composizione del governo regionale a Trento e provinciale a Bolzano in proporzione al numero dei consiglieri secondo i gruppi linguistici, il principio della proporzionale etnica fu ora esteso anche all'occupazione dei posti nei pubblici servizi, ma soltanto per quelli degli enti pubblici locali (regione, provincia, comuni) e non per quelli statali (ad es. poste, ferrovie, ecc.);

11. in base all'art. 14 dello statuto di autonomia le competenze amministrative della regione unitaria avrebbero dovuto essere decentrate alle due province e ai comuni, analogamente a quanto era tenuto a fare lo Stato nei confronti delle regioni a statuto normale, come previsto dalla Costituzione (art. 118). Questo famoso e poi malfamato articolo 14, grazie al quale la SVP aveva sperato di ottenere almeno una certa speciale posizione autonoma per la provincia di Bolzano, fu spesso negli anni seguenti al centro di un'aspra polemica politica fra Trento e Bolzano, ovvero tra la SVP ed il governo regionale. Quando infine, su ricorso del presidente del consiglio regionale Tullio Odorizzi, il 9.3.1957 la Corte costituzionale decise in merito che l'ulteriore esercizio delle competenze amministrative da parte della regione non costituiva violazione dello statuto di autonomia, alla SVP non rimase che rispondere proclamando, nella grande dimostrazione di Castel Firmiano, il suo "Los von Trient!" (Via da Trento!) e presentando in Parlamento nel febbraio del 1958 una proposta di legge per la istituzione della regione autonoma del Sudtirolo.

Non solo, ma se dunque la SVP, tramite la sua delegazione a Roma alla fine di gennaio del 1948 e poco dopo con il suo congresso provinciale a Bolzano, aveva accettato per motivi di realismo politico lo statuto di autonomia emanato dalla Costituente, che pur co-

autonome Sonderstellung der Provinz Bozen gegenüber der Region zu erreichen, stand in den folgenden Jahren wiederholt im Mittelpunkt der autonomiepolitischen Auseinandersetzungen zwischen Trient und Bozen bzw. zwischen der SVP und der Regionalregierung. Als nach jahrelangen Debatten auf Antrag des Regionalratspräsidenten Tullio Odorizzi am 9.3.1957 schließlich der Verfassungsgerichtshof dahingehend entschied, daß die weitere Ausübung der Verwaltungskompetenzen durch die Region keine Verletzung des Autonomiestatuts sei, war dies für die SVP der Anlaß, mittels der Kundgebung in Sigmundskron vom November 1957 das "Los von Trient!" zu fordern und auch im Parlament im Februar 1958 einen Gesetzesantrag auf die Errichtung einer autonomen Region Südtirol einzubringen.

Akzeptierten die SVP-Delegation in Rom Ende Jänner 1948 und wenig später die SVP-Landesversammlung in Bozen also diesen Kompromiß des von der Costituente verabschiedeten, wenig zufriedenstellenden Autonomiestatuts aus Gründen der Realpolitik, so forderte die italienische Regierung freilich dafür noch einen weiteren Preis. So wie am 22. November 1947 bei der Formulierung des definitiven Textes des "Reoptantengesetzes" die österreichische Verhandlungsdelegation explizit erklären mußte, daß dieses Gesetz die korrekte Regelung der ungelösten Staatsbürgerschaftsfrage der Optanten im Sinne des Pariser Abkommens darstelle, so mußte analog dazu die SVP Ende Jänner 1948 im berühmten "Perasssi-Brief" bestätigen, daß das nunmehr erlassene Statut die volle Anwendung der autonomiepolitischen Bestimmungen des Pariser Abkommens sei.

Die Errichtung der Einheitsregion 1948 war formal-rechtlich gesehen tatsächlich keine Verletzung des Pariser Vertrages gewesen, denn über diese seine Absicht hatte De Gasperi seit 1945 weder die alliierten Siegermächte noch die SVP jemals im unklaren gelassen und schließlich auch die Zustimmung von Außenminister Gruber erhalten. Eine politisch kluge und weitsichtige Lösung war es angesichts der Unzufriedenheit der SVP und vor allem der Südtiroler Bevölkerung freilich ebensowenig gewesen. Anstatt die Basis für eine echte Autonomie Südtirols wurde somit der Pariser Vertrag zumindest bis zum Erlaß des zweiten Autonomiestatuts von 1972 zur ei-

stituiva un compromesso assai poco soddisfacente, doveva aspettarsi che il governo italiano le chiedesse di pagare ancora un altro prezzo. Come il 22 novembre 1947, in occasione della formulazione del testo definitivo della legge per i "rioptanti", la delegazione austriaca incaricata delle trattative dovette dichiarare esplicitamente che detta legge rappresentava la corretta soluzione, ai sensi dell'Accordo di Parigi, dell'insoluto problema della cittadinanza degli optanti, così ora, alla fine del gennaio 1948, la SVP dovette dichiarare, con la famosa "lettera Perassi", di riconoscere che lo statuto di autonomia rappresentava la piena applicazione dell'autonomia prevista dall'Accordo di Parigi.

In effetti, dal punto di vista giuridico-formale, la creazione della regione autonoma unitaria del 1948 non costituiva una violazione dell'Accordo di Parigi, perché fin dal 1945 De Gasperi non aveva mai lasciato dubbi, sia presso le Potenze alleate, sia con la SVP, su quali erano le sue intenzioni, ottenendone infine anche il consenso del ministro degli esteri austriaco Gruber. Ma è altrettanto vero che da un punto di vista politico la soluzione adottata non era né saggia né lungimirante, data la insoddisfazione della SVP e soprattutto della popolazione tedesca del Sudtirolo. In tal modo l'Accordo di Parigi invece che costituire la base per una vera autonomia della Provincia di Bolzano, rappresentò, almeno fino alla concessione del secondo statuto di autonomia del 1972, soltanto la "magna carta" dell'autonomia del Trentino. Il fatto che in seguito lo statuto di autonomia per la regione unitaria entrasse in crisi e fosse destinato al fallimento, non fu nel 1948 né cosa necessariamente voluta né prevedibile, ma dipese in gran parte dalla successiva evoluzione politica.

Una delle poche voci ammonitrici che si levarono in campo italiano fu quella della vedova Ernestina Bittanti-Battisti di Trento, che insieme ai suoi amici sudtirolesi e a pochi altri che all'interno del partito socialista ne condividevano le idee, si batté fino in fondo per la creazione di una regione autonoma del Sudtirolo. Alle affermazioni di De Gasperi, secondo cui una onesta politica autonomistica avrebbe potuto e dovuto fare dei sudtirolesi dei leali cittadini dello Stato italiano, lei, nel gennaio del 1948, faceva osserva-

gentlichen Magna Charta für die Autonomie des Trentino. Daß das Autonomiestatut der Einheitsregion in der Folge in Krise geraten und zum Scheitern verurteilt sein würde, war 1948 weder mit Notwendigkeit vorprogrammiert noch vorhersehbar, sondern hing von der weiteren politischen Entwicklung ab.

Zu den wenigen warnenden Stimmen aus dem Lager der italienischen Politik gehörte damals jene der Witwe Ernestina Bittanti-Battisti in Trient, die sich gemeinsam mit ihren Südtiroler Freunden und wenigen Gesinnungsgenossen innerhalb der sozialistischen Partei bis zuletzt für eine autonome Region Südtirol eingesetzt hatte. Dem Einwand De Gasperis, daß mit einer ehrlichen Autonomiepolitik die Südtiroler als loyale Staatsbürger gewonnen werden könnten und würden, hielt sie im Jänner 1948 entgegen, daß diese die Einheitsregion wohl nur schwerlich als zufriedenstellenden Ersatz für das vorenthaltene Selbstbestimmungsrecht akzeptieren würden und daß daher mit einem zähen und langwierigen Widerstand der Südtiroler gegen diese Form der Autonomielösung zu rechnen sein würde. Mit der ihr eigenen Skepsis gegenüber der Lernfähigkeit der italienischen Politik hatte sie schon im März 1947 einen entsprechenden Brief Palmiro Togliattis, in dem dieser die Autonomielösung für Südtirol im Sinne der Einheitsregion auch mit "motivi di ordine nazionale" begründete, mit den folgenden sarkastischen handschriftlichen Bemerkungen versehen: "motivi economici = borghesi - motivi politici = russi - motivi nazionali = fascisti".

Anläßlich der Diskussion und Verabschiedung des Autonomiestatuts am 29.1.1948 in der Costituente hatte sich De Gasperi gegen alle "fundamentalistischen" Einwände von seiten der "Autonomisten" wie "Zentralisten" verwehrt, die in den Sonderautonomien für Trentino-Südtirol, Sizilien, Aosta und Sardinien und in der generellen, in den Artikeln 114-133 festgelegten Regionalisierung des Staates ein Zuwenig bzw. ein Zuviel an Delegierung von Kompetenzen des Zentralstaates an die Peripherie kritisierten. De Gasperi sagte dabei unter anderem:

"Io che sono pure autonomista convinto e che ho patrocinato la tendenza autonomista, permettete che vi dica che le autonomie si salveranno, matureranno, resisteranno, solo ad una condizione: che di-

Il capo dello Stato Enrico De Nicola firma la nuova Costituzione della repubblica italiana il 27 dicembre 1947.
Italiens Staatsoberhaupt Enrico De Nicola unterschreibt am 27. Dezember 1947 die neue Verfassung der Republik Italien.

re che la concessa regione unitaria soltanto molto difficilmente avrebbe potuto essere accettata dai sudtirolesi come soddisfacente risarcimento del negato diritto di autodeterminazione e che di conseguenza si doveva contare su una loro lunga e tenace resistenza contro questa forma di autonomia. Con lo scetticismo che le era proprio nei confronti della saggezza della classe politica italiana, aveva annotato a mano su una lettera di Palmiro Togliatti del marzo 1947, che rispondendole, giustificava la regione autonoma unitaria con "motivi di ordine nazionale", le seguenti sarcastiche equazioni: "motivi economici = borghesi, motivi politici = russi, motivi nazionali = fascisti".

Der Regionalrat bei einer seiner ersten Sitzungen im Bozner Rathaus. Vorne in der Mitte Tullio Odorizzi, der erste Regierungschef der Region. Dahinter auf dem Präsidiumstisch neben Alfons Benedikter (links) Silvius Magnago.

Una delle prime sedute del Consiglio regionale nel Municipio di Bolzano. In prima fila al centro Tullio Odorizzi, il primo Presidente della Regione. Dietro al tavolo della Presidenza da sinistra Alfons Benedikter e Silvius Magnago.

mostrino di essere migliori della burocrazia statale, migliori del sistema accentrato statale, migliori soprattutto per quanto riguarda le spese. Non facciano la concorrenza allo Stato per non spendere molto, ma facciano in modo di creare una amministrazione più forte e che costi meno. Solo così le autonomie si salveranno ovunque, perchè se un'autonomia dovesse sussistere a spese dello Stato, questa autonomia sarà apparente per qualche tempo e non durerà per un lungo periodo...Io non credo a quello che si è stampato su qualche giornale, anche oggi, che cioè noi stiamo prestandoci a creare in Italia una serie di repubblichette che disgregherebbero la Repubblica italiana...E d'altro canto, perché dobbiamo mantenere questa diffidenza in confronto dell'esperimento regionale? C'è qualche rischio, inevitalbilmente, ma dobbiamo affrontarlo, perchè nessuna cosa nuova è possibile fare senza un certo rischio".

Heute, im Abstand von 50 Jahren, in einer Zeit, wo in Italien wie überall in Europa die Ideen von Regionalismus und Lokalautonomien nicht selten ihren ursprünglich emanzipatorischen Inhalt und

In occasione della discussione e approvazione dello statuto di autonomia da parte della Costituente in data 29.1.1948, De Gasperi si difese contro tutte le obiezioni, sia quelle "fondamentaliste" dei fautori dell'autonomia sia quelle dei fautori del centralismo, i quali nelle autonomie speciali per il Trentino-Alto Adige, la Sicilia, la Valle d'Aosta e la Sardegna, nonché in quelle ordinarie, previste dagli articoli 114-133 della Costituzione, criticavano gli uni l'esagerata e gli altri la carente delega di competenze dello Stato centrale alla periferia. In tale occasione egli ebbe a dire fra l'altro:

"Io che sono pure un autonomista convinto e che ho patrocinato la tendenza autonomista, permettete che vi dica che le autonomie si salveranno, matureranno, resisteranno solo a una condizione: che dimostrino di essere migliori della burocrazia statale, migliori del sistema accentrato statale, migliori soprattutto per quanto riguarda le spese. Non facciano la concorrenza allo Stato per non spendere molto, ma facciano in modo di creare un'amministrazione più forte e che costi meno. Solo così le autonomie si salveranno ovunque, perché se un'autonomia dovesse sussistere a spese dello Stato, questa autonomia sarà apparente per qualche tempo e non durerà per un lungo periodo... Io non credo a quello che si è stampato su qualche giornale, anche oggi, che cioè noi stiamo prestandoci a creare in Italia una serie di repubblichette che disgregherebbero la Repubblica italiana... E d'altro canto, perché dobbiamo mantenere questa diffidenza nei confronti dell'esperimento regionale? C'è qualche rischio, inevitabilmente, ma dobbiamo affrontarlo, perché nessuna cosa nuova è possibile fare senza un certo rischio."

Oggi, a distanza di 50 anni, in un momento in cui in Italia come dappertutto in Europa le idee del regionalismo e delle autonomie locali non di rado hanno perduto il loro originario contenuto emancipatorio ed il loro carattere democratico-avanzato, ed in alcuni casi addirittura si sono trasformate nel loro contrario, poichè sono il pretesto per coprire l'abbandono della solidarietà politica da parte delle regioni più ricche nei confronti dei vicini più poveri, la difesa dei privilegi economici ottenuti e il tentativo di creare regioni etnicamente omogenee, le parole di De Gasperi del

demokratiepolitisch fortschrittlichen Charakter verloren, ja in manchen Fällen sogar in ihr Gegenteil verkehrt haben, da sie unter dem Mantel und dem Vorwand der politischen Entsolidarisierung der reicheren Regionen gegenüber ihren ärmeren Nachbarn, der Verteidigung ökonomischer Privilegien bzw. der Zielsetzung zur Schaffung ethnisch homogener Regionen auftreten, lesen sich diese Zeilen aus der Rede De Gasperis von 1948 wie kluge und weitblickende Worte. Gemessen an 1948 und den darauffolgenden zwei Jahrzehnten trafen diese Worte De Gasperis allerdings nicht den Kern des Problems, weder für Südtirol noch für alle anderen Regionen Italiens mit Sonder- oder Normalstatut. Denn bis zur langsam und zaghaft einsetzenden Regionalisierung des Staates seit Beginn der siebziger Jahre hatten die Regionalautonomien in Italien wenig bis nichts in der Hand, womit sie ihre effizientere und bürgernähere Verwaltung und Politik gegenüber der Zentralregierung und der Staatsbürokratie hätten unter Beweis stellen können. Die Nichtverwirklichung des regionalistischen Auftrags der Verfassung durch die seit den Wahlen vom 18.4.1948 zur allmächtigen "Staats-Partei" aufgestiegenen DC war der Hauptgrund dafür, daß seit Mitte der 50er-Jahre die Autonomie aller Regionen mit Sonderstatut in Krise geriet, wobei im Falle Südtirols Motive internationaler und außenpolitischer Natur noch verschärfend hinzukamen.

1948 ci appaiono sagge e lungimiranti. Ma rispetto al 1948 e ai due decenni successivi dobbiamo constatare che il sistema da lui concepito e promosso non coglieva il nocciolo del problema, né per il Sudtirolo né per le altre regioni italiane a statuto speciale o normale. Infatti fino al lento e tenace affermarsi del processo di regionalizzazione dello Stato a partire dall'inizio degli anni '70, le autonomie regionali disponevano di ben poco per dimostrare una più efficiente e democratica capacità amministrativa e politica rispetto a quella del governo centrale e della sua burocrazia. La mancata attuazione del compito regionalistico previsto della Costituzione, ad opera della Democrazia cristiana assurta dopo le elezioni del 18.4.1948 a onnipotente partito egemone, fu la causa della crisi che colpì, dalla metà degli anni '50, le autonomie di tutte le regioni a statuto speciale, mentre per quanto riguarda il Sudtirolo essa fu ulteriormente aggravata anche da motivi di ordine internazionale.

Literatur-Bibliografia

Autonomia e Regionalismo nell'arco alpino. Attualità di un confronto a vent'anni dal Pacchetto (Atti del Convegno Trento 29 - 31 marzo 1990), a cura di Vincenzo Calì, Trento 1991

Renato Barbagallo, La Regione. Profili dell'ordinamento regionale in Italia (Musumeci editore), Aosta 1976

Silvio Furlani, Das historische Modell der Autonomie der Region Trentino-Südtirol: in: Innsbruck - Venedig. Österreichisch-italienische Historikertreffen 1971 und 1972, hrsg. von Adam Wandruszka und Ludwig Jedlicka (Verlag der Österreichischen Akademie der Wissenschaften), Wien 1975, 491 - 520

Claus Gatterer, Im Kampf gegen Rom. Bürger, Minderheiten und Autonomien in Italien (Europa-Verlag), Wien-Frankfurt-Zürich 1968

Le autonomie etniche e speciali in Italia e nell'Europa mediterranea. Processi storici e istituzioni (Atti del Convegno Internazionale nel Quarantennale dello Statuto, Cagliari 29 settembre - 1 ottobre 1988), (Pubblicazione del Consiglio Regionale della Sardegna), Cagliari 1988

Roberto Nicco, Il percorso dell'autonomia. Le parcours de l'autonomie (Musumeci editore), Aosta 1997

Claudio Pavone, Alle origini della Repubblica. Scritti su fascismo, antifascismo e continuità dello Stato (Bollati Boringhieri), Torino 1995

Paolo Piccoli - Armando Vadagnini, Il cammino dell'autonomia nei progetti per lo statuto speciale del 1948 (a cura della Regione Autonoma Trentino-Alto Adige), Trento 1988

Ettore Rotelli, L'avvento della Regione in Italia. Dalla caduta del regime fascista alla Costituzione repubblicana (1943-1947) (Giuffrè), Milano 1967

Rolf Steininger, Südtirol im 20. Jahrhundert. Vom Leben und Überleben einer Minderheit (Studienverlag) Innsbruck 1997

Leopold Steurer, Südtirol 1943-1946: Von der Operationszone Alpenvorland zum Pariser Vertrag (Referat bei der Tagung "Südtirol in der Stunde Null? / Alto Adige: Ora zero?" des Südtiroler Landtages vom 12.-13.5.1995, überarbeitetes und unveröffentlichtes Manuskript 1998)

Armando Vadagnini, Gli anni della lotta: Guerra, resistenza, autonomia (1940 - 1948), vol II della Storia del Trentino contemporaneo (direzione di Ottavio Bari) (pubblicazioni di verifiche), Trento 1978.

Bildnachweis - Fonti iconografiche

Bibliothek der Abgeordnetenkammer, Rom - Biblioteca della Camera dei Deputati, Roma: 74

Vincenzo Calì-Walter Micheli-Paolo Tonelli (a cura di), Pagine federaliste, Trento 1995: 175, 200

FF-Archiv-Archivio: 61, 85, 181

Lucio Luzzato, Lucio nel regno dell' Ortles. Diario di Sulden nel Sudtirolo, a cura di Giancarlo Lannuti, Bolzano 1988: copertina - Titelbild

Günther Pallaver, Freiwillige Feuerwehr Branzoll 1885-1985, Branzoll 1985: 15

Privatbesitz der Familie Pichler - Proprietà privata della famiglia Pichler: Titelbild-copertina, 10, 12, 13, 17, 21, 23, 25, 26, 27, 28, 30, 33, 46, 47, 52, 53, 115, 116, 117, 122, 125, 127

Josef Raffeiner, Tagebücher 1945-1948, hg. von Wolfgang Raffeiner, Bozen 1998: 36, 180

Regione Autonoma Valle D'Aosta (a cura di), Documenti per la storia dell'autonomia valdostana (1943-1948), Aosta 1988: 137, 164, 225, 226

Gottfried Solderer (Hg.), Silvius Magnago. Eine Biographie Südtirols, Bozen 1996: 34, 143, 151, 154, 157, 158, 169, 193

Reinhold Staffler - Christoph von Hartungen, Geschichte Südtirols. Das 20. Jahrhundert: Materialien, Hintergründe, Quellen, Dokumente, Lana 1985: 172, 179

Sammlung Leopold Steurer, Meran: 44, 112

Rolf Steininger, Südtirol im 20. Jahrhundert, Wien 1997, 103

Tiroler Geschichtsverein (Hg.), Option-Heimat-Opzioni, Bozen 1989: 43, 89, 140

Universitätsarchiv Innsbruck - Archivio dell'Università di Innsbruck: 14

Friedl Volgger, Mit Südtirol am Scheideweg. Erlebte Geschichte, Innsbruck 1984: 80